Nach ihrem erfolgreichen Buch ›Der China-Knigge‹, der Gebrauchs-
anweisung für das Reich der Mitte, wagen die Autoren mit ihrem neuen
Buch einen interessanten Perspektivwechsel: Wie wirken wir selbst eigentlich auf die Chinesen? Was denken sie über uns »Langnasen«? Wer
wirklich über China Bescheid wissen will, findet in diesem Buch über-
raschende und aufschlussreiche Einsichten – über die Chinesen, aber
auch über sich selbst.

Yu-Chien Kuan, geboren 1931 in Kanton, verließ während der Kulturrevolution China und kam 1969 nach Deutschland. 1970 lernte er
seine zukünftige Frau Petra Häring-Kuan kennen. Er promovierte an
der Universität Hamburg und lehrte dort Sinologie. In China gilt er als
Fachmann für europäische Fragen, in Deutschland als einer der bekanntesten Vermittler chinesischer Kultur. Im Fischer Taschenbuch Verlag ist
seine Autobiographie ›Mein Leben unter zwei Himmeln‹ (Bd. 17921)
erschienen.

Petra Häring-Kuan, geboren 1950, hat ebenfalls Sinologie studiert. Die
China-Kennerin ist heute als Autorin und Dolmetscherin für Chinesisch
und Englisch tätig. Sie hat im Fischer Taschenbuch Verlag die Titel
›Meine chinesische Familie‹ (Bd. 16281) sowie ›Chinesisch für Anfän-
ger‹ (Bd. 17191) veröffentlicht. Die Kuans leben in Hamburg und in
Shanghai.

Unsere Adresse im Internet: www.fischerverlage.de

YU-CHIEN KUAN/PETRA HÄRING-KUAN

DIE LANGNASEN

WAS DIE CHINESEN ÜBER UNS DEUTSCHE DENKEN

MIT EINEM GELEITWORT
VON HELMUT SCHMIDT

FISCHER
TASCHENBUCH
VERLAG

Der Begriff »da bize«, wörtlich übersetzt: große Nasen, Langnasen also, bezeichnet in China Menschen weißer Hautfarbe, ganz gleich ob sie aus Europa, Amerika oder Australien kommen. In diesem Buch sind mit den »Langnasen« nur die Deutschen gemeint.

2. Auflage: Oktober 2009

Originalausgabe
Erschienen im Fischer Taschenbuch Verlag,
einem Unternehmen der S. Fischer Verlag GmbH,
Frankfurt am Main, Oktober 2009

Satz: Pinkuin Satz und Datentechnik, Berlin
Druck und Bindung: Druckerei C. H. Beck, Nördlingen
Printed in Germany
ISBN 978-3-596-18505-4

Inhalt

Zum Geleit von Helmut Schmidt

In den letzten Jahren sind in Deutschland zahlreiche Bücher zu China erschienen, die den Leser unter verschiedenen Gesichtspunkten über die Verhältnisse, die politische und wirtschaftliche Entwicklung und die Zukunft des Landes informiert haben. Auch Petra Häring-Kuan und Yu-Chien Kuan informieren über China, sie tun dies aber auf eine sehr unterhaltsame Weise.

Ein gelungenes Buch, das dem Leser nicht nur die Geschichte des Aufeinandertreffens von Deutschen und Chinesen nahebringt, sondern vor allem die Erfahrungen und Eindrücke beschreibt, welche Chinesen mit und von uns Deutschen haben. Die Autoren zeigen Deutsche und Chinesen im persönlichen Miteinander, als Paare und in der Familie, aber auch im wirtschaftlichen und öffentlichen Leben. Es geht um Gemeinsamkeiten beider Völker wie z.B. beider Neugier, es geht auch um Unterschiede wie z.B. die Tatsache, dass Deutsche die Sonne lieben, Chinesen den Mond.

Diese Schilderungen werden eingeleitet und unterbrochen von einer Vielzahl persönlicher Erfahrungsberichte. Sie machen den Text leicht lesbar, ja geradezu unterhaltend. Zugleich ist dieses Buch aber lehrreich; denn der Leser lernt bei der Lektüre, dass manche von uns im Westen stets betonte Vorzüge unseres Lebens, wie z.B. die Unabhängigkeit der Presse, von Chinesen durchaus kritisch gesehen werden – nicht etwa im Sinne einer Kritik an der Unabhängigkeit, wohl aber im Zweifel der Chinesen an der von uns vielbeschworenen Unabhängigkeit. Das Ganze wird durch zugespitzte Beschreibungen der Eigenarten beider Völker und durch originelle Vergleiche ergänzt. Sie lassen den Leser im ersten Moment stutzen, provozieren aber sogleich seine Neugier, herauszufinden, was mit einer verblüffenden Überschrift oder These gemeint sein kann.

Ich kann mich nicht erinnern, wann ich zuletzt ein derart informatives und gleichzeitig unterhaltsames Buch gelesen habe. Deshalb möchte ich jedem die Lektüre empfehlen, der bereit ist, seine Urteile und seine Vorurteile auf den Prüfstand zu stellen.

Helmut Schmidt   Mai 2009

Vorwort

Dreißig Jahre Wirtschaftsreformen und Öffnungspolitik haben China ein neues Gesicht gegeben. Die Städte haben sich in moderne Metropolen verwandelt, die in ihrem Erscheinungsbild eher an westliche als an östliche Traditionen erinnern. Ein ausgedehntes Verkehrsnetz ist entstanden, längst nicht ausreichend, aber doch an modernen Standards ausgerichtet. Am meisten aber haben sich die Menschen verändert. Die Jugend kann sich heute nicht mehr vorstellen, was ihre Eltern und Großeltern vor dreißig, vierzig Jahren durchgestanden haben. Alte, als unumstößlich geltende Werte wurden verworfen und neue geschaffen, manche Probleme sind verschwunden und neue dafür aufgetaucht. Dies alles vollzieht sich in einem derart rasanten Tempo, dass es manchem schwindlig wird.

China, diese alte Kulturnation, hat viel vom Westen übernommen und will doch einen eigenen Weg gehen. Heute weiß niemand, wohin dieser Weg führen und wie das Land schließlich aussehen wird. Kein anderes Land dieser Erde hat unter ähnlichen Voraussetzungen derartige Schritte unternommen und dabei solche Umwälzungen erlebt. Die Reformen sind ein Erfolg, aber sie bergen auch große Risiken. Vielerorts haben sie zu großen Verwerfungen innerhalb der Gesellschaft geführt. Die Einkommensschere zwischen Arm und Reich klafft weit auseinander. Der Umbau von der Plan- zur Marktwirtschaft hat Opfer gefordert. Mancherorts gleicht das Land einem Dampfkessel, der jederzeit zu explodieren droht. Viele Menschen fühlen sich als Verlierer, doch noch mehr haben durch die Reformen gewonnen. Sie wollen, dass der eingeschlagene Weg fortgesetzt wird. Während es den einen nicht schnell genug vorangeht, wünschen sich die anderen eine behutsamere, weniger radikale Vorgehensweise, eher so, wie es der Initiator der Reformen, Deng Xiaoping, anfangs gefordert hat: über Steine tastend den Fluss überqueren. Der Weg ist gefährlich. Die Chinesen wissen das, und wie alle Menschen, die unter starkem Druck stehen, sind sie empfindlich und reagieren allergisch auf Kritik, die ihnen ungerecht und voller Häme erscheint.

Die Deutschen galten den Chinesen immer als Freunde, daran haben auch die Sünden der Kolonialzeit und der Rachefeldzug des Feldmarschalls Alfred Graf von Waldersee nicht nachhaltig etwas geändert. Die Sympathie hat in den letzten Jahrzehnten sogar noch zugenommen. Als Deutscher wurde man in China immer mit offenen Armen aufgenommen. Deutsche Denker, deutsche Musik, deutsche Waren, deutscher Fußball – jeder Chinese konnte über etwas Bemerkenswertes aus Deutschland berichten. Umso größer ist heute die Enttäuschung über die einst so bewunderten und respektierten Deutschen.

In dem Asienstrategiepapier der CDU/CSU-Bundestagsfraktion, das nach Erscheinen 2007 für großes Befremden in China sorgte, wirkt das Land wie ein Schreckgespenst und nicht wie ein Partner, dem man wohlwollend begegnet. Millionen von Chinesen erscheinen als Konkurrenten, die Europa die Zukunft nehmen wollen. Viele deutsche Medien folgten dieser politischen Vorgabe. In den letzten zwei Jahren, insbesondere im Jahr der Olympiade in Beijing, schienen sich die deutschen Meinungsmacher auf China regelrecht einzuschießen. Vermittelt wurde das Bild eines Landes, das die Menschenrechte mit Füßen tritt, dessen Bürger als »gelbe Spione« im Ausland Technologie und Know-how stehlen, dessen Hunger auf Agrargüter, Rohstoffe und Energie weltweit zu gewaltigen Preissteigerungen führt, und das ganz bewusst mit Schadstoffen verseuchte Waren auf den ausländischen Markt wirft. Die schlechte Presse, die China in Deutschland erntete, sprach sich dank der modernen Kommunikationswege schnell unter den Chinesen herum. Nie zuvor in den vergangenen drei Jahrzehnten war es – wie in den letzten zwei Jahren – vorgekommen, dass Chinesen an uns, die Autoren, herantraten und besorgt fragten: Was ist bloß los mit euch Deutschen, was habt ihr eigentlich gegen uns?

Auf ihrem Weg in die Moderne machen die Chinesen manche Umwege und begehen dabei auch Fehler. Daran gibt es keinen Zweifel. Aber das Misstrauen, das den Chinesen vom alten Kontinent entgegenschlägt, ist verletzend. Die Deutschen sollten sie mit Fingerspitzengefühl und nicht mit überheblich wirkender Selbstgerechtigkeit unterstützen. Mit gutem Beispiel voranzugehen bringt mehr, als die Menschen mit Misstrauen und hämischer Kritik vor den Kopf zu stoßen.

Deutschland ist dabei, einen seiner größten Freunde und Bewunderer in Asien zu verlieren. China scheint sich langsam von Deutschland und Europa ab- und einem anderen Partner zuzuwenden, der seit Jahren sein Wunschpartner ist, den USA. Seit drei Jahrzehnten werden die Kinder von Chinas führenden Eliten mit offenen Armen in den USA aufgenommen. Die meisten von ihnen besitzen längst die amerikanische Staatsangehörigkeit. Hat Amerika Angst vor diesen Menschen, vor diesem – wie es deutsche Journalisten ausdrückten – potentiellen »Spitzel-Heer«, das Ländern wie Deutschland das Know-how stiehlt? Wohl kaum. Karl-Heinz Pohl, Sinologieprofessor in Trier, folgert in seinem sehr klugen Buch *China für Anfänger*, dass China langfristig wahrscheinlich eines der am stärksten »amerikanisierten« Länder der Welt sein wird. Schade für Deutschland, einen solchen Partner ohne Not zu verlieren.

Mit diesem Buch wollten wir Chinesen in China und in Deutschland die Gelegenheit geben, sich über Deutschland zu äußern. Nicht immer stimmen ihre Meinungen mit der unsrigen überein. Jeder hat seine eigenen Erfahrungen gemacht. In unseren Interviews kamen ganz unterschiedliche Menschen zu Wort, Vertreter aus Kunst und Wissenschaft, Handel und Handwerk, Diplomaten, Journalisten, Schüler und Studenten, aber auch Friseure und Masseure. Das Echo war überwältigend. Wen immer wir ansprachen – fast alle nahmen sich die Zeit, sich unseren

Fragen zu stellen. Manchmal geschah dies in fröhlicher Runde, manchmal im vertrauten Gespräch. Manche redeten frei von der Leber weg, andere bereiteten sich sorgfältig vor und machten sich Notizen, um nichts zu vergessen, was sie schon immer einmal sagen wollten. Mancher wollte nicht namentlich zitiert werden, anderen war es egal. Zwecks Einheitlichkeit haben wir uns deshalb entschieden, lediglich Initialen zu verwenden. Ihnen allen, die uns so großzügig unterstützt und ihre Zeit geschenkt haben, sei auf diesem Wege Dank.

Zusätzlich zu den Interviews mit Zeitgenossen haben wir die Berichte längst Verstorbener herangezogen, chinesischer Gesandter, die Ende des neunzehnten Jahrhunderts Deutschland besucht haben. Ferner sind wir auch auf einige historische Aspekte eingegangen, die das Deutschlandbild der Chinesen mit geprägt haben.

Die Kernfrage, die wir jedem unserer Gesprächspartner stellten, lautete: »Wie siehst du die Deutschen?« Wen diese Frage interessiert, der wird in diesem Buch hoffentlich interessante Einblicke gewinnen.

Was ist typisch deutsch?

Darüber braucht ein Chinese nicht lange nachzudenken. Die Finger einer einzigen Hand reichen aus, um die bemerkenswertesten deutschen Eigenheiten aufzuzählen: Die Deutschen sind fleißig, diszipliniert, zuverlässig, ernst und korrekt. Das klingt ganz nach preußischen Tugenden. Kein Wunder, denn schließlich hat das preußische Deutschland jahrzehntelang das chinesische Deutschlandbild geprägt. Um 1860 begannen die offiziellen Beziehungen zwischen den beiden Nationen. Seit jener Zeit gibt es in China deutsche Produkte, und man hat gute Erfahrungen mit ihnen gemacht. Damals begeisterten Kruppsche Kanonen die chinesischen Herzen. Mit deutscher Waffentechnik und deutschem Drill hoffte man sich gegen die eindringenden Briten und Franzosen zur Wehr setzen zu können. Heute sind es Mercedes-Benz, Siemens und andere Marken »Made in Germany«, die den Ruf der Deutschen prägen. Der pensionierte Polizeichef eines Shanghaier Stadtbezirkes bringt es auf den Punkt: »Die Deutschen? Ganz tadellose Leute. Ich habe mir vor vierzig Jahren einen deutschen Schraubenzieher gekauft. Den benutze ich noch heute. Der ist aus deutschem Stahl, und der überlebt mich sicher. Den kann ich sogar meinem Enkel vererben. Alle anderen Schraubenzieher, die ich mir im Laufe der Jahre zugelegt habe, sind aus chinesischer Produktion und längst kaputt.«

»Die Deutschen sind die geborenen Forscher«, glaubt Herr W., ein junger Informatiker aus Hubei, der noch nie im Ausland war. »Natürlich sind sie längst nicht so romantisch wie die Franzosen, aber immerhin, es sind kluge Köpfe. Einstein war ein Deutscher und Röntgen auch. Die Deutschen entwickeln hervorragende Produkte. Wir Chinesen sind dazu nicht in der Lage, weil wir nicht so akkurat arbeiten wie die Deutschen. Die Präzision hat ihre Technik berühmt gemacht. Man kann sich auf deutsche Qualität verlassen.«

Dem stimmt auch der achtzigjährige Professor Z. aus Shanghai zu. »Schon als Schüler schrieb ich mit deutschen Bleistiften der Marke Staedtler, und mein Zirkelkasten kam ebenfalls aus Deutschland. Heute schreibe ich immer noch mit Staedtler. Es sind die besten Bleistifte der Welt. Ihre Bleiminen brechen nicht.«

Viele Chinesen sind sich einig: Deutsche halten, was sie versprechen, und sie sind gut in Analyse und Logik. Doch manchmal sind die Deutschen auch erstaunlich umständlich. Sie lieben es, Einfaches kompliziert zu machen, so als würden sie sich mit der linken Hand über den Kopf greifen, um das rechte Ohr zu kratzen.

Auch Reinlichkeit und Ordnungsliebe gehören für die Chinesen zu den deutschen Tugenden, doch besonders faszinierend ist für sie ein ganz anderes typisch deutsches Phänomen. Chinesen trauen manchmal ihren Augen nicht, wenn sie durch Deutschland reisen. Zurück in ihrer Heimat erzählen sie dem staunenden Publikum: »Stellt euch vor, die Deutschen bleiben sogar nachts vor einer roten Fußgängerampel stehen, obwohl kaum Verkehr herrscht.« Da schütteln die Zuhörer ungläubig den Kopf, denn das kann sich in China tatsächlich niemand vorstellen. Die Chinesen rennen selbst am helllichten Tag bei dickstem Verkehr beliebig über die Straße.

Disziplin und Sorgfalt gehörten zu den positiven Seiten der Deutschen, meint augenzwinkernd die Pharmazeutin, Frau S. aus Beijing. Und zu den negativen? Sie war schon mehrmals in Deutschland und hat eine interessante Feststellung gemacht: »Kaum kommt der deutsche Mann in die Jahre, fallen ihm die Haare aus und aus dem feschen Lockenkopf wird eine Glatze.«

Was ist noch typisch deutsch? »Höflich zu sein«, findet ein junger Friseur aus Kanton. Er arbeitet in einem Frisiersalon, der viel von Deutschen frequentiert wird. »Noch nie war ein Deutscher unhöflich zu mir, niemals ruppig oder herablassend, wie es chinesische Kunden manchmal gegenüber dienstleistendem Personal sind.«

Chinesische Geschäftsreisende und Touristen berichten nach ihren Deutschlandreisen oft von großer Hilfsbereitschaft. »Die Deutschen helfen dir, obwohl es sie Zeit und Mühe kostet, und sie verlangen noch nicht einmal etwas dafür.«

Bemängelt wird hingegen, dass die Deutschen nicht so offen und kontaktfreudig sind wie beispielsweise die Amerikaner, mit denen der Umgang wesentlich ungezwungener ist. Die Deutschen gehen gern auf Distanz und geben sich kühl. Andererseits sind sie ehrlich und aufrichtig und ändern selten ihre Meinung. »Darin sind sie besser als andere Europäer«, findet Herr P., der für eine chinesische Firma mehrere Jahre in Deutschland tätig war. »Die Engländer zeigen dir ein freundliches Gesicht, obwohl sie dich in Wirklichkeit gar nicht mögen. Es mangelt ihnen an Aufrichtigkeit. Die Deutschen sind da ganz anders. Sie sind aufrecht. Du siehst ihnen an, was sie von dir halten. Sie verbergen ihre Gedanken nicht. Sie zeigen dir offen und ehrlich ihre Freude, aber auch ihre Skepsis und Ablehnung. Das ist für einen Chinesen oft nur schwer zu akzeptieren. Die deutsche Bundeskanzlerin kam nicht nach Beijing zur Eröffnungsfeier der Olympischen Spiele, weil sie ihr Kommen von Anfang an in Frage gestellt hatte. Sie blieb dabei. Das finde ich besser, als was Engländer und Franzosen gemacht haben, die sogar von einem Boykott gesprochen hatten, aber dann doch kamen. Die Deutschen sind ungeschickt, aber sie sind zuverlässig ungeschickt und deshalb berechenbar.«

Ein alter Professor, der jahrzehntelang in Deutschland gelebt hat, meint: »Die Deutschen sind prinzipientreu und halten sich an die Gesetze. Papiere sind für sie alles. Hast du welche, kannst du in Deutschland alles machen, auch wenn du unfähig bist. Hast du keine, bist aber trotzdem fähig, kannst du dich auf den Kopf stellen, du wirst nicht anerkannt.«

Zu den typisch deutschen Eigenheiten zählen die Chinesen

auch Arroganz und Sturheit. Eingebildet seien die Deutschen und rechthaberisch, klagen viele Chinesen. »Sie halten sich für die Besten, und sie blicken auf uns Chinesen herab«, sagt Frau W. aus Beijing. »Sie meinen, wir Chinesen hätten von nichts eine Ahnung, ganz gleich ob in Wirtschaft, Politik, Wissenschaft oder Kultur. Immer meinen sie, alles besser zu wissen und uns zeigen zu müssen, wo es langgeht.«

Diesen Eindruck bestätigt Herr E., Galerist aus Shanghai: »Die Deutschen sind kompliziert und schwierig im Umgang. Mit ihrer direkten Art können sie dich tief verletzen. Sie klatschen dir irgendwelche Unverschämtheiten um die Ohren und sagen, das sei die Wahrheit und deshalb hättest du das zu akzeptieren. Ich frage mich nur immer, von welcher Wahrheit sie eigentlich sprechen, ob von ihrer oder von meiner. Denn, wie schon ein altes chinesisches Sprichwort besagt, jedes Ding hat drei Seiten: eine, die du siehst, eine, die ich sehe und eine, die wir beide nicht sehen. Also gibt es nicht nur eine Wahrheit, sondern mehrere. Es kommt immer auf den Blickwinkel an. Auch wollen dich die Deutschen ständig belehren. Immer sagen sie dir, wie du was zu machen hast. Selbst hier in China meinen sie zu wissen, wie die Dinge funktionieren. Sie sind von sich überzeugt und haben ihre festen Vorstellungen, von denen sie nicht abweichen und gegen die du nicht ankommst.«

Arrogant und rechthaberisch? Dann sind die Deutschen für die Chinesen also unbequeme Zeitgenossen? Weit gefehlt! Insgesamt gesehen fällt das Urteil erstaunlich positiv aus. Die Chinesen mögen die Deutschen. In mancher Hinsicht bewundern sie sie. Unser Fazit nach vielen Interviews: Die Deutschen? Ein sympathisches Völkchen.

Was ist der Unterschied zwischen Deutschen und Chinesen?

Nur ein Witz, aber ein chinesischer:

Ein junger Chinese kommt nach Deutschland und verliebt sich in ein deutsches Mädchen. Stolz holt er sie mit seinem neuen Auto ab. Sie fahren bis zur nächsten Ampel, die rot ist. Der Chinese kümmert sich nicht drum, weil weit und breit kein Auto in Sicht ist und fährt weiter. »Bist du wahnsinnig?«, schreit das Mädchen, lässt ihn anhalten und steigt aus. »Was kann aus dir schon werden, wenn du nicht mal die kleinsten Regeln befolgst? Mit so einem Mann will ich nichts zu tun haben.«

Der Mann beendet nach ein paar Jahren sein Studium und kehrt nach China zurück. Er verliebt sich in eine Chinesin und holt sie stolz mit seinem neuen Auto von zu Hause ab. Sie fahren bis zur nächsten Ampel, die rot ist. Weit und breit ist kein Auto in Sicht, aber weil der Mann lange in Deutschland gelebt hat, hält er artig an und wartet auf Grün. »Bist du wahnsinnig?«, ruft das Mädchen und steigt aus. »Was kann aus dir schon werden, wenn du die kleinsten Regeln befolgst?«

Deutschland ist das Land der Gesetze, China das Land der Moral

Die Deutschen achten auf das Gesetz, die Chinesen auf die Moral. Den Chinesen ist das Gesetz ziemlich egal, aber es ist ihnen nicht egal, was andere über sie denken. Die Deutschen sagen: Das ist mein Recht, das steht mir zu. Darauf erwidern die Chinesen: Mag sein, dass dies dein Recht ist, aber es ist unmoralisch, und deshalb tut man es nicht.

Deutsche fühlen mit dem Kopf, Chinesen mit dem Herzen

In einem sind sich die Chinesen weitgehend einig: Die Deutschen sind stur. Sie haben einen unbeugsamen Charakter. Typisch für die Chinesen hingegen sei die menschliche Wärme.

»Was den Deutschen fehlt, haben wir Chinesen im Überfluss, und was uns Chinesen fehlt, haben die Deutschen im Überfluss«, sagt der Pianist S. aus Beijing. »Den Deutschen ist eine strenge Disziplin und die Liebe zur Perfektion zu eigen. Wir Chinesen halten nicht viel von Disziplin, und mit vielen Dingen nehmen wir es nicht so genau. Wir sind oft unbeherrscht und wissen nicht, wohin mit unseren Gefühlen. Da sind die Deutschen ganz anders. Sie sind strikt und konsequent. Sie sind Kopfmenschen. Es fehlt ihnen an Sensibilität. Das wird in der Musik sehr deutlich. Ich kenne keinen deutschen Pianisten, der es versteht, Chopin gut zu spielen. Wir Chinesen entwickeln da viel mehr Gefühl. Ich spielte einmal in Deutschland vor einer Gruppe ausländischer Diplomaten Stücke von Chopin und Beethoven. Nach dem Konzert gratulierte mir der polnische Botschafter und erklärte vor versammeltem Publikum: »Ich habe noch keinen Deutschen so gut Chopin spielen hören wie diesen jungen Chinesen.« Der deutsche Vertreter des Auswärtigen Amtes konterte blitzschnell: »Und ich habe noch keinen Polen so gut Beethoven spielen hören, wie es dieser junge Chinese vermag.« Darauf folgte großes Gelächter, und alle waren guter Dinge. Ich habe das nie vergessen, weniger wegen des Lobes als vielmehr wegen des wahren Kerns in der Aussage. Die Polen tragen ein ähnliches Feuer in sich wie wir Chinesen. Ebenso wie wir lieben sie die Romantik und die Poesie. Unsere lange Tradition der Malerei und Dichtkunst, die abstrakten Landschaftsbilder, die Tang-Gedichte, all das gehört zu unserer Kultur. Sich am Kunstgenuss zu berauschen, das ist etwas, was uns Chinesen im Blut steckt. Die Deutschen hingegen sind streng, ernst und genau. Beethoven und Brahms sind typisch deutsche Komponisten. Sie sind überwältigend, grandios, aber nicht romantisch. Wenn Chinesen klassische europäische Musik studieren wollen, zumal deutsche, dann rate ich ihnen immer, sich zuerst mit Beethoven zu beschäftigen, weil genau das, was uns fehlt, in seiner Musik steckt: strikte Genauigkeit und Perfektion.«

Chinesen ordnen sich nicht gern unter, auch nicht als Mitglieder in einem Orchester. Wer in China Musik studiert, möchte Solist werden und betrachtet Lang Lang oder Yoyo Ma als Vorbild. Chinesen lieben es, entweder als Solist oder als Dirigent aufzutreten. Mitglied eines Orchesters zu sein, ist für ehrgeizige Musikstudenten wenig erstrebenswert. In dieser Hinsicht sind die Deutschen ganz anders. Die Deutschen bilden phantastische Orchester, weil sie bereit sind, sich unterzuordnen und zu gehorchen. Das liegt ihnen im Blut. Und die Chinesen? Um das herauszufinden, empfiehlt der Pianist S. den Besuch eines buddhistischen Klosters und einer deutschen Kirche. »Der leiernde Singsang der Mönche und Nonnen in einem chinesischen Kloster zeugt davon, dass jeder singt, wie es ihm beliebt. So gefällt es uns. In einer deutschen Kirche braucht nur die Orgel zu ertönen, und schon greifen die Gläubigen zu ihren Gesangbüchern, um Text und Noten zu verfolgen, und es entsteht ein harmonischer Gesang. Die Deutschen nehmen die Musik sehr ernst. Sie begleitet sie durch ihr tägliches Leben. Es gibt sie für alle Lebenslagen. Für Hochzeiten ebenso wie für Beerdigungen, für Festessen wie für Wasserspiele oder Meditationen. Selbst beim Militär geht es nicht ohne Musik. Im Gleichschritt marsch! So sind die Deutschen.«

»Hilfe! Meine Tochter ist schon typisch deutsch.«

Was ist für chinesische Eltern typisch deutsch? Morgens zu duschen! Chinesische Eltern, die ihre Kinder in Deutschland aufziehen, haben spätestens dann ein Problem mit ihnen, wenn diese in die Pubertät kommen. Dann passen sie sich nämlich den deutschen Gepflogenheiten an und wollen sich nicht länger von deutschen Kindern unterscheiden. Das lässt sich am deutlichsten an ihren Duschgewohnheiten ablesen. Chinesen duschen abends, in China genauso wie in Deutschland. Den ganzen Tag herumgelaufen und abends nur das Gesicht waschen und Zähne putzen? Kommt gar nicht in Frage. Doch spätestens ab der zehnten Klasse sagt die chinesische Jugend: »Abends duschen? Nein danke! Ab jetzt wird morgens geduscht.«

Deutsche sind unflexibel, Chinesen anpassungsfähig

Chinesen sind Meister der Flexibilität. Dagegen lassen sich Deutsche nur ungern auf Veränderungen ein. Oder glaubt jemand, folgende Begebenheit hätte sich auch in Deutschland abspielen können? Auf der südchinesischen Insel Hainan sollte ein Dorf in Küstennähe einem neuen Hotelprojekt der Luxusklasse weichen. Die Investoren sicherten den Bauern zu, dass sie ein paar Hundert Meter landeinwärts ein neues Dorf für sie anlegen würden. Jede Familie sollte mit einem neuen Haus entschädigt werden. Zuerst lehnten die Bauern das Angebot ab, aber dann besannen sie sich und kamen auf eine prima Idee. Bis zum Stichtag standen auf einmal vierhundert neue Häuser in ihrem alten Dorf, die zwar mehr schlecht als recht zusammengezimmert waren, aber immerhin, es waren Häuser mit Wänden, Dach und Türen. Die Investoren rieben sich die Augen. Was war geschehen? Da Scheidungen in China eine Sache von wenigen Minuten sind, jedenfalls in jenem Dorf auf der Insel Hainan, hatten sich viele Ehepaare über Nacht getrennt und vorübergehend mit neuen Partnern aus nicht betroffenen Dörfern verheiratet. Auf diese Weise kam so manches, wenn auch inzwischen getrenntes Ehepaar zu zwei Häusern. Das nennt man wahre Flexibilität. Wie die Bauern ihre verworrenen Familienverhältnisse hinterher regelten, ist den Autoren nicht bekannt.

Ihre Flexibilität beweisen Chinesen täglich aufs Neue. Lädt zum Beispiel ein Deutscher zwei Chinesen zu sich nach Hause zum Essen ein, und es kommen vier, hat er ein Problem, denn wer für zwei Gäste geplant hat, kann nicht plötzlich vier bewirten. Deshalb ist es in Deutschland auch nicht üblich, unangemeldet noch irgendeinen Freund oder Bekannten mitzuschleppen. Für Chinesen ist das völlig normal: Zwei sind eingeladen, und es kommen vier. Herzlich Willkommen! Die chinesische Küche lässt sich beliebig verändern. Dann werden eben noch schnell ein, zwei weitere Gerichte gekocht. Spontane Mit-Esser sind in manch deutsch-chinesischer Ehe ein Reizthema. Frau Y. aus Norddeutschland kann ein Lied davon singen. Sie ist mit einem Shanghaier verheiratet. »Wenn mein Mann am Anfang unserer Ehe ankündigte, seine Eltern kämen zum Essen, ging ich davon aus, dass zwei Personen, also Mutter und Vater, kommen würden und stellte mich darauf ein. Allerdings habe ich es bis heute noch nie erlebt, dass sie tatsächlich nur zu zweit kamen. Immer bringen sie noch ein, zwei oder mehr Verwandte und Freunde mit. Auch bei anderen Gästen ist das so. Man muss immer darauf gefasst sein, dass am Ende mehr Personen am Tisch sitzen als ursprünglich geplant. Kocht man chinesisch, spielt das keine Rolle. Mit einem deutschen Hauptgericht ist das allerdings unmöglich. Darum koche ich nie mehr deutsch, wenn sich chinesischer Besuch ansagt. Ohnehin ziehen Chinesen ihre eigene Küche vor. Die Neugier auf fremde Kost ist bei den meisten sehr verhalten.«

Deutsche sind nüchtern, Chinesen höflich

Chinesen sind wesentlich höflicher als die Deutschen. Für einen perfekten Gastgeber gehört es sich, seine Gäste mit Höflichkeitsfloskeln zu bombardieren. Wann etwa entschuldigt sich ein deutscher Gastgeber, dass er seine Gäste nur ungenügend bewirtet hätte, obwohl genau das Gegenteil der Fall ist? Seine deutschen Gäste würden sich doch an den Kopf fassen und denken, dass mit ihm etwas nicht stimmt. Aber in China ist es so üblich. Aus Höflichkeit werden Dinge behauptet, die in keiner Weise zutreffen. Bei einem reichlichen und köstlichen Essen heißt es beispielsweise: »Tut mir leid, dass ich euch so kümmerlich bewirte!« oder »Wie peinlich, dass nichts auf dem Tisch steht.« Als wohlerzogener Gast hält man sofort energisch dagegen. Wehe man sagt: »Stimmt, das ist wirklich ziemlich poplig, was Sie da aufgetischt haben.«

Chinesen lieben es auch, Komplimente zu machen. Das gehört zum guten Ton. Häufig übertreiben sie damit, aber das stört niemanden. Wer nimmt schon ein übertriebenes Kompliment ernst? Viele Deutsche sind nicht daran gewöhnt. Sie mögen solche Übertreibungen nicht und reagieren gelegentlich entsprechend unwirsch. Sie sind eben viel nüchterner als die Chinesen. Die Chinesen lieben es, zu übertreiben und mit ihrer Sprache zu spielen. Die Deutschen haben dafür keinen Sinn. Manchmal sagen sie, die Chinesen seien wie große Kinder, nur weil sie ein diebisches Vergnügen an Übertreibungen haben. Dafür mangelt es den Deutschen an Humor.

Die Deutschen verderben den Chinesen mit ihrer Nüchternheit manchmal den Spaß. »Ihr Chinesisch ist wirklich perfekt«, lobte eine Chinesin die Sprachkenntnisse einer Deutschen. Das Kompliment war maßlos übertrieben, aber nett gemeint. Die angesprochene Deutsche gab sofort die Standardantwort zum Besten, mit der man in China auf ein solches Lob reagiert: »Ach, woher denn!« Eine zweite Deutsche, die daneben stand und das Kompliment gehört hatte, stellte es sofort in Frage: »Das ist mal wieder eine typisch chinesische Übertreibung«, platzte sie heraus, »denn so gut ist ihr Chinesisch gar nicht.«

Manchmal kommt es vor, dass auch die Chinesen den Deutschen gründlich die Stimmung verderben, nämlich dann, wenn sie ehrlich werden, und Chinesen können brutal ehrlich sein. Gerade was das Alter angeht. Deutsche verstehen in Sachen Alter keinen Spaß. Sie wollen lieber jünger als älter eingeschätzt werden. Da fällt manch sechzigjähriger Deutscher glatt um, wenn sie ihn respektvoll *Großväterchen* nennen. Er findet vielleicht, dass er durchaus noch für fünfzig durchgeht. Aber nicht bei den Chinesen. Die schaffen Klarheit. »Wer ist die alte Frau neben dir?«, fragte jüngst ein junger chinesischer Student seinen Kommilitonen, der an einer langen Tafel im Gespräch mit einer älteren Deutschen saß. Die *alte Frau*, gerade mal über fünfzig Jahre alt, machte prompt ein frostiges Gesicht. Sie verstand nämlich Chinesisch.

Deutsche sind in Fragen des Alters rücksichtsvoller, denn es liegt ihnen daran, selbst auch jünger eingeschätzt zu werden. Darum unterschlagen sie gern ein paar Jahre, wenn sie aufgefordert werden, das Alter eines anderen zu schätzen, nur um ihn glücklich zu machen. Man sieht: Auch die Deutschen lieben die Übertreibung, nur eben in anderem Zusammenhang.

Deutsche sind langsam, Chinesen flott

So flott die Chinesen, so langsam die Deutschen. Dafür sind die Deutschen ordentlich und die Chinesen gern etwas nachlässig. Nehmen wir zum Beispiel Handwerker: Deutsche Handwerker – mal abgesehen von einigen schwarzen Schafen – verrichten ihre Arbeit insgesamt doch recht ordentlich, wenn auch langsam. Bei chinesischen Handwerkern ist das nicht unbedingt der Fall. Da sollte man am besten daneben stehen und ständig kontrollieren. Sie sind nämlich schnell fertig, erledigen ihre Arbeit aber oft nur *cha bu duo* – »es fehlt nicht viel«. Manches Mal fehlt dann eben doch eine ganze Menge, und dann müssen sie alles noch einmal von vorne machen.

Deutsche trinken, Chinesen essen

Die Chinesen lieben es, stundenlang zu essen, die Deutschen lieben es, stundenlang zu trinken. Oft werfen die Deutschen den Chinesen vor, sich ständig zum Essen zu treffen. Das stimmt. Jeder Geschäftsmann lädt seinen potentiellen Geschäftspartner erst einmal zum Essen ein, um ihn besser kennenzulernen. Für

Chinesen gibt es nichts, was nicht am Esstisch besprochen werden könnte. Am liebsten würde man sich auch privat jeden Tag mit Freunden und Kollegen in irgendwelchen Restaurants zum Essen treffen. Dazu bieten sich auch genügend Möglichkeiten, denn Chinesen essen drei warme Mahlzeiten am Tag. Die Deutschen essen nur einmal am Tag warm. Für sie ist das Essen nicht so wichtig. Die Chinesen werfen den Deutschen vor, sich ständig zum Trinken zu treffen. Ohne Alkohol geht bei den Deutschen nichts. Sie treffen sich auf ein Bier oder zu einem Glas Wein und verbringen den ganzen Abend nur mit Trinken. Dazu gibt es ein paar Nüsse oder Kartoffelchips. Das ist alles. Die Deutschen geben sich damit zufrieden, wenn nur das Bier schön kühl und der Wein gut ist. Unmöglich finden das die Chinesen. Für sie sind die Getränke eher nebensächlich, wenn nur das Essen gut ist.

Deutsche sind Bier-, Chinesen Teetrinker

China ist das Herkunftsland des Tees. Also sind die Chinesen Teetrinker. Die Deutschen haben das Bier zwar nicht unbedingt erfunden, aber für die Chinesen sind sie die Biertrinker schlechthin. Die Deutschen und das Bier – das passt einfach zusammen. Für die Chinesen ist es ein Genuss, den Nachmittag Tee schlürfend in einem Teehaus im Park zu verbringen. Für die Deutschen ist es ein Genuss, den Nachmittag bei kühlem Bier in einem Biergarten zu verbringen.

Doch auch die Chinesen lieben inzwischen das Bier. Sie lernten es durch die Deutschen schätzen. 1904 gründeten die Deutschen in ihrem Pachtgebiet von Qingdao die Germania-Brauerei. Mit von der Partie waren ein paar britische Händler als Kapitalgeber. Die Brauerei produzierte helles und dunkles Bier, das bis heute einen ausgezeichneten Ruf hat. Inzwischen ist das »Tsingtao-Beer« weltbekannt.

Deutsche genießen mit dem Ohr, Chinesen mit der Zunge

Für die meisten Chinesen ist ein hoher Geräuschpegel in einem Restaurant kein Problem, ein fades Essen hingegen schon, denn sie genießen mit der Zunge. Jeder Chinese, und sei er noch so arm, ist ein Feinschmecker. Selbst aus den einfachsten Zutaten zaubert er die köstlichsten Speisen. Die Küche der Chinesen gleicht einem unerschöpflichen Quell der Phantasie. Als Gott die Geschmacksnerven verteilte, haben sich die Chinesen offenbar gleich fünfmal gemeldet. Es gibt wohl keine andere Nation, die so großen Wert auf gutes Essen legt.

Die Deutschen genießen eher mit dem Ohr. Sie schätzen die Ruhe, und daher ist ihnen ein hoher Geräuschpegel in einem Restaurant ein Graus. So auch in anderen Bereichen des täglichen Lebens. Ständig werden Kinder, Nachbarn oder andere Geräuschverursacher ermahnt, nicht zu laut zu sein. In Restaurants spricht man mit gedämpfter Stimme, in Zügen, Flugzeugen und Autobussen ebenfalls. Man möchte die anderen nicht stören und selbst auch nicht gestört werden. Fröhliches Geschrei geht den Deutschen auf die Nerven, es sei denn, sie verursachen den Lärm selbst, denn selbstverständlich können auch die Deutschen laut werden. Das ist dann aber etwas anderes.

Die geräuschempfindlichen Deutschen leiden unter den Chinesen, die gern laut, lebhaft und lustig sind. Am liebsten sitzen Chinesen in großen Gruppen um einen runden Tisch versammelt, und erst wenn es richtig fröhlich zugeht, sind sie glücklich. Sie halten es nicht aus, in so einer Situation mit gedämpfter Stimme zu sprechen. Das geht ja auch gar nicht, wenn sich alle zur selben Zeit und quer über den Tisch unterhalten.

In Deutschland vertraut man auf den Staat, in China auf die Familie

Chinesen arbeiten für ihre Kinder, für ihre Enkel, für die Großfamilie. Brauchen sie Hilfe, bekommen sie diese von der Familie. Vom Staat erwarten sie nicht viel. Nur durch ihrer eigenen Hände Arbeit und durch den Zusammenhalt der Familie lassen sich alle Schwierigkeiten meistern. In Deutschland erwartet man Hilfe vom Staat und geht daher zum Sozialamt, in China wendet man sich an die Verwandten.

Deutsche Familien sind klein, weil nur Bluts- und angeheiratete Verwandte zur Familie zählen. In China sind die Familien groß, auch wenn sich das infolge der Ein-Kind-Politik allmählich ändert. Es gibt sie aber trotzdem noch, besonders auf dem Land, die vielen Onkel und Tanten, Cousinen und Cousins und deren Ehepartner, sowie die Familien dieser Ehepartner, mit denen man selbstverständlich ebenfalls verwandt ist. Häufig hilft nur die Anfertigung einer Skizze, um die Verflechtungen eines chinesischen Clans zu begreifen. Wendet man sich in einer Notlage an ein um fünfzig Ecken verwandtes Familienmitglied, zeigt sich dieses in der Regel gewillt, aus Solidarität zur Familie zu helfen, wenn es beispielsweise darum geht, einen jungen Universitätsabsolventen in einem Betrieb unterzubringen, sofern es die Möglichkeiten dazu hat.

In Deutschland gibt es Regeln, in China das persönliche Netzwerk

Für die Chinesen ist es wichtig, ein Netz von Beziehungen zu spinnen, um über möglichst viele Kontakte zu verfügen. Nur so haben sie die Chance, sich den Alltag in dem übervölkerten Land zu erleichtern. Die Deutschen haben das nicht nötig, in ihrem Land ist alles geregelt. Es gibt dort auch nicht diese Massen von Menschen. Muss in China jemand beispielsweise ins Krankenhaus, versuchen die Verwandten über Beziehungen einen persönlichen Kontakt zum behandelnden Arzt herzustellen, um so dem Patienten mehr Fürsorge und Aufmerksamkeit zu sichern. Unter Verwandten, Kollegen, Bekannten und Freunden wird herumtelefoniert: »Kennst du nicht jemanden, der in dem Krankenhaus arbeitet?« Hat man endlich einen Kontakt hergestellt, ist die Patientin für den Arzt nicht mehr nur ein Fall von unglaublich vielen, sondern vielleicht die Mutter des guten Freundes eines Kollegen.

Deutsche Senioren reisen, chinesische hüten Enkelkinder

Kommt in Deutschland ein Kind zur Welt, kümmern sich die jungen Eltern meist allein um ihr Baby. Die junge Mutter verlässt mit ihrem Säugling schon nach wenigen Tagen das Krankenhaus und muss sich in ihre neue Rolle hineinfinden. Die Großeltern kommen meist nur kurz zu Besuch, um gute Ratschläge zu geben und dann schnell wieder zu verschwinden. Deutsche Rentner haben ja auch wenig Zeit. Sie sind ständig unterwegs.

Kommt in China ein Kind zur Welt, stehen die Großeltern den jungen Eltern zur Seite und übernehmen für Wochen und Monate die Betreuung von Mutter und Kind. Bringt eine Chinesin in Deutschland ihr Kind zur Welt, wird ihre Mutter versuchen, aus dem fernen China anzureisen, um sie je nach Aufenthaltserlaubnis drei bis sechs Monate lang zu unterstützen.

Kinder werden in China vielfach in Absprache mit den Großeltern geplant. Darum fallen die Geburt eines Enkelkindes und die Pensionierung der Großeltern häufig zusammen. Junge Paare, die nicht an Nachwuchs denken, obwohl ihre Eltern bereits in Rente sind, werden energisch darauf hingewiesen, dass es allmählich Zeit wird, für ein Enkelkind zu sorgen. »Wir haben ja sonst nichts zu tun«, heißt es. Ist das Kind dann endlich da, schätzen sich die Eltern meist sehr glücklich, wenn die Großeltern bei der Betreuung einspringen, während Vater und Mutter ihrem Beruf nachgehen. Wer bringt das Kind in den Kindergarten oder in die Schule, und wer holt es ab? Natürlich Oma oder Opa. Selbst wenn ein Kindermädchen das Kind betreut, ist das wachsame Auge der Großeltern immer willkommen.

Deutsche funktionieren verbal, Chinesen auf Blickkontakt

Die Malerin M. hat festgestellt, dass man sich in Deutschland immer entschuldigen muss, wenn man in der U-Bahn, im Bus oder auf der Rolltreppe an einem Deutschen vorbeigehen möchte. »Entschuldigung, darf ich bitte mal vorbei?« Diese Worte wirken wie ein Schlüssel. Erst wenn man darum bittet, weichen die Leute zurück. Sie spüren nicht, dass man vorbeimöchte, und wenn doch, dann bleiben viele trotzdem stehen, weil es ja ihr Recht ist, dort zu stehen, und sie vielleicht denken, soll der Betreffende doch sagen, dass er vorbeiwill. Ebenso ist es bei Ausstellungseröffnungen oder bei Partys. Will man sich mit zwei Gläsern Wein in den Händen seinen Weg durch die Menge bahnen, muss man selbstverständlich erst darum bitten, dass Platz gemacht wird. Von allein rücken die Leute selten zur Seite. In China genügt ein Blick, und man wird durchgelassen.

Deutsche kritisieren, Chinesen loben

Eine steile Stirnfalte und schon legen sie los: Die Deutschen haben an allem etwas auszusetzen, natürlich auch an den Chinesen. Anders die Chinesen. Sie loben gern und stellen die Vorteile des anderen heraus. Das verlangt die Höflichkeit. Chinesen müssen sich bescheiden geben, dürfen sich nicht aufspielen. So verlangt es die gute Erziehung. Auch wenn sie sich immer weniger daran halten. Trotzdem: Ein Deutscher wird nur selten von einem Chinesen direkt kritisiert, im Gegenteil, mancherlei Komplimente werden gemacht, um für eine ausgeglichene Stimmung zu sorgen.

Sind Chinesen unter sich, werden sie allerdings sehr deutlich, in der Familie ebenso wie unter Freunden oder Kollegen. Dann kritisieren sie Staat und Gesellschaft, dass die Wände wackeln. Mäkeln jedoch Ausländer an ihrem Land herum, bekommen sie eine Gänsehaut, denn das mögen sie nicht. Ebenso würden sie in einem deutschen Kreis nicht die deutsche Innenpolitik schlechtmachen. Eher fallen ihnen allerlei gute Dinge ein, die es zu loben gilt. Als wir, die Autoren dieses Buches, im Rahmen unserer Interviews nach schlechten Erfahrungen mit Deutschen fragten, drucksten die meisten herum und führten stattdessen nur Positives an. Erst auf Nachfrage berichteten einige von eher enttäuschenden Erlebnissen.

Deutsche Journalisten prangern gern die Verhältnisse in China an. Deutsche Zeitungen drucken am liebsten Horrormeldungen. Ein Grubenunglück mit sechs Toten? Viel zu wenig. Es müssen schon sechzig sein, bevor es eine Meldung wert ist. Und die Chinesen? Gerade während eines Streiks der deutschen Müllabfuhr reiste ein chinesisches Fernsehteam durch Deutschland. In manchen Städten türmte sich der Müll. Es stank buchstäblich zum Himmel. »Da seht ihr mal wie schmutzig deutsche Städte sein können«, sagte der deutsche Begleiter. »Kein Problem«, meinte der chinesische Aufnahmeleiter. Kein einziger Müllhaufen wurde aufgenommen und Deutschland nur von seiner besten Seite gezeigt. »Schließlich sind wir Gäste der deutschen Regierung. Wie können wir sie da blamieren und diesen ganzen Dreck aufnehmen?«

Deutsche stehen Schlange, Chinesen drängeln gern

Wenn sich in Deutschland jemand vordrängelt, hagelt es sofort Protest. Deshalb werden selbst in manchen Feinkostgeschäften Nummern an die Wartenden ausgegeben, damit sich ja keiner am Wurststand vordrängelt. In China drängeln sich die Leute gern vor, aber nur selten kommt Protest, obwohl sich alle darüber ärgern. Allerdings ist Besserung in den großen Städten wie Beijing und Shanghai sichtbar, wo Gitterreihen an Taxiständen und Bushaltestellen die Wartenden in Reih und Glied zur Geduld zwingen.

Deutsche lieben die Sonne, Chinesen den Mond

Deutsche jammern gern über das Wetter, Chinesen nicht. Chinesen kämen nie auf die Idee, wegen mangelndem Sonnenschein oder ewigem Nieselwetter auszuwandern. Als Herr L., Verleger aus Hongkong, für zwei Tage nach Hamburg kam, regnete es. »Mist«, schimpfte sein deutscher Gastgeber. »Hamburg kann so schön sein, wenn die Sonne scheint.« Herr L. schüttelte verständnislos den Kopf. »Aber die Stadt ist doch herrlich grün und so angenehm kühl. Da lässt es sich gut arbeiten.«

Deutsche sind gerne braun, Chinesen weiß. Eine braune Hautfarbe steht in China für körperliche Arbeit, in Deutschland für Freizeit und Urlaub. Deutsche legen sich in die Sonne, chinesische Frauen spannen lieber ihren Regenschirm auf, damit sie nicht zu braun werden. Chinesen fürchten zu viel Sonnenschein, weil ihr Land häufig unter Trockenheit leidet. Aber sie lieben den Mond. Unzählige Gedichte besingen ihn. Im Mondschein zu sitzen und Reiswein zu trinken, dabei mit netten Freunden zu plaudern ist für Chinesen der Inbegriff des Wohlseins.

Neugierig sind sie alle, aber ...

Chinesen sind neugierig, und weil sie wissen wollen, was Sache ist, scheuen sie sich auch nicht vor direkten Fragen. Deutsche sind ebenfalls neugierig, aber sie zeigen es nicht gern. Sie erkundigen sich lieber hinter dem Rücken des Betreffenden.

Während der Olympischen Spiele in China nahmen einige Beijinger Bürger Ausländer als zahlende Übernachtungsgäste bei sich auf. Vorher wurden sie von den Behörden unterrichtet, wie man mit Ausländern umzugehen habe. Man solle sie auf keinen Fall mit persönlichen Fragen belästigen, also nicht nach Alter, Gehalt, Familienstand und Kindern fragen. Darauf ein Beijinger: »Du lieber Himmel! Worüber soll ich mich denn dann mit meinen ausländischen Gästen unterhalten?«

Junge Deutsche geben schnell auf, junge Chinesen sind hartnäckiger

Frau Z., Pharmazeutin: »Im Chinesischen haben wir den Begriff *chi ku*, Bitternis essen. Das heißt, dass wir einiges aushalten können. Egal, wie schwer es fällt, wir stehen schwierige Zeiten durch, die Schulzeit, das Studium, die Arbeit oder Probleme in der Familie. Wir Chinesen sind an Schwierigkeiten und Notlagen gewöhnt. Wir stellen uns den Problemen. Die jüngeren Deutschen sind anders. Viele sind verwöhnt und anspruchsvoll. Wenn es schwierig wird, geben sie schnell auf. Ein Chinese würde sagen: Gib dir ein bisschen mehr Mühe, und du schaffst es.«

Deutschland ist ein sympathisches Land – trotz allem

Yu-Chien Kuan: Als Schüler lernte ich Englisch und Französisch, als Student Russisch. Ich träumte davon, für den diplomatischen Dienst einmal nach Amerika, Frankreich oder Russland zu gehen. Aber nach Deutschland? Auf diese Idee wäre ich nie gekommen. Als man mir dann eines Tages anbot, genau in jenes Land zu reisen, bekam ich richtig Angst.

Ende der fünfziger Jahre war ich während der »Anti-Rechts-Kampagne« zum Konterrevolutionär erklärt und für vier Jahre in die Verbannung ins ferne Qinghai geschickt worden, wo ich nur mit Mühe und viel Glück überlebte. In der zweiten Hälfte der sechziger Jahre tobte ein weiterer politischer Machtkampf: die Kulturrevolution. Anfang 1968 drohte mir wieder die Abstempelung zum Konterrevolutionär. Da entschloss ich mich spontan zur Flucht. Damals galt das geflügelte Wort, dass es selbst einer Fliege nicht gelänge, China zu verlassen. Wie sollte es dann ein Mensch schaffen? Mit Hilfe eines japanischen Passes gelang mir das Unmögliche. Ich setzte mich ins Ausland ab. Allerdings kam ich nicht bis ins ersehnte Frankreich, sondern nur bis Kairo, wo die Behörden bemerkten, dass Pass und Person nicht übereinstimmten und mich deshalb für mehr als ein Jahr in Schutzhaft in ein berüchtigtes Zuchthaus sperrten. Dort saß ich mit mancherlei Schwerverbrechern zusammen, und das war so schrecklich, dass ich lieber nach China zurückkehren wollte, auch wenn das meinen Tod bedeutet hätte. Mir war ein Ende mit Schrecken lieber als ein Schrecken ohne Ende. Das Internationale Rote Kreuz kümmerte sich um mich, das – dem Himmel sei Dank – eine bessere Lösung für mich fand: »Sie können nach Deutschland gehen«, bot mir der Vertreter des Roten Kreuzes an. Hier ein Auszug aus meinem autobiographischen Roman:

»Ich saß still da. Diese Lösung war mir wenig angenehm. Deutschland war doch über Russland hergefallen, und die chinesische Presse hatte vor Westdeutschland stets gewarnt. Andererseits war bei uns zu Hause in Shanghai etliches ›Made in Germany‹ gewesen: das Klavier, Mutters Nähmaschine, Vaters Schreibmaschine, das Herkules-Fahrrad meiner Kusine, sogar die Bleistifte, mit denen wir schrieben, und die Nivea, mit der wir uns das Gesicht eincremten. Außerdem hatte mein Vater während seines Studiums in Frankreich auch Köln und Berlin besucht und von dort einige Postkarten mitgebracht, die mir sehr gefallen hatten. Im übrigen blieb mir anscheinend auch gar keine andere Wahl. Deutschland oder Gefängnis? Dann doch lieber Deutschland. Also sagte ich schließlich: ›Na gut, wenn es denn sein soll …‹« (*Mein Leben unter zwei Himmeln*, S. 452)

Damit bot man mir die Möglichkeit, dem grausamen Gefängnisalltag zu entgehen und mich von Deutschland aus um eine Ausreise in ein anderes Land zu bewerben, denn bleiben wollte ich dort nicht. Noch im Flugzeug nach Frankfurt war ich mir nicht sicher, auf was ich mich da eingelassen hatte, zumal ich kein Wort Deutsch sprach.

Ganz oben auf meiner Wunschliste der Auswanderungsziele stand Kanada. Allein aufgrund meiner guten englischen Sprachkenntnisse schien mir dort ein Neuanfang relativ einfach. Wer hätte gedacht, dass ich die ersehnte Einreiseerlaubnis später ausschlagen würde. Wider Erwarten gefiel es mir nämlich in Deutschland.

Wie ich mir Deutschland vorstelle

Der junge W. stammt aus einer Kreisstadt in Hubei. Dank guter Noten schaffte er die Aufnahme in eine der besten Universitäten Shanghais. Nun ist er frischgebackener Informatiker und sucht einen Job. Natürlich in Shanghai, denn zurück in die langweilige Kreisstadt will er nicht. Noch lieber würde er nach Deutschland gehen, das er nur aus den chinesischen Medien kennt. »Deutschland muss ein schönes Land sein, grün und mit schöner Landschaft und guter Luft, denn die Deutschen sind sehr umweltbewusst und dulden keine Umweltverschmutzung. Das Leben dort verläuft viel gemächlicher als bei uns, ohne Druck und Kampf. Die Leute respektieren einander und leben in freundschaftlicher Beziehung, weil die wirtschaftliche Lage nicht so angespannt ist wie in China. Obwohl die Deutschen nur fünf bis sechs Stunden pro Tag arbeiten, reicht ihr Monatsgehalt zum Leben. In China arbeiten wir zehn Stunden pro Tag, und dennoch erreicht unser Gehalt nur etwa die Hälfte der Kaufkraft eines deutschen Gehaltes.«

Wo genau liegt Deutschland? Da ist sich bis heute mancher Chinese gar nicht so sicher. In Europa, das ist klar, aber wo? Sind die Deutschen besser informiert? Natürlich weiß jeder, wo China liegt, genauso wie jeder Chinese weiß, wo sich Europa befindet. Aber kann jeder Deutsche auf Anhieb sagen, wo beispielsweise die Provinz Sichuan, von ihrer Bevölkerungszahl etwa so groß wie die Bundesrepublik, oder die autonome Region Xinjiang zu finden sind? Auch ein Chinese schaut lange auf seine chinesische Weltkarte, bis er endlich ganz oben links das kleine Deutschland entdeckt. Deutschland liegt also links oben auf der Weltkarte? Selbstverständlich. Denn wie auf europäischen Weltkarten Europa in der Mitte liegt, befindet sich auf chinesischen Weltkarten China im Zentrum, wie es auch seinem Namen entspricht: *Zhongguo* – das Reich der Mitte.

Lange Zeit, das heißt in den siebziger und achtziger Jahren des letzten Jahrhunderts, war manchen Chinesen auch nicht ganz klar, was es genau mit Ost- und Westdeutschland auf sich hatte. Bis 1989 überraschten sie den einen oder anderen westdeutschen Besucher mit der Frage, ob er aus West- oder aus Ostdeutschland käme. Natürlich aus Westdeutschland, knurrte dann mancher Westdeutsche ungehalten. Als ob das so offensichtlich gewesen wäre. Gut, dass Deutschland wiedervereint ist und sich solche Fragen nun erübrigen.

Deutschland verankerte sich erst recht spät im chinesischen Bewusstsein. Als eine preußische Delegation 1861 zu Verhandlungen in Beijing eintraf, war sich der chinesische Verhandlungsführer, immerhin ein mandschurischer Prinz und zudem noch europafreundlich, nicht ganz sicher, mit wem genau er es da zu tun hatte. Vertrauter war man mit Portugiesen, Briten und Franzosen, mit denen man sich schon eine ganze Weile herumärgerte. All diese Europäer kamen von weither, irgendwo aus dem Westen, und waren unzivilisierte Barbaren. Wen interessierte es da schon, wo genau diese Länder lagen. Und nun waren Leute gekommen, die sich zwar Deutsche nannten, aber ein ganzes Sammelsurium von Ländern und Stadtstaaten repräsentierten. Da gab es Hamburger, Preußen, Sachsen, Bayern und weiß der Himmel was noch. Wer sollte daraus schlau werden? Erst nach Gründung des Deutschen Reiches 1871 formte sich das Bild von einem Land, das mit Frankreich und England ebenbürtig zu sein schien. Dann allerdings rieb man sich in China schon bald die Augen. Eine ehemals in viele Teile zersplitterte Nation schaffte es in kurzer Zeit, zu einem geeinten, mächtigen Staat aufzusteigen. Deutschland wurde in mancher Hinsicht ein Vorbild, von dem man lernen konnte. Die ersten Chinesen, die ab 1866 Deutschland bereisten, berichteten von ordentlichen Städten, von diszipliniertem Militär und hervorragenden Industrieanlagen. Das war beeindruckend, wenn auch nicht unbedingt sympathisch. Die Kulturnation Frankreich mit ihrer beeindruckenden Hauptstadt Paris gefiel den Chinesen besser. Dort war alles bunt und romantisch, Deutschland schien dagegen farblos und schlicht.

Dass die Deutschen ein Volk der Dichter und Denker sein sollen, erfuhren die Chinesen erst relativ spät. Zunächst einmal beeindruckten die Deutschen durch Waffentechnologie und militärischen Drill. Durch die russische Oktober-Revolution gelangten die Ideen von Marx und Engels nach China, und anschließend gerieten auch andere deutsche Denker in den Blickwinkel engagierter junger Chinesen, Nietzsche und Schopenhauer zum Beispiel, Kant und Hegel, um nur einige von ihnen zu nennen. Lu Xun (1881–1936), der Vater der modernen chinesischen Literatur, war begeistert vom deutschen Geistesleben und machte seine Leser in zahlreichen Artikeln damit vertraut. Er nannte Nietzsche seinen Lieblingsdichter. Andere begeisterten sich für Goethe und Schiller, Rilke und Heine. In den zwanziger Jahren des zwanzigsten Jahrhunderts zog es ganze Scharen von jungen Chinesen zum Studium nach Europa. Auch nach Deutschland kamen sie, wenn auch nicht annähernd so viele wie nach Frankreich. Zum Studieren war Frankreich romantischer und in mancherlei Hinsicht auch inspirierender, billiger war es jedoch in Deutschland.

In den dreißiger Jahren änderte sich das Bild vom Land der Dichter und Denker. In gleichem Maße wie die Nationalsozialisten aufstiegen, nahm unter den chinesischen Intellektuellen die Bewunderung für die deutsche Kultur ab. Anders urteilten jene, die machtpolitische Interessen verfolgten und bewundernd auf Deutschland schauten: Nach der Katastrophe des ersten Weltkrieges war der Wiederaufbau schnell gelungen, und welch einen Unterschied bot dieses scheinbar so wohlgeordnete Land zu China, das durch äußere und innere Feinde geschwächt war. Die chinesischen Nationalisten sahen in Nazi-Deutschland ein Vorbild, zumindest hinsichtlich des Führerprinzips. Für sie schien Chiang Kaishek der ideale neue Führer Chinas. Hingegen sahen die chinesischen Oppositionellen die deutschen Faschisten in einem anderen Licht. Einen Schriftsteller wie Lu Xun konnten die Nazis nicht täuschen. Er durchschaute sie und bezichtigte sie bereits der Barbarei, als die Deutschen ihnen noch blindlings folgten. Jenen Chinesen, die voll Bewunderung auf Hitler blickten, warf Lu Xun Torheit vor. Sie würden nicht begreifen, dass Hitler und seine Anhänger die Chinesen als minderwertige Rasse verachteten. Für Lu Xun waren jedoch nicht alle Deutschen Nazis. So begeisterte ihn das Werk von Käthe Kollwitz, das er 1936 in einer chinesischen Ausgabe dem chinesischen Publikum vorstellte.

Nach dem verlorenen Zweiten Weltkrieg stand Deutschland zunächst einmal für Rassenwahn, Gestapo, Konzentrationslager und Vernichtung. Die Deutschen waren ein Volk, vor dem man sich fürchten musste. Chinesische Journalisten, die zu jener Zeit in das zerstörte Deutschland kamen, berichteten tief erschüttert von einem Volk ohne Zukunft.

Nach Gründung der Volksrepublik China im Jahre 1949 war klar, zu welchem Teil Deutschlands man nun stehen würde. Frau H. aus Beijing erinnert sich: »Die DDR war unser sozialistischer Bruderstaat, die Bundesrepublik hingegen ein Stützpunkt des amerikanischen Imperialismus. Nach dem Bruch mit Moskau änderte sich die Haltung. Die DDR war nun ein revisionistischer Staat und Stützpunkt des russischen Imperialismus. Wir mussten uns neu orientieren.«

Wie wir euch kennenlernten

Erste Kontakte zwischen Chinesen und Deutschen gab es bereits im dreizehnten Jahrhundert, nachdem die Mongolen China und Europa überrannt und ein Riesenreich geschaffen hatten, das von China bis in die Ukraine reichte und durch keine Grenzen unterteilt war. Damit standen die alten Handelswege in den eroberten Gebieten offen, und es kam zwischen Ost und West zu einem regen Austausch von Waren und Ideen. Vereinzelt gingen Chinesen in den Westen und ließen sich in Persien und in Russland nieder. Europäer gingen in den Osten, und manche von ihnen dienten dem mongolischen Großkhan im damals Khanbalik genannten Beijing. 1253 reiste Wilhelm von Rubruk, ein Franziskanermönch aus Flandern, im Auftrag des Papstes an den Hof des Großkhan. Nach seiner Rückkehr berichtete er von vielen Ausländern, die in der Hauptstadt des mongolischen Reiches lebten, unter anderem auch von Deutschen. Ende des dreizehnten Jahrhunderts errichtete der italienische Franziskanermönch Monte-Corvino eine Missionszentrale im heutigen Beijing. Ein Franziskaner aus Köln, Bruder Arnold, unterstützte ihn dabei. Ein anderer Deutscher, Johannes Schiltberger aus Bayern, geriet in mongolische Gefangenschaft, nachdem er sich einem Kreuzzug gegen die Osmanen angeschlossen und zuerst in osmanische, dann in mongolische Gefangenschaft geraten war. Nach glücklicher Flucht kehrte er nach dreißig Jahren in seine Heimat zurück und verfasste einen autobiographischen Bericht, der 1473 erschien.

Die ersten Deutschen, die als Händler, Mönche, Söldner oder Seeleute nach China gelangten, wurden weniger als Vertreter einer bestimmten Nation wahrgenommen, als vielmehr jenen europäischen Ländern zugeordnet, in deren Diensten sie standen, wie etwa Portugal, England oder Russland. Als um 1860 erste offizielle Kontakte zwischen Deutschen und Chinesen zustande kamen, war deshalb kaum etwas über jenes ferne Deutschland bekannt.

Erste Deutsche in China

Macao war seit 1557 ein dauerhafter portugiesischer Handelsposten am Südzipfel des chinesischen Reiches. Er stellte in jenen Jahren das Tor nach China dar, nicht nur für Kaufleute, sondern auch für christliche Missionare. Die Missionare gehören denn auch zur einflussreichsten Gruppe der frühen China-Reisenden, unter diesen ganz besonders die Mönche des Jesuitenordens, die sich in Macao auf ihren Missionseinsatz in China vorbereiteten. Ihre ausführlichen Berichte bestimmten im siebzehnten und achtzehnten Jahrhundert das Bild, das sich die Europäer von China machten. Wer damals nach China ging, musste sich auf sein eigenes Geschick und auf das Wohlwollen der chinesischen Behörden verlassen. Anders die Missionare des neunzehnten und frühen zwanzigsten Jahrhunderts, deren Wirken durch die Kanonenbootpolitik von Briten und Franzosen ermöglicht worden war. Seit die Waffen sprachen, bedurfte es keines Fingerspitzengefühls mehr. Bildung und Intelligenz wurden oft durch Aggressivität ersetzt. Daher resultiert noch heute die oft feindselige Haltung einiger Chinesen gegenüber westlichen Kirchenorganisationen. Ihre Kritik bezieht sich weniger auf die Religion selbst, als vielmehr auf die ausländischen Kirchenvertreter.

Unter den vielen Missionaren, die aus Deutschland nach China strömten, ragen zwei heraus: Karl Gützlaff und Richard Wilhelm. Der eine war beseelt von der Idee, China handstreichmäßig dem christlichen Glauben zuzuführen, der andere bemüht, zum Mittler zwischen den Kulturen zu werden.

Auch Forscher zog es früh nach China, wie den Geologen Friedrich Freiherr von Richthofen, der ab 1861 durch seine ausgedehnten Erkundungsreisen viel zum westlichen Chinawissen beitrug. Auf eine weitere herausragende Persönlichkeit soll näher eingegangen werden: auf den Kaufmann John Rabe, der zum Retter vieler Tausend Chinesen wurde.

Jesuiten als Vermittler deutscher Gelehrsamkeit

Da die Jesuitenmönche hochgebildet waren, fiel es ihnen leicht, mit Chinas geistiger und politischer Elite in Kontakt zu treten. Nach Meinung der Jesuiten ließ sich die Christianisierung eines Landes am erfolgreichsten durchsetzen, wenn es gelang, zunächst die führenden Eliten zu bekehren. Um dies in China zu erreichen, bereiteten sie sich durch ein intensives Studium der chinesischen Sprache und der klassischen Schriften auf ihren Einsatz vor. Auch äußerlich passten sie sich der neuen Umgebung an. Sie nahmen nicht nur chinesische Namen an, sie kleideten sich auch chinesisch und pflegten chinesische Umgangsformen. Auf diese Weise gelang es ihnen tatsächlich, Zugang zum kaiserlichen Hof zu erhalten, was sie jedoch nicht dem chinesischen Interesse an der neuen, fremden Religion zu verdanken hatten, sondern ihren ausgezeichneten Kenntnissen auf den verschiedensten Gebieten von Wissenschaft, Technik und Kunst.

Einer der würdigsten Vertreter deutscher Gelehrsamkeit war der in seinem Heimatland weitgehend vergessene Johannes Schreck aus Bingen bei Sigmaringen, der 1619 für den Jesuitenorden nach China kam.

Schreck hatte an einigen der berühmtesten europäischen Universitäten studiert. Er war Botaniker, Astronom, Mathematiker und Arzt und stand mit den großen Autoritäten der europäischen Wissenschaft in Kontakt. Auch mit Galileo Galilei war er bekannt. Gemeinsam mit ihm hatte er während seiner Zeit in Rom den Sternenhimmel beobachtet. Schreck war nicht nur Naturwissenschaftler, sondern auch ein Sprachgenie. Neben alten Sprachen wie Chaldäisch und Hebräisch beherrschte er auch mehrere moderne Sprachen. Deswegen verwundert es nicht, dass er nach Ankunft in China im fortgeschrittenen Alter von Anfang vierzig noch schnell Chinesisch lernte. Er kam als Missionar, doch wird er für die Verbreitung des christlichen Glaubens nicht viel Zeit gehabt haben, denn in den wenigen Jahren, die er bis zu seinem Tode 1830 in China lebte, verfasste er mit Hilfe chinesischer Mitarbeiter mehrere ausführliche Lehrbücher über Astronomie, Mathematik, Technik und Medizin und führte damit modernstes europäisches Wissen in China ein. Er stellte auch die moderne Anatomie in China vor, und warnte als einer der ersten weltweit vor dem Tabakrauchen, weil er dank des Sezierens wusste, wie Raucherlungen aussehen. Zugleich interessierte er sich für die chinesische Heilkunde und berichtete in Briefen an seine Freunde in der Heimat von chinesischen Therapien wie der Akupunktur und der Wärmebehandlung mit Moxakraut.

Die Jesuitenpater beeindruckten den chinesischen Hof ganz besonders mit ihrem Wissen auf dem Gebiet der Sternenkunde. Die chinesischen Kaiser, als Söhne des Himmels verehrt, fürchteten nichts mehr als beängstigende, nicht vorhergesehene Naturphänomene, mit denen – das wusste jeder Chinese – der Himmel seinen Unmut über schlechte Regierungsführung zum Ausdruck brachte. Beispielsweise konnte eine Sonnenfinsternis durchaus als Zeichen gedeutet werden, dass der Himmel dem Kaiser das Mandat zum Herrschen entzog. So war es günstig, schon im Voraus zu wissen, wann eine Sonnen- oder Mondfinsternis bevorstand, so dass man die Untertanen frühzeitig warnen und ihnen damit die Angst nehmen konnte.

Johannes Schreck berechnete für 1629 den exakten Zeitpunkt einer Sonnenfinsternis und wurde daraufhin mit der Reform des chinesischen Kalenders beauftragt, der diese Voraussagen nicht kannte. In diese Kalenderreform floss das Wissen eines weiteren deutschen Gelehrten mit ein, nämlich des evangelischen Astronomen Johannes Kepler, der dem katholischen Jesuitenpater Schreck sein neuestes astronomisches Werk zur Verfügung stellte. Schreck hatte die deutschen Gelehrten um Unterstützung bei der schwierigen Aufgabe der Vorausberechnung von Sonnen- und Mondfinsternissen gebeten. Keplers Buch erreichte zwar erst fünfundzwanzig Jahre nach Schrecks Bitte China, und dieser war dann auch schon längst verstorben, doch konnte sein Nachfolger, der Kölner Jesuitenpater Adam Schall von Bell, gemeinsam mit seinem Ordensbruder, dem Flamen Ferdinand Verbiest, die Kalenderreform erfolgreich zu Ende führen. Das von ihnen erarbeitete neue Kalendersystem wurde 1664 vom chinesischen Kaiser offiziell übernommen.

Adam Schall von Bell war wie Johannes Schreck 1619 nach China gekommen, zunächst in die portugiesische Enklave Macao, wo sich das Zentrum des Jesuitenordens in Fernost befand und die Patres durch ein Sprachstudium für die Mission in China vorbereitet wurden. Auch Schall von Bell war als Mathematiker, Physiker, Astronom und Theologe ein hochgelehrter Mann. Er erlebte in Beijing 1644 den Dynastiewechsel von der Ming- auf die Qing-Herrschaft. Der erste Kaiser der Qing-Dynastie schätzte sein Wissen und machte ihn zum Direktor des kaiserlichen astronomischen Kalenderamtes, nachdem Schall von Bell im Jahr des Dynastiewechsels eine Sonnenfinsternis exakt vorausgesagt hatte. Kein anderer Europäer hatte je ein so bedeutendes Amt am chinesischen Kaiserhof innegehabt. Er wurde später sogar zum Mandarin erster Klasse befördert.

Der Fall Gützlaff

Karl Gützlaff, 1803–1851, ist die umstrittenste und schillerndste Gestalt unter den westlichen China-Missionaren. Manche nannten ihn den »Apostel der Chinesen«, andere einen religiösen Betrüger oder besessenen Abenteurer. Dem Schriftsteller James Clavell diente er in seinem Roman *Taipan* als Vorbild für die Person des österreichischen Missionars Wolfgang Mauss.

Gützlaff war ein Schneidersohn aus Pommern. Er erlernte das Sattlerhandwerk und übte sich nebenbei in der Dichtkunst. Bei passender Gelegenheit überreichte er König Friedrich Wilhelm III. ein Huldigungsgedicht und äußerte dabei den Wunsch, Missionar zu werden. Angetan von dem Jungen, ermöglichte ihm der König den Besuch einer Missionsschule in Berlin, die für ihre besondere Frömmigkeit bekannt war. In jener Schule offenbarte sich erstmals sein ungewöhnliches Sprachtalent, das ihm später den Weg nach China ebnen sollte. Sechs verschiedene Fremdsprachen erlernte er, darunter Persisch. Von einer niederländischen Missionsgesellschaft angeworben, bereitete er sich anschließend in Rotterdam auf den aktiven Missionsdienst vor, lernte Holländisch und Malaiisch und ging 1827 nach Java, einem Teil der damaligen Kolonie Niederländisch-Indien. Ein gutes Jahr später trennte er sich von der holländischen Missionsgesellschaft und wirkte fortan als freier Missionar. Sein Blick richtete sich auf China, ein seinerzeit für Ausländer geschlossenes Land und wohl eben deshalb eine Herausforderung für Gützlaff. In Singapur, Siam und Macao eignete er sich weitere asiatische Sprachen an, insbesondere die chinesische Hochsprache sowie verschiedene chinesische Dialekte. Mit Unterstützung kundiger Helfer übersetzte er das Neue und Teile des Alten Testamentes ins Siamesische und Chinesische und erstellte ein Chinesisch-, sowie ein Siamesisch-Englisches Wörterbuch. Nebenbei verfasste er diverse fromme Traktate in verschiedenen Sprachen und in späteren Jahren eine Vielzahl von Berichten, Büchern und Abhandlungen.

Inzwischen sprach er mehrere chinesische Dialekte derart fließend, dass er – in entsprechender Verkleidung – unter Chinesen nicht mehr als Ausländer auffiel. Von der Idee beseelt, in China zu missionieren, setzte er sich über das Einreiseverbot hinweg und entschloss sich 1831 zu einem waghalsigen Abenteuer, das ihn schlagartig berühmt machte. An Bord eines chinesischen Seglers reiste er von Süden aus die chinesische Küste hinauf bis ins nordchinesische Tianjin. Nach glücklicher Rückkehr kam sein im »Canton Register« veröffentlichter Reisebericht einer Sensation gleich. Seine detaillierten Kenntnisse des chinesischen Küstenverlaufs und der Küstenbewachung waren für die ausländischen Opiumschmuggler von unschätzbarem Wert und machten ihn zu einem gefragten Mann. Nur zwei Monate später schickte ihn die britische East-India-Company mit einem Schiff in mehrere chinesische Küstenstädte. Dank seiner Sprachkenntnisse und seiner Erfahrung im Umgang mit Chinesen geriet die Expedition nicht in Konflikt mit örtlichen Behörden und kehrte unbeschadet zurück. Wenig später nahm Gützlaff das gut dotierte Angebot der britischen Firma Jardin & Matheson an, sie als Dolmetscher in ihrem Opiumschmuggel zu unterstützen. Der Firmenchef selbst, William Jardin, machte ihn darauf aufmerksam, dass es seinem Ruf als Missionar schaden könnte, wenn er den von vielen als unmoralisch betrachteten Drogenhandel unterstützte. Doch Gützlaff war inzwischen wie besessen von der Idee, China zu christianisieren. Der Zweck heiligte für ihn die Mittel. Indem er die Opiumhändler nach China begleitete, böten sich vielfältige Möglichkeiten, christliche Schriften unter den einheimischen Chinesen zu verteilen. Er glaubte, dass allein durch die Lektüre biblischer Texte die Herzen für das Wort Gottes geöffnet und die Menschen auf den Weg zur Seligkeit gelenkt würden.

Die Schiffe der Firma Jardin & Matheson, die das Opium nach China brachten, waren schwer bewaffnet. Sowohl die erste wie auch alle weiteren Fahrten, die Gützlaff begleitete, erbrachten durch sein Eingreifen überwältigende Profite. Indisches Opium konnte in großen Mengen abgesetzt und chinesisches Silber kassiert werden. Daraufhin breitete sich der Drogenschmuggel in den chinesischen Küstengewässern epidemieartig aus, denn die Konkurrenten von Jardin & Matheson folgten umgehend ihrem Beispiel. Vielen mangelte es jedoch an qualifizierten Dolmetschern und Begleitern, die ihnen den Weg zu potentiellen chinesischen Abnehmern ebneten. Von einem konkurrierenden Kapitän ist der Ausspruch überliefert: »Ich gäbe 1000 Dollar für drei Tage Gützlaff.«

Noch 1833 erschien Gützlaffs *Bericht über drei Reisen in den Seeprovinzen Chinas 1831–1833* in englischer Sprache, der ihn weltberühmt machte. In dem Buch warb er um finanzielle und personelle Unterstützung für die große Aufgabe der Missionierung Chinas. Damit löste er vor allem unter den amerikanischen Protestanten eine Welle der Begeisterung aus, und viele sollten seinem Ruf im Laufe der nächsten Jahre folgen.

Gützlaff stand von nun an nicht nur im Dienst britischer Opiumhändler, sondern hatte seit 1834 auch das Amt eines chinesischen Sekretärs und Dolmetschers des offiziellen Handelsvertreters der britischen Krone inne. Er unternahm weitere Reisen ins verschlossene China und drang oft mehrere hundert Kilometer tief ins Landesinnere vor. Es gelang ihm, örtliche Mitarbeiter anzuwerben, die ihn in seiner Missionsarbeit unterstützten und sich während des ersten Opiumkrieges auch als Agenten einsetzen ließen, als es galt, Informationen über chinesische Militärbewegungen einzuziehen. Gützlaff war dabei, als die britische Flotte 1840 zum Angriff gegen das chinesische Kaiserreich ansetzte. Unter anderem wurde die Insel Zhoushan im Mündungsgebiet des Yangzi besetzt und während einer weiteren Fahrt ein Jahr später die Hafenstadt Ningbo. Beide Male fungierte Gützlaff dort vorübergehend als britischer Magistrat. Auch beim Sturm auf Shanghai war er dabei und bei den anschließenden Vertragsverhandlungen von Nanjing. Nach dem ersten Opiumkrieg trat er das Amt des chinesischen Sekretärs beim britischen Gouverneur in Hongkong an.

Gützlaff wollte noch zu seinen Lebzeiten ein christliches China entstehen sehen. Um das erreichen zu können, bedurfte es der Hilfe einer großen Menge lokaler Missionare. Folglich gründete er 1844 in Hongkong einen Verein zur Ausbildung chinesischer Missionare. Damit machte er sich bei vielen Vertretern westlicher Missionsgesellschaften unbeliebt, die der Meinung waren, dass das wahre Wort Gottes nur durch weiße Prediger verkündet werden könne.

Doch Gützlaff verstand es, sein Projekt wirksam zu propagieren. Dem Verein flossen beträchtliche Geldmittel zu. So konnten die im Eilverfahren ausgebildeten Missionare mit entsprechenden finanziellen Mitteln nach China entsandt werden, um dort der »großen Aufgabe« zu dienen. Was Gützlaff nicht bemerkte, war, dass sie in ihrem Erfolg nicht immer seinen Erwartungen entsprachen und das Interesse für die neue Religion nicht besonders groß war. In seiner Rastlosigkeit verlor er langsam den Überblick über seine missionarischen Aktivitäten, die er neben seinem offiziellen Amt voranzutreiben suchte. 1849 kehrte er nach über zwanzig Jahren nach Europa zurück, um in mehreren Ländern Vorträge über seinen großangelegten Plan einer raschen Christianisierung Chinas zu halten. Tausende hörten ihm begeistert zu, und es entstanden unzählige Vereine, die seine Arbeit unterstützen wollten.

Während Gützlaff vierzehn Monate lang durch Europa reiste, entdeckte sein schwedischer Stellvertreter eine ganze Reihe von Unregelmäßigkeiten innerhalb des Hongkonger Vereins. Bei seiner Untersuchung unterstützten ihn Missionare etablierter Missionsgesellschaften, die Gützlaff nicht unbedingt wohlgesonnen waren. Ihr Urteil fiel vernichtend aus. Unter den chinesischen Missionaren befänden sich Dutzende von Opiumsüchtigen und Betrügern. Erhebliche Summen aus Vereinsgeldern seien veruntreut und für niedere Belange zweckentfremdet worden. Gützlaffs Verein schade der chinesischen Mission mehr, als er ihr nütze. Trotz berechtigter Kritik an einer Vielzahl von Mängeln ist nicht auszuschließen, dass es unter anderem auch Neid auf den erfolgreichen Gützlaff war, der zu diesem Urteil führte. Die Nachricht von den angeblich betrügerischen Machenschaften des

Vereins verbreitete sich in Windeseile. Gützlaffs Ruf war ruiniert. Nach seiner Rückkehr blieb ihm keine Zeit mehr, seinen Verein und sein Lebenswerk zu retten. Er starb im Sommer 1851 und geriet schon bald in Vergessenheit.

Auch wenn sich andere Missionare jener Zeit nicht wie Gützlaff der Hilfe von Opiumhändlern bedienten, so ist ihnen doch gemeinsam, dass sie nur mit Unterstützung westlicher Kriegsschiffe in China Fuß fassen konnten, ein Makel, der der christlichen Religion bis heute anhaftet.

Richard Wilhelm: Vom evangelischen Missionar zum begeisterten Chinawissenschaftler

Richard Wilhelm (1873–1930) ging als evangelischer Pfarrer und Missionar nach China, und kam zurück als einer der bedeutendsten deutschsprachigen Mittler chinesischer Kultur. Wir verdanken ihm die deutschen Übersetzungen zentraler Werke der chinesischen Philosophie, unter anderem das *Lunyu*, »Gespräche« des Konfuzius, das *Yijing*, »Buch der Wandlungen«, und den daoistischen Klassiker *Daodejing* des Laozi. Bis heute werden Wilhelms Übersetzungen immer wieder neu aufgelegt. Er verfasste aber auch eigene Werke, wie zum Beispiel *Die Seele Chinas*, das 1926 erschien und ein breites Lesepublikum faszinierte. Mit seiner Arbeit trug er dazu bei, dass sich das negative Chinabild seiner Zeit zum Positiven wandelte.

Richard Wilhelm studierte in Tübingen Theologie. Nur zwei Jahre nachdem die Deutschen das Pachtgebiet Jiaozhou in Besitz genommen hatten, brach Wilhelm für die Ostasienmission nach China auf und wirkte von 1900 bis 1920 als Pfarrer in Qingdao. Sein intensives Studium der chinesischen Sprache sicherte ihm nicht nur den direkten Kontakt zur chinesischen Bevölkerung, sondern ermöglichte ihm auch die Auseinandersetzung mit wichtigen Werken der klassischen Literatur. Ein solches Vorgehen war zu jener Zeit eher ungewöhnlich, lebten die meisten Deutschen in Qingdao doch weitgehend abgeschirmt von der chinesischen Bevölkerung. Wilhelm aber suchte den geistigen Austausch mit chinesischen Gelehrten, Philosophen und traditionell gebildeten Beamten, von denen viele seine Freunde wurden. Zu seinen engsten Vertrauten zählte der Rektor der Beijing-Universität, Cai Yuanpei, der, wie unten beschrieben, in Deutschland studiert hatte. »Nichts öffnet in China die Herzen so, wie die aufrichtige Absicht einer gegenseitigen Verständigung«, bemerkt Wilhelm in einer seiner Schriften.

Je tiefer Wilhelms Verständnis für die chinesische Kultur wurde, desto abstoßender wirkten auf ihn die weit verbreitete koloniale Überheblichkeit der westlichen Ausländer und ihre eurozentristische Sichtweise. Auch die Missionstätigkeit sah er bald mit anderen Augen. »Es ist mir ein Trost, dass ich als Missionar keinen Chinesen bekehrt habe«, ist einer seiner berühmtesten Sätze. Nicht mehr die Mission lag ihm am Herzen, sondern der Austausch zwischen den Kulturen. Damit gewann er die Sympathie und Freundschaft berühmter Geistesgrößen seiner Zeit wie z.B. die des indischen Philosophen Tagore, aber auch von Hermann Hesse, Carl Gustav Jung und Albert Schweitzer.

Im Folgenden ein Auszug aus *Die Seele Chinas* (S. 303): »Die Glocken werden in China nicht geläutet, sondern angeschlagen. Kein wirres Durcheinander streitender Klänge verschiedenen Temperaments beunruhigt das Ohr. Unser europäisches Kirchengeläute, dessen chaotische Wellen uns erheben, kommt dem östlichen Menschen aufdringlich und rücksichtslos vor. Die Abendglocke des Bergklosters hat nichts Dringendes, Drohendes, Überredendes. Sie sendet ihren tiefen vollen Klang durch den Abend. Dieser Ton ist eine Offenbarung, dass hinter allem Schein, hinter aller Vielheit, hinter allem Leid die eine große Ruhe wohnt. Dieser Ton ist wie ein Tor zu einer anderen Welt. Wer will, kann es betreten, wer nicht will, geht vorüber. Es ist da, nichts weiter. Der Ton verhallt, dann kommt das große Schweigen wieder.«

Das deutsche Pachtgebiet Jiaozhou wurde nach Beginn des Ersten Weltkriegs von den Japanern besetzt. 1920 beendete Wilhelm seine Tätigkeit als Pfarrer und Missionar und widmete sich der Sinologie. Er wurde wissenschaftlicher Berater an der deutschen Gesandtschaft in Beijing und unterrichtete zugleich deutsche Literatur und Philosophie an der Beijing-Universität. 1924 nahm er den Ruf an die Universität Frankfurt an, wo er bis zu seinem Tode 1930 chinesische Geschichte und Philosophie lehrte. Dort gründete er 1925 das China-Institut, das in Kooperation mit der Beijing-Universität den Austausch mit der chinesischen Kultur praktisch umsetzen sollte. Eines der wichtigsten Instrumente dieses Instituts wurde die sinologische Zeitschrift »Sinica«.

Der gefeierte Forscher:
Ferdinand Freiherr von Richthofen

Ferdinand Freiherr von Richthofen (1833–1905) gilt als einer der bedeutendsten China-Forscher. Als junger promovierter Geologe beschäftigte er sich zunächst mit Gebirgsuntersuchungen in den Alpen und Karpaten, bevor er als Mitglied der preußischen Delegation 1860/61 zum ersten Mal das chinesische Kaiserreich besuchte. In den folgenden Jahren erforschte er den gesamten Fernen Osten. Zwischen 1868 und 1872 unternahm er allein in China sieben ausgedehnte Reisen, die ihn durch dreizehn von damals achtzehn Provinzen führten. Er reiste im Auftrag der europäisch-amerikanischen Handelskammer in Shanghai, finanziell unterstützt durch die Bank von Kalifornien. Der Bergbau war ein aufblühendes Geschäft und China hinsichtlich seiner Bodenschätze ein unerforschtes, vielversprechendes Land. Insofern interessierten Richthofen vor allem Gesteine, Oberflächenformen sowie örtliche Wirtschafts- und Bevölkerungsstrukturen. Die Ergebnisse seiner Forschungsreisen fasste er in mehreren ausführlichen Werken zusammen, mit denen er großes Aufsehen erregte. Zum ersten Mal war der westlichen Wissenswelt die bis dahin weitgehend unbekannten geologischen und geographischen Eigenschaften des chinesischen Terrains erschlossen worden. Von besonderem Wert waren neben seinen ausführlichen Berichten auch die chinesischen Landkarten, denen eigene Vermessungen zugrunde lagen und die er zu einem *Atlas von China* zusammenfügte.

Die wissenschaftlichen Ergebnisse seiner Reisen machten ihn zum prominentesten China-Kenner seiner Zeit. Bis heute lebt übrigens auch der von ihm geprägte Begriff der »Seidenstraße« als Bezeichnung der alten Handelswege über Land zwischen China und Europa fort.

Als ehemaliges Mitglied der preußischen Expedition nach Ostasien wusste er von dem Wunsch nach einem deutschen Stützpunkt an der chinesischen Küste. So empfahl er der deutschen Kolonialpolitik Shandong als geeigneten Ort, zumal er dort auch reiche Kohlevorkommen vermutete. Wer Shandong in Besitz nehme, verfüge über das Tor nach China und den Zugang zum chinesischen Binnenland. Zwecks Erschließung der dortigen Bodenschätze und des Hinterlandes entwickelte er konkrete Pläne zum Bau und Verlauf einer Eisenbahnlinie. Die spätere deutsche Entscheidung zur Besetzung Qingdaos geht auf seine Empfehlung zurück.

Nach seiner Rückkehr nach Deutschland machte er eine beachtliche akademische Karriere. 1875 nahm er den Ruf als Professor für Geographie an die Universität Bonn an, 1883 ging er nach Leipzig, 1886 nach Berlin. Unter seinen Schülern machte sich der Schwede Sven Hedin einen Namen.

John Rabe – ein Deutscher wird zum Retter in Nanjings dunkelster Stunde

In Nanjings dunkelster Stunde, dem Angriff der Japaner im Jahr 1937, trotzte eine kleine Gruppe von westlichen Ausländern, unter ihnen Missionare, Ärzte und Geschäftsleute, ihrem Schicksal. An ihrer Spitze stand der Deutsche John Rabe, Leiter der

Siemens-Vertretung in China. Innerhalb von wenigen Monaten gelang ihnen das Unmögliche: Sie retteten über zweihunderttausend chinesischen Zivilisten das Leben.

John Rabe, 1882 in Hamburg geboren, machte zunächst eine kaufmännische Lehre und ging dann für einige Jahre nach Afrika und 1908 nach China. 1911 begann er seine Tätigkeit bei Siemens, 1931 übernahm er die Leitung der Siemens-Vertretung in Nanjing, der damaligen Hauptstadt Chinas.

Als die Japaner 1937 ihren Eroberungsfeldzug in China fortsetzten und der Sturm auf Nanjing bevorstand, flüchteten Chinesen wie Ausländer aus der Stadt. Die Nachrichten vom grausamen Wüten japanischer Besatzungstruppen in der Mandschurei waren nach Süden gedrungen. Man ahnte, was der Stadt bevorstand. Nicht alle konnten fliehen. Mehrere Hunderttausend Menschen blieben zurück, unter ihnen einige Ausländer, die versuchten, eine Schutzzone für die Zivilbevölkerung zu schaffen. An die Spitze ihres Organisationskomitees stellten sie John Rabe, von dem sie glaubten, dass er als Deutscher bei den Japanern den größten Einfluss hätte. Deutschland war Verbündeter Japans. Es gelang ihnen tatsächlich, eine solche Zone zu schaffen und auf diese Weise mehr als zweihunderttausend Menschenleben zu retten. Allein auf Rabes Anwesen fanden zeitweise über sechshundert Chinesen Zuflucht. Das Hakenkreuz, in Europa Symbol für Hitlers Terror, entwickelte sich in Nanjing zum Symbol für Rettung und Hoffnung. Unter einer überdimensional großen Hakenkreuzfahne fanden chinesische Flüchtlinge im Garten des John Rabe Schutz vor japanischen Bombenangriffen. Und wenn sich Rabe plündernden und marodierenden japanischen Soldaten entgegenstellte, ließen sich diese von seiner Hakenkreuz-Armbinde einschüchtern.

Mitte Dezember war Nanjing in die Hände der Japaner gefallen. Ihr Massaker währte über acht Wochen und kostete an die dreihunderttausend chinesischen Zivilisten das Leben. Im März 1938 zog die Firma Siemens John Rabe aus China ab. Er starb 1950 verarmt in Berlin an einem Schlaganfall.

Warum ist John Rabe in Deutschland ein weitgehend unbekannter Mann, und warum finden seine Verdienste erst jetzt, nach der Verfilmung seiner Tagebücher, Anerkennung? Warum war er bisher auch in China ein jenseits von Nanjings Grenzen wenig gefeierter Mann?

John Rabe war Mitglied der NSDAP, und man sagte ihm eine glühende Hitler-Verehrung nach. Nazi und zugleich Lebensretter zu sein, schien in Deutschland nicht zusammenzupassen. Mag sein, dass dies der Grund für die bislang spärliche Aufmerksamkeit in seinem Heimatland ist.

In China ist die Schreckensherrschaft der Japaner nicht vergessen. In der Bevölkerung besteht eine tiefe Antipathie gegenüber den einstigen Besatzern, zumal sich die Japaner bis heute schwertun, sich zu ihren grausamen Taten in China und dem Massaker von Nanjing zu bekennen. Dennoch bestehen enge Beziehungen zwischen beiden Ländern. Japan ist neben den USA Chinas wichtigster ausländischer Wirtschaftspartner. Zu Tausenden gingen junge Chinesen seit den achtziger Jahren zum Studium nach Japan. Heute bilden die Chinesen in Japans Bevölkerung die größte Minderheit. Es hat mehrere Versuche der Aussöhnung gegeben. Beide Länder bemühen sich, die Vergangenheit ad acta zu legen. Dennoch hat es gerade in Nanjing mehrere Initiativen gegeben, die auf die japanischen Verbrechen aufmerksam machen wollten und Wiedergutmachung forderten. Von Seiten der chinesischen Regierung wurde dies jedoch mit Rücksicht auf die komplizierten chinesisch-japanischen Beziehungen immer nur halbherzig unterstützt, manchmal sogar abgeblockt. So fand die Geschichte des John Rabe auch in China nur wenig Verbreitung.

Erste Chinesen in Deutschland

Die Zahl der Chinesen, die im selben Zeitraum nach Europa kamen, ist, verglichen mit den Europäern, die nach China reisten, verschwindend gering. Und wenig ist über sie bekannt. Gesichert ist der Aufenthalt des Bar Sauma, eines Nestorianermönchs, der aus Beijing stammte und 1287 eine Gesandtschaft aus der Westmongolei nach Rom führte. Er sollte im Auftrag des Khan den Papst als Verbündeten gegen die Sarazenen gewinnen. Vermutlich sind weitere Chinesen mit den mongolischen Reiterscharen freiwillig oder auch unfreiwillig auf dem Landweg nach Europa gekommen. Konkretere Hinweise gibt es auf Chinesen, die in Begleitung europäischer Reisender oder als Kaufleute allein auf dem Seeweg nach Portugal, England, Frankreich, Italien und Spanien reisten.

Als Exoten zur Schau gestellt

Um 1818 reisten zwei junge Chinesen auf einem britischen Segelschiff Richtung Europa. Es handelte sich um die Vettern Feng Yaxing und Feng Yaxue aus Kanton. Einer von ihnen war Kaufmann, der andere Sekretär bei seinem Onkel, der mit der Abfertigung ausländischer Schiffe zu tun hatte. Sie konnten lesen und schreiben, waren also recht gebildet. Der Kaufmann war bereits zweimal im Ausland gewesen, bevor er sich auf diese dritte Reise begab. Leider hinterließen die beiden keine schriftlichen Aufzeichnungen über das, was ihnen in Europa, insbesondere in Deutschland widerfuhr, so dass man sich auf deutsche Quellen verlassen muss.

Zunächst gelangten sie nach St. Helena. Jene Insel im südlichen Atlantischen Ozean, knappe zweitausend Kilometer von der westafrikanischen und viereinhalbtausend von der südostamerikanischen Küste entfernt, war für die Segelschifffahrt eine wichtige Zwischenstation auf dem Weg von und nach Ostasien, um Wasser und Proviant zu laden. Mitte des siebzehnten Jahrhunderts nahmen die Briten die Insel ein. Die Herren der britischen East-India-Company legten dort Farmen an, auf denen sie afrikanische Sklaven und ab 1810 viele hundert chinesische Kulis beschäftigten. Als die Fengs nach St. Helena kamen, lebte dort einer der berühmtesten europäischen Zeitgenossen in der Verbannung: Napoleon I. Die beiden wurden zu einem gemeinsamen Essen mit ihm eingeladen. Von St. Helena ging ihre Reise weiter nach London, wo schon einige Chinesen lebten, die ebenfalls mit Schiffen der britischen Ostindienkompanie nach England gekommen waren. Feng Yaxing und Feng Yaxue schienen durchaus aufgeschlossen für jedes Abenteuer, denn als ein deutscher Kaufmann sie 1821 überredete, ihm in seine Heimat zu folgen, taten sie dies, wohl ohne zu ahnen, dass sie damit Gefahr liefen, ihre Freiheit zu verlieren. Damals war es gängige Praxis, exotisch wirkende Menschen aus Übersee auf Schaubühnen einem interessierten Publikum vorzuführen. Auch in dem berühmten Hamburger Zoo, Hagenbeck, fanden bis in das frühe zwanzigste Jahrhundert hinein solche Völkerschauen statt. Der deutsche Kaufmann sperrte die beiden zwar nicht in einen Zoo, stellte sie jedoch in einer Exotenschau dem Berliner Publikum vor. Gegen einen Eintrittspreis von 6 Groschen konnte man sie bestaunen, wie sie in ihren langen Gewändern die zweisaitige chinesische Geige spielten, Chinesisch sprachen, Zeichen schrieben und Bewegungen des Schattenboxens vollführten. Heinrich Heine soll sich das angesehen haben und auch Johann Wolfgang von Goethe zeigte Interesse. Er empfing die beiden zu Hause in Weimar zu einem Gespräch und einem Essen.

Die Exotenschau erwies sich als wenig einträglich. Was, außer einem langen Zopf und schmalen Augen, sei schon Besonderes dran an den beiden Chinesen, meinte mancher Berliner. Mit furchterregenden Schlangen und anderem exotischen Getier ließen sich weit höhere Eintrittsgelder kassieren. Ihr deutscher Entdecker versuchte die beiden denn auch möglichst schnell wieder loszuwerden und bot sie gegen Zahlung von 1000 Talern dem König von Preußen an. Friedrich Wilhelm III. ging tatsächlich auf dieses Angebot ein. Seit über hundert Jahren beneideten die Preußen Seehandelsnationen wie Portugal, Holland und England um ihren erfolgreichen Handel und ihre Stützpunkte in Übersee. Der brandenburgische Kurfürst hatte bereits im siebzehnten Jahrhundert versucht, eine Ostindienkompanie nach holländischem Vorbild zu gründen. Doch für solche Vorhaben brauchte man nicht nur Häfen und die entsprechenden Schiffe, sondern auch detaillierte Kenntnisse hinsichtlich der überseeischen Regionen. Die beiden Fengs konnten wertvolle Informationen zum Chinahandel beisteuern. Dessen war sich Friedrich Wilhelm III. sicher. So traten die Fengs 1823 in preußische Dienste, indem sie Lakaien der Hofdienerschaft wurden. Zunächst schickte sie der König nach Halle an der Saale, damit sie an der dortigen Universität Deutsch lernten und deutsche Wissenschaftler in Chinesisch unterrichteten. Zwar baten die Fengs darum, in ihre Heimat zurückkehren zu dürfen, doch wurde dies abgelehnt. Auch spätere Gesuche blieben erfolglos. Sie mussten bleiben und unter anderem biblische Texte ins Chinesische und Texte aus den chinesischen Klassikern ins Deutsche übersetzen. Beide heirateten deutsche Frauen. Als Feng Yaxue 1826 mit Genehmigung des Königs heiratete, war dies die erste deutsch-chinesische Eheschließung. Er lebte schließlich in Potsdam, wo er 1877 im Alter von 79 Jahren als wohlhabender Mann starb. Feng Yaxing fiel es ungleich schwerer, sich mit seinem Schicksal abzufinden. Als seine Frau bei der Geburt ihres vierten Kindes starb, bat er erneut um die Erlaubnis, in seine Heimat zurückkehren zu dürfen. 1836 wurde ihm dies endlich gestattet. Er soll in China das stolze Alter von 95 Jahren erreicht haben.

Erst ab den sechziger Jahren des neunzehnten Jahrhunderts und nach Gründung des Wilhelminischen Kaiserreiches kamen zunehmend Chinesen nach Deutschland, insbesondere nach Hamburg und Berlin. Nach Hamburg gingen hauptsächlich See- und Kaufleute, nach Berlin Diplomaten, Militärangehörige, Gewerbetreibende und Studenten.

Erste Handelsbeziehungen

Die Portugiesen waren die ersten Europäer an Chinas Küsten. Vermutlich waren unter ihnen auch einige Deutsche. Zumindest wird von einem deutschen Kaufmann aus dem sechzehnten Jahrhundert berichtet, dass er sich in Macao niedergelassen hätte. Die Fugger, Welser und andere deutsche Kaufleute beteiligten sich bereits zu Beginn des sechzehnten Jahrhunderts an portugiesischen Ostindienfahrten. Auf diese Weise war Ferdinand Kron aus Augsburg 1587 für die Fugger ins indische Goa gelangt, um mit Gewürzen und Edelsteinen zu handeln. Später ging er nach Macao und machte sich dort selbständig.

Nach den Portugiesen waren es die Holländer und Briten, die nach Ostasien kamen und deren mächtige privilegierte Handelskompanien den Welthandel begründeten. Auch die Dänen betrieben seit dem siebzehnten Jahrhundert Chinahandel. Für die meisten deutschen Fürstentümer, Kleinstaaten und freien Städte lag es trotz vielfältiger Bemühungen jenseits ihrer Möglichkeiten, regelmäßig Handelsexpeditionen nach China zu schicken. Anders die Hamburger. Sie beteiligten sich über die Dänen am Chinahandel. Altona, heute ein Stadtteil Hamburgs, gehörte damals zu Dänemark und war ein Zentrum des dänischen Außenhandels. Manches Schiff, das von dort unter dänischer Flagge nach China segelte, bediente die Interessen Hamburger Kaufleute. Dies wurde deutlich, als Altona nach dem dänisch-preußischen Krieg 1864 Teil des deutschen Bundes wurde. Ohne Altona brach Dänemarks Chinahandel um sechzig Prozent ein.

Auch Habsburger und Preußen schauten nach Ostasien, um ihren Außenhandel anzukurbeln. Ähnlich wie Holländer und Briten gründeten sie Handelskompanien und statteten diese mit Privilegien aus. 1731 kehrte ein erstes Schiff, das unter preußischer Flagge gesegelt war, aus China nach Hamburg zurück. Insgesamt schickte Preußen vierzehn Schiffe nach China, die mit Tee, Seide, Perlmutter, Lackwaren und Porzellan zurückkamen. Der Siebenjährige Krieg setzte den ehrgeizigen Plänen ein Ende.

Ab 1772 folgten weitere Versuche, die Handelsbeziehungen mit China in Gang zu bringen. Sie brachten jedoch nicht den erhofften Erfolg. Erst ab 1816, nach Kontinentalsperre und napoleonischen Kriegen, nahmen die Chinafahrten zu. Anfangs trafen zwei, drei Schiffe pro Jahr in Hamburg ein, bis zur Gründung des Deutschen Reiches 1871 waren es bereits bis zu vierzehn. Hamburg wurde später das Zentrum des deutschen Chinahandels.

Nach dem ersten Opiumkrieg ließen sich einige deutsche Kaufleute mit ihren Firmen in Kanton nieder, darunter Wilhelm Engelbrecht von Pustau und Georg Theodor Siemssen. Die 1846 gegründete Firma Siemssen ist als einziges Hamburger Unternehmen der ersten Stunde noch heute im Chinahandel tätig. 1855 waren in China sieben deutsche Firmen ansässig, 1877 waren es bereits über vierzig und bis 1914 weit über zweihundert, darunter nicht nur Handelsfirmen, sondern ebenso Industrievertretungen, Schifffahrtsagenturen und Banken. Unter allen geöffneten Seehäfen übte Shanghai auf die Deutschen die größte Anziehungskraft aus.

Deutschland importierte aus China hauptsächlich Tee, Seide, Häute und verschiedene Agrarprodukte und exportierte deutsche Industriewaren wie Wollstoffe und Anilinfarben. Dank der guten Manövrierfähigkeit deutscher Schiffe erkämpften die Deutschen eine führende Rolle in der chinesischen Küstenschifffahrt. Bis zu zweihundert deutsche Schiffe kamen dort im Laufe des neunzehnten Jahrhunderts zum Einsatz. Selbstverständlich beteiligten sich deutsche Kaufleute auch am äußerst lukrativen Opiumhandel. Ab 1871 wurde allerdings das Rüstungsgeschäft zum wichtigsten Bestandteil des deutsch-chinesischen Handels. Die Firmen Krupp und Mauser waren früh auf dem chinesischen Markt vertreten. Die Vulkan-Werft lieferte Panzerschiffe, die Berliner Maschinenbau AG Torpedomaterial. China gehörte bis 1912 zu den wichtigsten Abnehmern deutscher Rüstungsgüter.

Erste Beziehungen zwischen den Ländern

Von Chinesen und Barbaren

China war durch die geographischen Gegebenheiten von der übrigen Welt weitgehend isoliert: im Osten das Meer, im Norden und Nordwesten Steppen und Wüsten, im Westen hohe Gebirge und im Süden breite Flüsse und unwegsame Berge. Nur eine schmale Passage im Nordwesten, durch die ein alter Karawanenweg verlief, der später von dem deutschen Geographen Ferdinand Freiherr von Richthofen »Seidenstraße« genannt wurde, führte durch gefährliche Wüsten in Richtung Westen. Sie wurde zum interkulturellen Verbindungsweg auf dem eurasischen Kontinent.

Die chinesische Kultur erlebte im Stammland der Chinesen, dem Gebiet entlang den Ufern des Gelben Flusses, bereits in vorchristlichen Jahrhunderten eine erste Blütezeit. Schriftkunde, Philosophie, Kunst und Wissenschaft waren hoch entwickelt. Im Gegensatz dazu wirkten die Völker in den angrenzenden Gebieten kulturell unterentwickelt. Die Chinesen nannten sie deshalb Barbaren und blickten auf sie herab, während sie ihr eigenes Land als Mittelpunkt allen geistigen Lebens betrachteten. Insofern war den Chinesen von alters her ein kulturelles Überlegenheitsgefühl zu eigen, das sich bis heute in vielen Köpfen bewahrt hat. Ihr Blick war nach innen, ins Kernland ihrer Kultur gerichtet, das sie als Zentrum der Welt betrachteten. Von einigen Kaufleuten und Handwerkern abgesehen, hatten nur wenige Interesse daran, sich in die fernen Welten der Barbaren aufzumachen. Anders die Europäer, deren Blick nach außen gewandt war und die ein starker Expansionsdrang antrieb. Die Chinesen orientierten sich an der Vergangenheit, die Europäer an Gegenwart und Zukunft. Die Chinesen verehrten die weisen Herrscher des legendären Zeitalters, die Konfuzius bereits Mitte des vorchristlichen Jahrtausends zu Vorbildern erklärt hatte. Den Chinesen galt die Weisheit als eine der wichtigsten Tugenden, den Europäern eher der Heldenmut.

Im Laufe seiner langen Geschichte erlebte China etliche Raub- und Eroberungsfeldzüge innerasiatischer Reitervölker. Um sich vor ihnen zu schützen, errichteten die Chinesen Wälle und Mauern, die sie schließlich zu der Großen Mauer zusammenfügten, die noch heute zum Teil erhalten ist. Manche Reitervölker ließen sich durch solche Bollwerke jedoch nicht abwehren. Sie eroberten das Reich, teilten oder vergrößerten es und regierten manchmal mehrere hundert Jahre lang. Dennoch gelang es den Chinesen immer wieder, zum alten Einheitsstaat zurückzufinden, wie ihn der erste Kaiser Qin Shihuangdi 218 v. Chr. geschaffen hatte.

Die Chinesen blieben von ihren Eroberern nicht unbeeinflusst. Sie nahmen manche ihrer barbarischen Kleidungsgewohnheiten an und ließen sich sogar – wenn auch unfreiwillig – einen Zopf wachsen. Dennoch gelang es ihnen, sie im Laufe der Zeit von der Einzigartigkeit ihrer eigenen Kultur zu überzeugen, sie sozusagen zu sinisieren und beispielsweise aus Mandschuren Chinesen zu machen. Mit dieser Methode waren sie stets recht erfolgreich, und das bestärkte sie nur noch in ihrem kulturellen Überlegenheitsgefühl. Als jedoch die Europäer mit ihren schnellen Schiffen und überlegenen Waffen auftauchten, war alles anders.

Dabei waren die Chinesen mit den Portugiesen noch einigermaßen schnell fertiggeworden. Sie duldeten sogar, dass diese sich zu Beginn des sechzehnten Jahrhunderts in Macao, einer kleinen Halbinsel im Süden des Landes, niederließen. Die Portugiesen hatten zwar einen denkbar schlechten Ruf, denn wo sie mit ihren Soldaten auftauchten, ob in Indien oder Indonesien, hinterließen sie eine breite Blutspur. Insofern waren sie nicht viel besser als die japanischen Seeräuber, die häufig die chinesischen Küsten heimsuchten. Doch sie besaßen hervorragende Waffen. Und deshalb luden die Chinesen einige von ihnen nach Beijing ein, um sich von ihnen in moderner Waffentechnik unterweisen und mit Kanonen beliefern zu lassen. Im siebzehnten Jahrhundert durften sich einige hundert Portugiesen in der südchinesischen Hafenstadt Ningbo niederlassen. Als sie jedoch chinesische Frauen belästigten, wurden sie von der einheimischen Bevölkerung vertrieben. Zweihundert Jahre später hätten die Chinesen mit den Briten gern dasselbe gemacht. Doch inzwischen hatte die industrielle Revolution auf dem Gebiet der Technologie in den westlichen Ländern zu überwältigenden Ergebnissen geführt, während China in Stagnation erstarrt war. Das Land war 1648 von Volksstämmen aus der Mandschurei erobert worden. Noch immer regierten sie das Land. Die Bevölkerung war inzwischen von ehemals 260 auf 400 Millionen angewachsen. Die Landwirtschaft konnte die zusätzlichen Arbeitskräfte nicht aufnehmen. Grund und Boden konzentrierte sich in den Händen einer führenden Elite, die am Aufbau einer Industrie nicht interessiert war. Somit hatte das industrielle Zeitalter China noch nicht erreicht, und folglich gab es keine Werkstätten und Fabriken, die die Massen verarmter Bauern als Arbeiter hätten aufnehmen können.

Nach Portugiesen und Holländern dominierten seit dem frühen neunzehnten Jahrhundert die Engländer den Ostasienhandel und beherrschten mit ihrer Kriegsmarine die Weltmeere. Ihre Schiffe und Kanonen waren auf dem neuesten Stand der Technik, die chinesischen Kriegsdschunken samt ihrer Ausrüstung hingegen hoffnungslos veraltet. Die regierenden Mandschuren hatten nach Sicherung ihrer Macht die Produktion und Weiterentwicklung von Feuerwaffen weitgehend eingestellt. Allein aufgrund der größeren Reichweite ihrer Kanonen vermochten die britischen Schiffe die chinesischen zu versenken, ohne selbst in Gefahr zu geraten, getroffen zu werden. So war es für die Briten ein leichtes Spiel, China gewaltsam für ihren Opiumhandel zu öffnen.

Die Sache mit dem Opium – für den Westen
Vergangenheit, für China schmerzliche Erinnerung

China ist das Herkunftsland der Seide. Der kostbare Stoff war in der Antike der begehrteste Exportartikel des Landes. Schon im fünften Jahrhundert v. Chr. gelangte er ins heutige Russland und nach Griechenland. Die Römer schätzten die Seide so sehr, dass sie für die Einfuhr einen großen Teil ihrer Goldreserven aufbrauchten. Sie nannten das geheimnisvolle Land im Osten, aus dem die Seide stammte, *sera*, das »Seidenland«.

China ist auch das Herkunftsland des Tees. Seit Mitte des achtzehnten Jahrhunderts wurde er zum wichtigsten Exportgut des Landes. Der Handel wurde über Kanton abgewickelt, dem damals einzigen Hafen, in dem westliche Kaufleute Handel treiben durften.

Der Tee hatte sich in Europa zum Volksgetränk entwickelt. Ganz besonders beliebt war er bei den Briten, die ihn in riesigen Mengen importierten. Sie brauchten ihn zum täglichen Leben wie ein Fisch das Wasser. Entsprechend dramatisch schmolzen ihre Silberreserven dahin, denn Tee musste von alters her in Silber bezahlt werden. Das wollten die Briten nicht länger dulden. Dank ihrer Kolonien hatten sie sich daran gewöhnt, rund um die Welt sozusagen »in Großbritannien«, also zu ihren eigenen Bedingungen, einzukaufen. So wollten sie auch in China nicht mit Silber bezahlen, sondern den Tee gegen britische oder Waren aus ihren Kolonien eintauschen. Doch das chinesische Kaiserreich zeigte daran nur wenig Interesse. China benötigte keine westlichen Waren, es verstand sich als autark. Und so musste der Tee weiterhin mit Silber bezahlt werden, bis einige schottische Kaufleute es mit bengalischem Opium versuchten. Die Einfuhr von Opium war in China verboten. Also musste die Ware geschmuggelt werden. Und da sich genügend kaiserliche Beamte fanden, die gegen hohe Bestechungsgelder ihre Augen vor dem Schmuggel verschlossen, weitete er sich rasch aus. Von nun an betrieben die britischen Kaufleute eine Art Dreieckshandel zwischen London, Indien und Kanton: britische Industriewaren gingen nach Indien, indisches Opium nach China und chinesischer Tee zurück nach London. Für das geschmuggelte Opium erhielten die Briten chinesisches Silber, mit dem sie den chinesischen Tee bezahlten. Da die Nachfrage nach Tee ständig wuchs, musste das Opiumgeschäft entsprechend ausgeweitet werden, was sich als schwierig gestaltete, weil durch Schmuggel nur begrenzte Mengen absetzbar waren. Hinzu kam, dass die chinesische Regierung immer schärfere Maßnahmen gegen den Schmuggel ergriff. Die Situation eskalierte, als der eigens zur Unterbindung des Opiumhandels nach Kanton geschickte kaiserliche Kommissar, Lin Zexu, die meist britischen Schmuggler 1839 zwang, ihr Opium abzugeben. Er tat dies, indem er das Ausländerviertel abriegeln und alle Verbindungen nach außen blockieren ließ. Nach einigen Wochen Blockade rückten die Schmuggler das Opium heraus, insgesamt an die zwanzigtausend Kisten. Der kaiserliche Kommissar ließ es daraufhin vernichten. Kurz darauf kam es zu einer britischen Militärintervention, mit der die Briten ihr – wie sie es verstanden – natürliches Recht auf freien Handel in China durchsetzen wollten. Diese ersten kriegerischen Auseinandersetzungen zwischen Briten und Chinesen endeten 1842 mit dem Vertrag von Nanjing und wurden von der *Times* als »Opiumkrieg« bezeichnet, da alle Welt wusste, dass es dabei einzig und allein um den Opiumhandel gegangen war. Dennoch wurde das Opium im Vertrag von Nanjing, dem ersten der sogenannten »Ungleichen Verträge«, mit keinem Wort erwähnt. Stattdessen wurde darin festgelegt, dass China die Insel Hongkong an die britische Krone abzugeben, Reparationszahlungen zu leisten und fünf Häfen für den Handel mit Großbritannien zu öffnen hätte. In diesen Hafenstädten durften sich Briten niederlassen und freien Handel treiben. Zwei Jahre später setzten Frankreich und die USA dieselben Rechte durch. Sie erstritten noch weitere Privilegien wie das Recht auf christliche Missionsarbeit in China. Sie blieben nicht die Einzigen, die meinten, in China ihre Interessen durchsetzen zu müssen. Auch Norweger und Schweden waren bald zur Stelle. Die Briten setzten für sich derweil eine sogenannte Meistbegünstigungsklausel durch: Was immer China anderen Staaten an Vorrechten einräumte, galt automatisch auch für England.

In dem von den Briten und anderen Ausländern erzwungenen freien Handel stellte das Opium mit Abstand die wichtigste Handelsware dar. Die Folgen für China waren katastrophal: Die Opiumsucht breitete sich in erschreckender Geschwindigkeit aus. Sie betraf alle Schichten der Bevölkerung: Beamte wie Kaufleute, Gelehrte wie Mitglieder des kaiserlichen Hofes. Besonders in den Reihen des Militärs nahm die Opiumsucht rasch zu. Einzelne Truppenteile waren nicht mehr voll einsatzfähig. Besorgte Stimmen warnten vor dem Untergang der sozialen und politischen Ordnung. Auf keinen Fall sollte der Opiumhandel weiter geduldet und legalisiert werden. Dies erzürnte die westlichen Kaufleute und führte 1856 zu neuen militärischen Konflikten. Briten und Franzosen setzten mit einem gemeinsamen Feldzug, an dem achtzehntausend Soldaten teilnahmen, die Forderung nach einer weiteren Öffnung des Landes durch. Die Auseinandersetzungen gipfelten in der Besetzung Beijings und der Zerstörung und Plünderung des kaiserlichen Sommerpalastes. Elf weitere Häfen mussten daraufhin für den Handel geöffnet werden, der Opiumhandel wurde legalisiert, es wurden Reparationszahlungen geleistet und zusätzliche Privilegien gewährt. Christliche Missionare durften sich jetzt überall im Land niederlassen.

Der Erfolg der Opiumkriege sah folgendermaßen aus: Waren um 1785 nur etwa zweihundert Kisten Opium jährlich nach China geschmuggelt worden, konnten 1860 hunderttausend Kisten umgesetzt werden. Die Opiumhändler, allen voran die Briten, zogen gigantische Gewinne aus dem schmutzigen Geschäft. Letztere finanzierten mit den Gewinnen nicht nur ihren immensen Teekonsum, sondern deckten damit auch einen großen Teil ihrer Kosten, den sie zum Erhalt ihres Kolonialreiches brauchten.

Die erste Delegation aus deutschen Landen

Anfangs gingen die westlichen Vertragsmächte noch recht liberal mit den ihnen zugesicherten Handelsprivilegien um. In den geöffneten Häfen galten für die westlichen Nationen gemäß einem ergänzenden Vertrag von 1843 die gleichen Rechte wie für die Briten. So gründeten nicht nur Briten, Franzosen und Amerikaner dort ihre Konsulate, sondern auch Preußen, Sachsen und Hamburger, obwohl zwischen Deutschen und Chinesen kein entsprechender Vertrag geschlossen worden war. Die zunehmende Präsenz ausländischer Kaufleute führte jedoch zu gegenseitiger Konkurrenz. Den Vertragsstaaten schien es deshalb nicht mehr opportun, andere europäische Nationen von ihren Handelsprivilegien profitieren zu lassen. Großbritannien und Frankreich erzwangen 1858 einen weiteren Vertrag mit China, der die Konditionen der vorangegangenen korrigierte, so dass deutsche Kaufleute für ihre Geschäfte ungünstige Auswirkungen fürchten mussten. Als Angehörige von Nichtvertragsstaaten waren sie nun auf das Wohlwollen der Vertragsstaaten angewiesen. Darauf wollten sie sich aber nicht verlassen. Sie forderten, dass die Deutschen endlich eigene Verträge mit China schließen sollten. Das war ganz im Sinne Preußens, das – durch die Erfolge von Briten und Franzosen angespornt – dabei war, eine eigene Flotte aufzubauen, um seine Interessen in Übersee durchzusetzen. Schon häufig hatten die deutschen Kaufleute um deutsche militärische Präsenz in Fernost gebeten. Sie fühlten sich benachteiligt gegenüber den hoch gerüsteten Briten und Franzosen, die bei Unstimmigkeiten mit chinesischen Behörden ihre Kanonen sprechen ließen.

In Deutschland hatte man sich schon seit dem Ende des ersten Opiumkrieges und der Öffnung einiger chinesischer Häfen große Hoffnungen auf das Handelsparadies China gemacht. Denn die industrielle Revolution hatte längst auch Deutschland erreicht, so dass die deutsche Wirtschaft dringend neue Absatzmärkte brauchte. Wo, wenn nicht in China mit seinen damals vierhundert Millionen Menschen sollten sich beste Handelsmöglichkeiten bieten? Deshalb forderte beispielsweise die königliche Handelskammer zu Köln schon 1842, den Fuß gleich neben den englischen zu setzen, um »dem Inselreich die Manipulation des chinesischen Kolosses keinen Augenblick lang allein zu überlassen«.

Es galt jedoch, nicht nur neue Absatzmärkte zu erschließen, sondern auch alte zurückzuerobern. Deutsche Firmen hatten China jahrelang mit Wolltuchen aus Schlesien und aus der Lausitz beliefert. Der Transport war über den Landweg durch Russland nach China erfolgt. Die Russen verlangten jedoch inzwischen so hohe Abgaben, dass sich der Handel nicht mehr lohnte und neue Wege gefunden werden mussten.

Preußen war nur allzu bereit, als Sprecher der deutschen Wirtschaft einen ähnlich formellen Handelsvertrag mit China zu fordern, wie er bereits Briten, Franzosen und anderen Nationen gewährt worden war. 1859 entschloss sich die preußische Regierung zur Entsendung einer Expedition bestehend aus Diplomaten, Kaufleuten, Wissenschaftlern und Militärs. Mit einem kleinen Geschwader der Marine und unter der Leitung von Friedrich Albrecht Graf zu Eulenburg reiste die Delegation nach China, Japan und Siam. Aufgabe der »Preußischen Expedition nach Ostasien« – so der offizielle Name – war nicht allein der Abschluss von Handelsverträgen. Es sollten auch die Möglichkeiten der Errichtung eines deutschen Stützpunktes an der chinesischen Küste, wie die Engländer ihn mit Hongkong besaßen, überprüft und das entsprechende Terrain in Augenschein genommen werden. Die Insel Taiwan galt als ein möglicher Ort.

1861 traf die Expedition in China ein. Die Verhandlungen in Beijing erwiesen sich als schwierig und langwierig. Die Chinesen wunderten sich nicht wenig über die Leute aus Preußen, die, wie sie bald merkten, etwas ganz Besonderes waren, denn sie vertraten nicht nur ein einziges Land, sondern einen ganzen Verein von Kleinstaaten und Städten. Der chinesische Verhandlungsführer, Prinz Gong, galt zwar als europafreundlich, hatte aber von Preußen und den vielen Kleinstaaten noch nie etwas gehört. Er stand denn auch ihrem Anliegen ablehnend gegenüber. Nur dank britischer und französischer Fürsprache gelang es, noch im selben Jahr mit dem chinesischen Kaiserreich einen Freundschafts-, Handels- und Schifffahrtsvertrag abzuschließen. Nach diesem

Vertrag nahm Preußen, und nach 1871 das Deutsche Reich, die gleiche Stellung mit den gleichen Rechten in China ein wie die anderen Westmächte. Er markiert zugleich den Beginn preußisch-deutscher handelspolitischer und maritimer Präsenz in China.

Die Frage eines Stützpunktes ließen die Deutschen angesichts der schwierigen Verhandlungen erst einmal ruhen. Vergessen war das Thema jedoch nicht.

Als es zum Vertragsschluss kam, verwirrten die Deutschen die Chinesen ein weiteres Mal, denn Graf zu Eulenburg wollte den Vertrag nicht nur für Preußen unterzeichnen, sondern stellvertretend auch für all die anderen Mitglieder des Deutschen Zollvereins, die alle einzeln aufgeführt werden mussten, wie etwa Lüneburg, Anhalt-Dessau-Cöthens, die beiden Mecklenburgs, die Hansestädte und auch Bayern. Das bedeutete, dass für jeden eine entsprechende Ratifizierungsurkunde ausgestellt werden musste. Das fanden die Chinesen so merkwürdig, dass sie bald darauf ein paar von ihren Leuten losschickten, damit sie sich diese seltsamen Länder einmal näher anschauten.

Mit den Barbaren gegen die Barbaren

Zwei verlorene Opiumkriege reichten, um das Ausmaß der chinesischen Rückständigkeit erkennbar zu machen. Dank moderner Kriegstechnik hatten es Briten und Franzosen geschafft, das ehrwürdige Reich der Mitte in die Knie zu zwingen. Das war für viele Chinesen mehr als ein Schock, es war eine nationale Katastrophe. Sie fragten sich, wie es dazu hatte kommen können. War das Schießpulver nicht in ihrem eigenen Land erfunden worden? Und nun nutzten es die Barbaren, um China zu erobern. Dabei hatte man in China bereits im zwölften Jahrhundert erstmals Feuerwaffen mit Schießpulver bestückt. Auch war China noch im fünfzehnten Jahrhundert die weltweit führende Seefahrernation gewesen. Mit riesigen Schiffsverbänden, darunter Neunmastern von über 120 Meter Länge, und insgesamt 28 000

Mann Besatzung segelten sie bis an die Küsten Ostafrikas, um friedlich Handel zu treiben.

Nun also zwangen die ausländischen Mächte das chinesische Kaiserreich unter Androhung von Gewalt zum Abschluss von Verträgen. Einer war demütigender als der andere. Widersetzten sich die Chinesen, straften die mächtigen Ausländer sie mit Militäraktionen. Schon der kleinste Anlass konnte reichen und sie schlugen los, um ihre Interessen durchzusetzen. Mit über zwanzig Staaten mussten Verträge abgeschlossen werden, die immer nur eins bedeuteten: Vorteile für die Fremden, Nachteile und Autoritätsverlust für die Chinesen.

Die Fremden richteten sich schnell in den chinesischen Städten ein, sie gründeten Niederlassungen und diplomatische Vertretungen. Sie nahmen China die Zollhoheit, um den Absatz ihrer Waren zu erleichtern. Sie kreuzten mit ihren Schiffen in chinesischen Gewässern und drängten in Wirtschaftszweige wie die Küstenschifffahrt, was bedeutete, dass sie diese den Chinesen streitig machten. Sie schickten ihre Wissenschaftler durchs Land, die nach Bodenschätzen suchten und deren mögliche Ausbeutung prüften. Für die Chinesen bestand kein Zweifel daran, dass die Fremden noch weiterreichende Pläne verfolgten. Allein ihre Kriegsschiffe, mit denen sie die chinesischen Küsten und Flussmündungen kontrollierten, ließen Schlimmes ahnen. Um als geeintes Reich zu überleben, gab es nur einen Weg: Man musste der ausländischen Vorherrschaft Einhalt gebieten. Aber wie sollte das geschehen? Darüber war man sich in der chinesischen Regierung uneinig. Manche forderten, die westlichen technologischen Errungenschaften zu studieren und die modernen Waffen nachzubauen: »Mit der chinesischen Kultur als Grundlage das Wissen des Westens anwenden.« Andere wollten das Militär umgehend modernisieren und aus dem Ausland Waffen einführen: »Mit den Waffen der Barbaren die Barbaren schlagen« oder verkürzt: »Mit Barbaren gegen Barbaren!« Manchen ging das nicht weit genug. Es genüge nicht, nur moderne ausländische Militärtechnik zu studieren und die Armee zu modernisieren. Sie verlangten nach gesellschaftlichen Veränderungen, nach grundlegenden Reformen und der Modernisierung des Landes nach westlichem Muster. Es gab jedoch auch Stimmen, die zunächst ein noch größeres Übel beseitigen wollten: die Herrschaft der mandschurischen Qing-Dynastie. Für diese Stimmen war China ein besetztes Land, das nach Befreiung lechzte.

Von 1851 bis 1864 erschütterte ein gewaltiger Volksaufstand das Land, die Taiping-Rebellion. Ihre Anführer waren von den Schriften und biblischen Traktaten christlicher westlicher Missionare inspiriert worden. Sie forderten nicht nur das Ende der Mandschuren-Herrschaft, sie verlangten auch die Aufhebung von privatem Landbesitz, denn alles Land gehöre Gott und sollte allen Kindern Gottes zur Verfügung stehen. Mit diesen Forderungen brachten sie nicht nur die Qing-Herrscher gegen sich auf, sondern auch die han-chinesischen Großgrundbesitzer. 1851 riefen die Taiping-Rebellen das »Himmlische Reich des Großen Friedens« aus. Schlecht ausgebildet und mangelhaft ausgerüstet gelang es ihnen dennoch, den kaiserlichen mandschurischen Elitetruppen katastrophale Niederlagen zu bereiten und nahezu halb China unter ihre Herrschaft zu bringen. Ihr Glaube an göttliche Unterstützung machte die Taiping-Kämpfer stark und trieb die mandschurischen Elitesoldaten in die Flucht. Fünfzehn Jahre lang tobte ein unerbittlicher Bürgerkrieg, dem letztlich dreißig Millionen Menschen zum Opfer fielen und der weite Landstriche verwüstete und entvölkerte. Die kaiserlichen Heere waren weitgehend aufgerieben, das Ende der Qing-Dynastie nur noch eine Frage der Zeit. Die ausländischen Mächte verhielten sich zunächst neutral. Solange ihre wirtschaftlichen Interessen in den für sie zugänglichen Hafenstädten nicht gestört wurden, wollten sie nicht eingreifen. Einige sympathisierten mit den Taiping, nannten sie sich doch Christen. Doch dann entschieden sich die Briten gegen die Aufständischen. Eine schwache Mandschu-Regierung schien ihnen nützlicher, weil gefügiger, als eine erstarkte han-chinesische Aufstandsbewegung. Es gab jedoch noch einen wesentlich wichtigeren Grund, der sie zur Unterstützung des Kaiserhauses veranlasste und der zudem denkbar einfach war. Die Taiping-Rebellen lehnten den Opiumkonsum rigoros ab. Ihr Sieg hätte das Ende des Opiumhandels bedeutet. Das lag nicht im Interesse von Briten und Franzosen. Als Shanghai von den Taiping angegriffen wurde, setzten sich Briten, Franzosen und chinesische Söldnerheere unter ausländischer Führung zur Wehr. Wann immer ihre Truppen mit ihrem modernen westlichen Kriegsgerät in die Kämpfe eingriffen, flüchteten die Aufständischen. Der Erfolg beeindruckte auch die letzten Zweifler innerhalb der kaiserlichen Regierung. Wozu man nach dem ersten Opiumkrieg noch nicht bereit gewesen war, nämlich die Truppen für den Kampf gegen die Fremdmächte umgehend mit westlichen Waffen auszurüsten, erschien im Kampf gegen den inneren Feind nun plötzlich absolut notwendig. Es ging schließlich um das Überleben der Dynastie. Nun wurden moderne ausländische Waffen angeschafft, ganze Truppenkontingente neu ausgerüstet und von französischen und britischen Instrukteuren geschult. Auch Amerikaner und Russen eilten zu Hilfe und stellten Kanonen und Gewehre zur Verfügung. Der Aufwand lohnte sich. Dank ausländischer Unterstützung konnte der Aufstand niedergeschlagen werden. Die Modernisierung der Armee wurde nun zügig weiter vorangetrieben. Mächtige Generäle, besonders Li Hongzhang, der Jahrzehnte später nach Deutschland kam und den von ihm verehrten Bismarck besuchte, drängten auf umfassende Waffenkäufe im Ausland. Französische und britische Militärberater wurden zur Modernisierung des Militärs angeworben und chinesische Beamte zu Erkundungsreisen ins Ausland geschickt, um Informationen über die dortigen Verhältnisse zu sammeln.

Deutschland, das Land der Waffen und des Militärs

1866 traf die erste offizielle chinesische Delegation zu einer ausgedehnten Reise durch Europa ein. Sie besuchte unter anderem Frankreich, Großbritannien, Russland und Deutschland. Alfred Krupp sorgte dafür, dass die Herren auch nach Essen kamen und seine Gussstahlfabrik besichtigten. Wie andere deutsche Industrieunternehmen strebte er auf den chinesischen Markt, der seiner Einschätzung nach enormes Potential barg. Er bewirtete sie großzügig und führte sie höchstpersönlich herum. Dabei konnte er die Gesandten von der hervorragenden Qualität seiner Kanonen überzeugen. Daheim berichteten die Herren von wahren Wunderdingen aus deutschen Landen. Mit den scharfen Kanonen des Herrn Krupp könnte man sogar eiserne Schiffe zerstören. Hätten die im ersten Opiumkrieg zur Verfügung gestanden, wäre es sicher nicht zu so einem Desaster gekommen. Doch nicht nur die Wunderwaffen aus Essen hatten die Herren beeindruckt. Ebenso begeistert waren sie von dem Duft des hochwertigen Parfüms aus Köln, für das die Stadt so berühmt war und mit dem sich jede Art von üblem Körpergeruch überdecken ließ. Sie brachten gleich mehrere Flaschen Kölnisch Wasser mit nach Hause.

Alfred Krupp brauchte nicht lange zu warten, bis sich seine Bemühungen bezahlt machten. Seit 1870 auf dem chinesischen Markt vertreten, trafen bereits 1871 die ersten Bestellungen ein. Der Sieg Deutschlands über Frankreich hatte gezeigt, wie hervorragend die Kruppschen Kanonen waren. In den folgenden Jahren wurden Dutzende von Kruppschen Geschützen geordert und an strategisch wichtigen Punkten aufgestellt. Allein bis 1883 waren es an die 250 Stück. Während des französisch-chinesischen Krieges setzte dann noch einmal ein wahrer Auftragsboom ein. Zwischen 1884/85 wurden über 400 Kanonen geordert. Einen Dämpfer erlitten Krupps Beziehungen zum chinesischen Markt durch das zweifelhafte Geschäftsgebaren der Firma. Sie lieferte nämlich nicht immer jene modernsten Geschütze, die die Chinesen bestellt und für die sie bezahlt hatten, sondern veraltete Modelle.

Als daraufhin die chinesischen Bestellungen ausblieben, kostete es Krupp einiges an Mühe, das alte Vertrauen wieder herzustellen. Im Großen und Ganzen schadete dieses Zwischenspiel dem guten Ruf der deutschen Industrie jedoch nicht. Immer mehr deutsche Unternehmen drängten auf den chinesischen Markt, wie etwa die Gebrüder Mauser, die während des französisch-chinesischen Krieges viele tausend Gewehre nach China verkauften. Die Vulkan-Werft lieferte Panzerschiffe, das preußische Kriegsministerium ausgemusterte Waffensysteme und unbenutzte Munition. Deutsche Ingenieure und Experten für Militärtechnik halfen bei wichtigen Infrastrukturprojekten wie dem Bau von Küstenverteidigungsanlagen und Marinestützpunkten. In den folgenden Jahrzehnten gelang es den Deutschen, sich gegen britische und andere westliche Konkurrenz erfolgreich durchzusetzen und zeitweise zu Chinas wichtigstem Lieferanten für Rüstungsgüter und technisches Know-how zu werden.

Chinesische Militärstudenten in deutschen Waffenschmieden

Die deutsche Militärausbildung galt als eine der besten jener Zeit. Deshalb verpflichteten die chinesischen Behörden seit den siebziger und achtziger Jahren verstärkt deutsche Instrukteure. Schon 1873 war ein von der Firma Krupp vermittelter Artillerie-Offizier als Instrukteur nach China gekommen, um chinesische Soldaten in die Handhabung deutscher Geschütze einzuführen. Darüber hinaus entsandte die chinesische Regierung geeignete Männer zur militärischen, technischen und wissenschaftlichen Aus- und Fortbildung nach Deutschland. Dies geschah auf Anraten der deutschen Instrukteure und ging mit handfesten Interessen der deutschen Rüstungsindustrie einher. Die ersten sieben Militärstudenten, allesamt Unteroffiziere, trafen 1876 in Deutschland ein, um sich in moderner Land- und Seekriegführung unterweisen zu lassen. Später folgten Schiffbauingenieure und Arbeiter, die unter anderem an die Bremer Vulkan-Werft gingen. Wieder andere erlernten in den verschiedensten Waffenschmieden den Kanonen-, Gewehr- oder Torpedobau, besuchten Militärschulen oder durchliefen ein Training in Artillerie- und Marineeinheiten.

Deutsche Militärexperten im Dienst von Chiang Kaishek und Mao Zedong

1911 erfolgte der Sturz der letzten Kaiserdynastie. 1912 wurde die Republik China gegründet, deren provisorischer erster Präsident Sun Yatsen war. Die Republik sollte zu einem zivil geführten Staat aufgebaut werden. Jedoch wetteiferten mächtige Militärführer, unterstützt von konkurrierenden ausländischen Mächten, um die Vorherrschaft und Aufteilung des Landes. Auch Japan war präsent und versuchte, aus China ein Protektorat zu machen. Die junge Republik bot ein Bild der Zerrissenheit. Einhalt konnte nur mit Hilfe einer starken Armee geboten werden, die es aufzubauen galt und die der Zentralregierung unterstellt werden sollte.

Trotz des verlorenen Ersten Weltkrieges genoss die deutsche Militärtechnik in China auch weiterhin hohes Ansehen. Deshalb entschloss sich die chinesische Zentralregierung – wie einstmals die kaiserliche Regierung – beim Aufbau eines modernen Militärwesens deutsche Zivil- und Militärberater um Hilfe zu bitten. Dies sollte auch die Waffenbeschaffung und Unterstützung bei der Errichtung einer einheimischen Rüstungsindustrie einschließen. 1927 trafen die ersten Berater ein, zunächst noch offiziell als Vertreter der deutschen Industrie bezeichnet, denn nach den Bestimmungen des Versailler Vertrages war es Deutschland nicht gestattet, deutsche Militärangehörige ins Ausland zu schicken, um fremden Mächten zu dienen. Einer der bekanntesten Berater, der auf diese Weise nach China gelangte, war Hans von Seeckt, der bis 1926 Chef der deutschen Heeresleitung gewesen war.

Zwölf Jahre lang arbeiteten deutsche Experten für die chinesische Nationalregierung. Zwar übten sie auf das chinesische Militärwesen einen prägenden Einfluss aus, griffen auch aktiv in Kriegshandlungen gegen aufständische Heerführer und japanische Aggressoren ein, brachten aber insgesamt gesehen nicht den erhofften Erfolg. Grund dafür waren der ununterbrochene Kriegszustand, der eine grundlegende Neuordnung der chinesischen Streitkräfte verhinderte, aber auch deutsche Fehleinschätzungen hinsichtlich der feindlichen Strategie. Zusätzlich trug mangelndes Fingerspitzengefühl dazu bei, dass manche chinesische Militärs den deutschen Beratern nicht folgten. So urteilte etwa Generalberater Wetzell über die chinesischen Generäle, dass sie von Tuten und Blasen keine Ahnung hätten. Sie könnten »nicht einmal eine Truppe über den Rinnstein führen«. (Zitiert nach Ma Wen-ying Wuu, »Die deutsche Beraterschaft in China 1927–38«, Münster 1996, S. 32)

Die Abberufung der deutschen Berater erfolgte 1938, nachdem sich Hitler für eine Allianz mit Japan entschieden hatte. Japan erschien ihm im Kampf gegen Russland der bessere Verbündete.

Auch auf Seiten der Kommunisten waren deutsche Berater tätig gewesen. So die deutschen Komintern-Mitglieder Otto Braun und Heinz Neumann. Aber auch sie brachten im Kampf gegen die nationalchinesischen Truppen ihren Auftraggebern nicht den erhofften Erfolg.

Eindrücke der ersten chinesischen Gesandten

1861 war – wie oben bereits erwähnt – ein Freundschafts-, Handels- und Schifffahrtsvertrag zwischen China und den Staaten des Deutschen Zoll- und Handelsvereins geschlossen worden. Daraufhin wurde in Shanghai ein preußisches Generalkonsulat errichtet. Zwei Jahre später trat der erste preußische Gesandte in

Beijing seinen Dienst an, und 1866 erfolgte der erste Besuch einer chinesischen Delegation in Europa. Die Eindrücke dieser Reise hielten die Herren in ausführlichen Reiseberichten fest. Es war die erste Begegnung des offiziellen China mit dem Westen auf europäischem Boden. Im Juli erreichte die Delegation die preußische Hauptstadt Berlin, die ihr mit ihren gepflegten Straßen und imposanten Gebäuden und Plätzen sehr gefiel. Der Delegationsleiter Bin Chun zog genaue Erkundigungen ein über Geschichte, Geographie und manch anderes Wissenswerte aus deutschen Landen. So entdeckte er, dass die Deutschen nicht nur hervorragende Waffen, sondern auch ausgezeichnetes Porzellan herstellten und dass sich Letzteres durchaus mit chinesischem messen ließ.

Die deutschen China-Reisenden der 1970er-Jahre werden sich bestimmt noch gern an die Massenaufläufe erinnern, die ihr Erscheinen damals in den chinesischen Großstädten auslösen konnte. Als die Autorin 1975 nach Qingdao kam und in einem mehrstöckigen Kaufhaus ein paar Einkäufe tätigte, musste das Gebäude wenig später wegen Überfüllung geschlossen werden. Innerhalb kürzester Zeit hatte sich nämlich herumgesprochen, dass in jenem Kaufhaus etwas Hochinteressantes vor sich ging: ein paar Langnasen beim Einkauf von Souvenirs. Ein typisch chinesisches Phänomen? Weit gefehlt. Die Mitglieder jener ersten chinesischen Delegation erlebten eine ganz ähnliche Situation als sie in Berlin ein Bildnis des preußischen Königspaares kaufen wollten. Zu Tausenden folgten ihnen die neugierigen Berliner. Selbst ein drohender Regenschirm, mit dem sich die bedrängten Gesandten zur Wehr setzten, konnte nicht viel ausrichten. Sie zogen sich deshalb schnellstens wieder in ihr Hotel zurück.

Das junge Deutsche Reich fand in China größte Bewunderung. Innerhalb weniger Jahrzehnte war es den Deutschen gelungen, aus ihrem zersplitterten Staatengebilde eine starke, aufstrebende Nation zu machen. Die Chinesen betrachteten die Deutschen als ideale Partner. Sie glaubten, die Deutschen seien China wohlgesonnen, denn bisher war man mit ihnen noch nicht in kriegerische Auseinandersetzungen verwickelt gewesen. Sie waren auch nicht als mögliche Kolonialisten aufgetreten. Die Deutschen seien anders als Briten und Franzosen, vermuteten sie. Man könne ihnen vertrauen, weil sie weniger aggressiv seien und ihnen koloniales Gehabe fernliege. Zu diesem Eindruck hatten jene Deutschen beigetragen, die sich in der chinesischen Küstenschifffahrt engagierten. Sie waren dadurch aufgefallen, dass sie ihre chinesischen Passagiere höflich behandelten, zumindest ohne jenes verachtende Gebaren, das den Briten und Franzosen nachgesagt wurde. Einen ähnlichen Eindruck gewann ein chinesischer Dolmetscher, der sich 1877 in Berlin umsah. Beim Vergleich der deutschen Hauptstadt mit London und Paris empfand er die Berliner als besonders freundlich. Sie seien tolerant und schikanierten weder In- noch Ausländer. Diesen Eindruck konnten in späteren Jahren nicht alle Chinesen bestätigen. Selbst die Mitglieder der 1877 eröffneten ersten chinesischen Gesandtschaft in Berlin hatten gelegentlich mit Anfeindungen zu kämpfen, so dass sich sogar die Berliner Presse diesem Thema widmete und über Rohheiten gegenüber den Chinesen berichtete. Der ehemalige Missionar und Sinologe Richard Wilhelm äußerte sich dazu folgendermaßen: »Man kann es ruhig aussprechen, daß in jenen Zeiten ein Europäer im innersten China ungestörter sich bewegen konnte, als ein Chinese in einer deutschen Mittelstadt.« (Richard Wilhelm: *Die Seele Chinas*, Frankfurt am Main 1980, S. 40)

Liu Xihong, der erste kaiserliche Gesandte, überreichte im November 1877 sein Beglaubigungsschreiben. Er war kein Freund der Europäer. Er fürchtete vielmehr den schlechten Einfluss, den die westliche Zivilisation auf das chinesische Wertesystem haben könnte. In seinen Aufzeichnungen notierte er, dass es einem deutschen Ehemann scheinbar nichts ausmache, wenn seine Frau mit anderen Männern scherzt und lacht, denn dies würde zu keinem unsittlichen Lebenswandel führen. Falls es aber dennoch außer Kontrolle gerate, ärgere sich der Mann natürlich. »Die Frauen verabscheuen die Bindung der Familie, denn sie können sich nicht frei verhalten. Daher bleiben viele Frauen unverheiratet. Bei den Männern, die Angst vor der eventuellen Kontrolle der Frau haben, bleiben viele deshalb auch alleinstehend.« (Ying Sun: *Aus dem Reich der Mitte in die Welt* hinaus, Frankfurt am Main 1997, S. 98)

Der erste Gesandte wurde schon bald durch den sehr versierten Li Fengbao abgelöst, der sich zuvor um die Unterbringung von chinesischen Studenten in englischen und französischen Marineschulen gekümmert hatte und zahlreiche Werke zur Waffentechnik aus dem Englischen ins Chinesische übersetzt hatte. In seinen Aufzeichnungen vermittelte er detaillierte Informationen über Deutschland. Er war der Erste, der Johann Wolfgang von Goethe als einen großen deutschen Dichter und Gelehrten in China vorstellte. Er beschrieb Deutschland als ein Land der Dichter und Forscher. Als typisch deutsche Eigenschaften nannte er Höflichkeit, Sparsamkeit und Fleiß. Die Deutschen hätten jedoch »eine Vorliebe für Alkohol und Zigaretten. Landessitte ist es, den Hut oder die Mütze hochzuheben, wenn man einem anderen begegnet. Daher sagen die Engländer über die Deutschen, daß sie ihren Hut kaum fünf Minuten lang in Ruhe lassen.« (Ebenda, S. 115)

Die deutschen Begrüßungsrituale erstaunten die Chinesen über alle Maßen. In China war es Sitte, sich voreinander zu verbeugen. Niemand nahm Kappe oder Hut ab oder griff nach der Hand des anderen, um sie stundenlang zu schütteln. Auch heute ist der feste deutsche Händedruck manchem Chinesen eher unangenehm, ebenso wie einem Deutschen der schlaffe Händedruck mancher Chinesen. Li Fengbao stellte 1878 noch eine weitere Merkwürdigkeit fest: Vertraute Freunde würden sich zur Begrüßung sogar küssen, »auch wenn sie graue Haare haben«. (Ebenda)

In die Amtszeit des Gesandten Li Fengbao fiel der französisch-chinesische Krieg und damit die Enttäuschung, in den Deutschen doch keine zuverlässigen Partner gefunden zu haben.

Hintergrund des französisch-chinesischen Krieges war der Anspruch der Franzosen, Annam, das heutige Vietnam, zu ihrem Protektorat zu machen. Ihre Truppen hatten bereits die Öffnung des Landes für den französischen Handel erzwungen. Da Annam seit dem vierzehnten Jahrhundert China gegenüber tributpflichtig war, verlegte die chinesische Regierung Truppen nach Vietnam, um das Vordringen der Franzosen zu stoppen. Die Eskalation schien unvermeidlich. Um sie dennoch zu verhindern, wandten sich die Chinesen mit der Bitte um Vermittlung mehrmals an die Deutschen. Mehrere Mitglieder der chinesischen Regierung glaubten, die befreundeten Deutschen würden den Chinesen in diesem Konflikt beistehen. Bismarck lehnte jedoch ab. Die deutsche Regierung wollte sich nicht in die Angelegenheiten Frankreichs einmischen und erklärte den Franzosen gegenüber ihre Neutralität. Man riet den Chinesen, wegen Annam kein Risiko einzugehen und lieber weiterhin mit deutscher Hilfe aufzurüsten, um sich später besser gegen Briten und Franzosen zur Wehr setzen zu können. Der chinesische Gesandte Li Fengbao, der sich in Berlin fieberhaft um deutsche Unterstützung bemühte, scheiterte kläglich. Umso erfolgreicher warb er deutsche Militärberater an. Dutzende von deutschen Offizieren gingen nach China, denn so genau nahm es die deutsche Regierung mit ihrer Neutralität gegenüber Frankreich auch wieder nicht. Die chinesischen Importe von deutschen Rüstungsgütern erlebten in dieser Zeit einen Höhepunkt.

1896 kam Li Hongzhang nach Deutschland, einer der mächtigsten Männer Chinas und einer der wichtigsten Befürworter einer Zusammenarbeit mit den Deutschen. Er spielte in diesen Jahren eine Schlüsselrolle beim Aufbau von Armee, Marine und Eisenbahnnetz. Li war Generalgouverneur von Zhili, eine der nördlichen Provinzen, in der die kaiserliche Hauptstadt lag, und damit der ranghöchste Gesandte, der Deutschland bis dahin besucht hatte. Die Deutschen nannten ihn einen Vizekönig. Er reiste im offiziellen Auftrag gen Westen. Zunächst vertrat er das chinesische Kaiserhaus in Moskau anlässlich der Krönung von

Zar Nikolaus II., dann setzte er die Reise nach Deutschland fort, um zwei wichtige, von ihm verehrte Persönlichkeiten zu treffen, von denen er sich Ratschläge und Hilfe für notwendige Reformen zur Stärkung Chinas erhoffte: Otto von Bismarck und Friedrich Alfred Krupp. Von ihm ist überliefert, dass ihm das deutsche Bier nicht recht zusagte, dafür aber umso mehr der deutsche Weißwein. Li erlebte die Deutschen als laute, sangesfreudige Frohnaturen, folgerte aber, dass dies mit ihrem Alkoholkonsum zusammenhängen müsse.

Ein paar Jahre später stellte ein weiterer Diplomat manch wunderliche Dinge in Deutschland fest. Qian Depei schrieb 1903 in seinen Erinnerungen: »Wenn in Deutschland Paare spazieren gehen, dann laufen die Männer links und die Frauen rechts. Das heißt aber nicht, dass die Frauen wichtiger sind als die Männer. Vielmehr wollen die Männer die Frauen beschützen. Auch während der Hochzeit steht die Frau rechts und der Mann links, und die Frauen nehmen den Namen des Mannes an.« […] »Wir wurden zur Trauung eines hohen deutschen Beamten in eine Kirche eingeladen. Alle Besucher mussten sich vor dem Kreuz niederknien und murmeln. Die Musik war ganz anders, als was man sonst bei Tanzveranstaltungen hört. Dann sprach der Pastor, und ich sah, dass die Braut weinte. Danach wechselten sie goldene Ringe. Nach der Trauung feierten die Leute wie verrückt. Das war ein großer Spaß. Danach ging das Hochzeitspaar auf einmonatige Hochzeitsreise. Das gehört dazu.«

Qian Depei berichtete auch von merkwürdigen Spielen, mit denen sich die Deutschen vergnügten: »Die Leute tragen Eisen- oder Holzschuhe mit vier Rädern unten dran und laufen damit in großen Hallen herum. Das ist hochinteressant und äußerst amüsant.«

In Berlin fand jedes Jahr ein Ball für ausländische Diplomaten statt. Das war für den Gesandten Qian Depei eine ganz neue Erfahrung. Sogar der deutsche Kaiser sei für kurze Zeit mit einigen Verwandten dorthin gekommen. »Ich habe nie zuvor gesehen, wie man tanzt.« Dabei sei es doch so einfach. »Beim Tanzen umarmen sich die Paare, und sie machen ganz unterschiedliche Schritte.« Der Diplomat erfährt, dass man diese Tänze Walzer, Polka und Rheinländer nennt. Manchmal würden Männer und Frauen auch einfach nur einen großen Kreis bilden und einer hinter dem anderen zum Rhythmus der Musik losmarschieren. Dann wieder löse sich der Kreis zu einer langen Reihe von Frauen und Männern. Alles sei sehr vergnüglich, und die Leute feierten bis nachts um eins.

Ungewohnt war es für ihn, dass man bei offiziellen Abendessen unbedingt eine Tischdame haben musste. »Der Gastgeber sorgt für die Tischdamen. Man braucht also keine eigene mitzubringen. Der Herr reicht der Tischdame den rechten Arm.« Nach konfuzianischer Sitte verstieß dies gegen alle Regeln des Anstands, nach denen ein Mann selbst seine eigene Frau nicht in der Öffentlichkeit berührte. »Aber hier hakt man sich einfach unter und betritt gemeinsam den Saal. Wenn zufällig mehr Damen als Herren da sind, kann es sogar passieren, dass sich bei einem Mann gleich zwei Frauen unterhaken. Das kommt allerdings selten vor, weil immer alles genau geplant wird.«

Von der »Gelben Gefahr« und anderen unseligen Begriffen

Napoleon nannte China einen schlafenden Riesen, den man lieber nicht wecken sollte, weil er sonst die Welt in Erstaunen versetzen würde. Marx sah in China einen Hort des Despotismus. Hegel betrachtete den fernen Osten als eine Region des ewigen Stillstandes. Und dann war da noch die Rede von der »Gelben Gefahr«. Schon im neunzehnten Jahrhundert geisterte dieser Begriff durch die Köpfe der Menschen im Westen, ein monströser Begriff, der rassistische Klischees bediente und ganz bewusst Ängste schüren sollte, denn eine Gelbe Gefahr hat es nie gegeben. Nicht die Europäer litten unter den Chinesen, sondern umgekehrt, die Chinesen unter den Europäern. Es war die Weiße Gefahr, die den Völkern in Übersee zusetzte. Die europäischen Seefahrernationen brachen zu neuen Horizonten auf und eroberten Nord- und Südamerika, Afrika und Australien. Sie gründeten Kolonien und ließen sich nieder, wo immer es ihnen beliebte.

Der Vater des Autors war neunzig Jahre alt, als ein deutscher Besucher ihn in Beijing fragte, ob von China noch immer eine »Gelbe Gefahr« ausginge. Nach reiflicher Überlegung erwiderte der alte Herr: »In meinem langen Leben habe ich nur die Weiße Gefahr kennengelernt.«

Der Begriff der Gelben Gefahr wandelte sich inhaltlich je nach wirtschaftlicher und politischer Lage. Er war nie genau festgelegt. In moderner Zeit bezeichnete er mal die Japaner, mal die Chinesen. Aber immer spiegelte er die Angst wider, dass sich Ostasien zum Nachteil Europas und Amerikas zu einer politischen oder wirtschaftlichen Großmacht entwickeln würde.

Erstaunlicherweise sprach man bereits von einer Gelben Gefahr, als die westlichen Mächte noch dabei waren, China mit militärischer Gewalt zur Öffnung seiner Märkte zu zwingen und als die Kolonialisierung des Reichs der Mitte für sie durchaus noch im Bereich der Möglichkeiten lag. In seinem 1907 veröffentlichten Buch *Deutschlands Interessen in Ostasien und die Gelbe Gefahr* stellt General Victor von Lignitz fest, dass China und Japan im neunzehnten Jahrhundert unter einer starken Weißen Gefahr gelitten hätten, die sich »durch wiederholte Vergewaltigungen und Aufdrängung von Handels-Beziehungen« äußerte. Daraus zog er den Schluss, dass es logischerweise zu einer Gegenreaktion kommen müsse und dass die Länder, die Ostasien einst so zusetzten, im zwanzigsten Jahrhundert durchaus mit einer Gelben Gefahr zu rechnen hätten. Doch bezog er diese Gefahr hauptsächlich auf Japan. Die chinesische Welt sei durch Konfuzianismus und Buddhismus geprägt, also durch Lehren, die auf Milde und ge-

genseitige Nachgiebigkeit setzten und deshalb wenig geeignet wären, »kriegerische Tugenden anzuerziehen« und energische Taten und Opfermut zu fördern. Sie begünstigen vielmehr eine stoische Ergebenheit und Unterwürfigkeit vor dem Stärkeren.

Bis heute lebt der Begriff der Gelben Gefahr fort und taucht in abgewandelter Form immer wieder auf, so beispielsweise im August 2007, als der »Spiegel« seine neueste Ausgabe unter dem Titel »Die gelben Spione« herausbrachte. Diese Wortwahl rief unter den chinesischen Akademikern in Deutschland heftigen Protest hervor. Sie warfen den Magazinmachern ein Spiel mit rassistischen Klischees vor.

Die Wurzeln dieses unseligen Begriffs liegen tiefer, als man im ersten Moment ahnen mag. Eine heute Neunzigjährige lernte es bereits in der Schule: »Schaut der Chinese nach Osten, geht es uns gut. Schaut er nach Westen, wird es gefährlich.« Im Anschluss daran erfuhren die Schüler von der Hunneninvasion und dem Mongolensturm. Unter Hunnen und Mongolen hatten die Chinesen jedoch ebenso zu leiden wie die Menschen im Westen und dies sogar noch wesentlich länger. Hunnen, Mongolen, Chinesen und Japaner – das schien für viele Europäer keinen Unterschied zu machen, denn »gelb« sind sie ja alle.

Die Hunnen lebten als nomadisierende Hirtenvölker in den weiten Ebenen Innerasiens. Für die Chinesen waren sie alte Bekannte, denn sie fielen häufig in ihr Gebiet ein, um die Getreidebestände der Ackerbauern zu plündern. Deshalb errichteten die Chinesen schon in vorchristlichen Jahrhunderten Mauern und Wälle, um sich vor den Eindringlingen zu schützen. Der erste Kaiser Chinas, Qin Shihuangdi, ließ diese einzelnen Bollwerke im dritten Jahrhundert v. Chr. zu einer riesigen Mauer zusammenfügen, dem Vorläufer der heute noch sichtbaren Großen Chinesischen Mauer. Als die Hunnen sich im vierten Jahrhundert nach Westen aufmachten, lösten sie unter den Völkern Osteuropas blankes Entsetzen aus. Die Hunnen kämpften hoch zu Ross. Dank fester Sattel und im damaligen Europa unbekannter Steigbügel hatten sie die Arme frei für ihre hervorragenden Bögen, mit denen sie ihren Pfeilen größte Reichweite und Schlagkraft verliehen. Mancher europäische Kämpfer fiel durch den Pfeil eines Hunnen, noch ehe er den Feind überhaupt gesehen hatte. Die Europäer waren an den Kampf Mann gegen Mann gewöhnt. Der Kampf- und Waffentechnik der Hunnen hatten sie nichts entgegenzusetzen. Der Einfall dieser innerasiatischen Reitervölker löste unter den Völkern Osteuropas eine riesige Fluchtbewegung aus, die als Völkerwanderung in die Geschichte einging. Es war jedoch kein Expansionsdrang gewesen, der die Hunnen damals nach Westen trieb, sondern der Mangel an Nahrung. Nach dem Tod ihres Königs Attila verschwanden sie aus Europa genauso schnell, wie sie gekommen waren.

Die Mongolen waren das zweite asiatische Volk, das die Menschen im Westen in Schrecken versetzte. Auch die Chinesen hatten sie das Fürchten gelehrt, denn sie ließen sich durch hohe Mauern und Wälle wenig einschüchtern. Im dreizehnten Jahrhundert schufen sie ihr Weltreich, indem sie China und andere Teile Asiens eroberten und den eurasischen Kontinent überrannten. Sie kamen bis nach Polen, Schlesien und Ungarn. In der Schlacht von Liegnitz stellte sich der deutsche Herzog, Heinrich II. von Schlesien, ihnen mit einem Heer von nur viertausend Kriegern entgegen. Es wurde völlig aufgerieben. Doch sollte sich die Niederlage später in einen Sieg verwandeln, denn auch die Mongolen erlitten hohe Verluste und zogen sich bald zurück. Europa blieb von einer dauerhaften Mongolenherrschaft verschont. Die Chinesen hingegen wurden die Mongolen nicht so schnell los. Ihre Herrschaft über China währte fast zweihundert Jahre.

Die Kulis – als Ersatz für schwarze Sklaven begehrt, in Konkurrenz zur weißen Arbeiterschaft als »Gelbe Gefahr« gefürchtet

Chinesen sind ihrem heimatlichen Boden eng verbunden. Jedoch hat wirtschaftliche Not, verursacht durch Naturkatastrophen, Misswirtschaft und Kriege, immer wieder dazu geführt, dass viele ihr Land verließen und ihr Glück im Ausland suchten. Hatten sie in Übersee genug verdient, kehrten sie im Alter zu ihren Wurzeln zurück. Während der letzten kaiserlichen Dynastie war es zeitweise verboten, das Land zu verlassen, und wer einmal ging, durfte nicht wiederkommen. Dies änderte sich mit dem Eindringen der ausländischen Mächte. Großbritannien erzwang mit dem Vertrag von 1860 das Recht der Chinesen auf Auswanderung. Den Briten lag nicht etwa die individuelle Bewegungsfreiheit und Selbstbestimmung der Chinesen am Herzen, sondern vielmehr der Kulihandel, der wie das Opiumgeschäft phantastische Profite abwarf. Mit der Ächtung des Sklavenhandels war es nämlich zu einem eklatanten Arbeitskräftemangel gekommen. Für die Verrichtung all jener Arbeiten, für die man zuvor schwarze Sklaven angekauft hatte, brauchte man billige Ersatzkräfte. Das betraf vor allem britische und französische überseeische Besitzungen, aber auch dänische und deutsche. Wer sollte denn nun auf den Plantagen arbeiten, auf denen Baumwolle, Zuckerrohr, Kaffee, Tabak oder Kokos angebaut wurden? Der Bedarf an Arbeitskräften war enorm, und man fand sie zuhauf in Asien. Chinesen wurden ganz besonders geschätzt. Sie galten als extrem »hitzeresistent« und zuverlässig. Auch unter den miserabelsten Bedingungen gaben sie ihr Bestes. Die Vermittlung und Verschiffung von chinesischen Arbeitskräften war ein Riesengeschäft geworden, an dem unter anderen nicht nur Briten, sondern auch Deutsche bestens verdienten. Mehrere deutsche Schiffe waren im Einsatz, um Kulis zu transportieren. Einer der wichtigsten »Umschlagplätze« für die menschliche Fracht war Macao. Zwischen 1860 und 1875 sollen dort über eine halbe Million Kulis abtransportiert worden sein. Jene, die freiwillig gingen, ahnten nicht, was sie in Übersee erwartete. Sie wurden belogen und betrogen und oft mit verbrecherischen Mitteln angeworben. Auch Menschenraub war ein gängiges Mittel. So mancher wurde mit Alkohol oder Opium betäubt, um später an Bord eines Kulifrachters wieder zu sich zu kommen und dann auf Nimmerwiedersehen in irgendeinen fernen Teil der Welt verfrachtet zu werden. So etwas kam häufig in Shanghai vor, weshalb das Verschleppen »Shanghaien« genannt wurde. Mit Knebelverträgen band man die armen Teufel auf Jahre an die Dienstherren und zahlte ihnen niedrigste Löhne, die meist nur ein Zehntel der ortsüblichen ausmachten. Sie wurden kaum besser behandelt als die früheren Sklaven. Während der Überfahrt starben die Ersten infolge qualvoller Enge und unhygienischer Bedingungen, andere starben auf den Plantagen aufgrund von Misshandlung, Hunger und Krankheit. Die Sterblichkeit unter den eingeführten Kulis auf den Plantagen in den deutschen Besitzungen in Neuguinea, in »Kaiser Wilhelmland«, soll in den Jahren 1891/92 sechzig Prozent erreicht haben.

Der österreichische Forschungsreisende Karl Ritter von Scherzer nahm 1857–59 an einer Weltumseglung teil, die ihn auch nach Macao führte. Hier ein kurzer Ausschnitt aus seinem Bericht: »Macau ist dermalen der Hauptplatz für die Verschiffung von chinesischen Arbeitern oder Kulis nach Westindien. Es sollen jährlich über 10 000 Chinesen, welche Hunger und Mangel an Arbeit dazu treibt, sich gewissermaßen als Sklaven an Menschenhändler zu verkaufen, um fern von der Heimat kümmerlich ihr Leben zu fristen, von Macau nach Havanna spediert werden. Wir haben das Haus besucht, in welchem diese erbarmungswürdigen Wesen bis zur Abfahrt des Schiffes eingesperrt werden, haben die abgezehrten, hageren Jammergestalten gesehen, welche trotz des unsicheren Schicksals, das ihrer harrt, sich an portugiesische und spanische Seelenmäkler verdingen. Sie machen sich kontraktlich anheischig, gegen kostenfreie Verpflegung und Überfahrt nach ihrer Ankunft in Havanna acht Jahre hindurch bei irgendeinem ihnen angewiesenen Dienstherren für vier Dollars monatlich zu arbeiten, ein Lohn, welcher bedeutend geringer als derjenige ist, den man im Lande an einheimische Arbeiter und selbst an gemietete Sklaven bezahlt. Die erhebliche Differenz kommt aber weniger den westindischen Pflanzern als jenen Spekulanten zu Gute, welche die Importation von Chinesen besorgen und für jeden Einzelnen eine sehr hohe Prämie ausbezahlt erhalten. Die Überfahrt, welche in der Regel vier bis fünf Monate dauert und per Individuum siebzig Dollars kostet, geschieht gewöhnlich auf französischen, portugiesischen, englischen und leider auch auf deutschen Schiffen. Welchen Qualen die armen Emigranten schon während der Reise ausgesetzt sind, geht aus der Tatsache hervor, dass nicht selten eine Anzahl dieser Unglücklichen über Bord springt, um durch den Tod in den Wellen ihren Leiden ein Ende zu machen. Es sind Fälle vorgekommen, dass durch schlechte Kost und Misshandlung 38 Prozent der eingeschifften Emigranten während der Überfahrt starben!« (Aus: Karl Ritter von Scherzer: *Gefährliche Überfahrt*, Reise der Österreichischen Fregatte Novara um die Erde, 1861)

Schon nach dem ersten Opiumkrieg brachten die Engländer 1844 chinesische Arbeitskräfte nach Britisch-Guyana. Es war leicht, chinesische Arbeiter anzuwerben. Die Wirtschaft in China war zerrüttet, Aufstände erschütterten das Land, und es herrschte Krieg mit den ausländischen Mächten. Da erschien eine Arbeit in Übersee, selbst zu einem Hungerlohn, verlockend.

Kulis schufteten auf den Plantagen von Mauritius, Kuba und Hawaii, in Süd-, Mittel- und Nordamerika, in südafrikanischen Bergwerken und kalifornischen Minen und auch beim Straßen- und Eisenbahnbau. Die Errichtung der interkontinentalen Eisenbahnlinien in Amerika und Europa wie etwa die Transsibirische Eisenbahn wäre ohne die chinesischen Kulis kaum realisierbar gewesen. Für den Bau der nordamerikanischen zentral-pazifischen Eisenbahnlinie waren zwischen 1870 und 1882 über hunderttausend chinesische Kulis im Einsatz. Nach Fertigstellung der Bahn blieben viele im Land. Es passierte häufig, dass Kulis nach Ablauf ihres Kontraktes nicht in ihre Heimat zurückgingen, sondern in die Städte ihrer Gastländer, um dort Geschäfte zu eröffnen oder als Handwerker oder Arbeiter tätig zu werden. Deshalb stand in den Kolonien die europäischstämmige Öffentlichkeit der Einreise von chinesischen Arbeitskräften oft kritisch gegenüber. Sie fürchtete die fleißigen Hände der Chinesen, ihre Anspruchslosigkeit und ihre ökonomische Begabung. Die Chinesen würden den Weißen die Arbeit und das Geld wegnehmen, hieß es.

Im Jahre 1875 gebot die chinesische Regierung dem Kulihandel in Macao Einhalt. Der individuellen Auswanderung folgte die zeitlich begrenzte Kontraktauswanderung. Nur noch nach Abschluss fester Verträge zwischen staatlichen chinesischen Behörden und den Anwerberländern konnten große Kontingente von Arbeitern China verlassen und für drei bis sechs Jahre in Übersee arbeiten. Länger als sechs Jahre durften die Arbeiter nicht im Land bleiben. Die meisten von ihnen kehrten zurück.

Während des Ersten Weltkriegs holten vor allem Frankreich und England zehntausende von chinesischen Arbeitern nach Europa. Frankreich warb 130 000 Mann, England 100 000 Mann zum Dienst hinter und nahe der Front an. Sie wurden zum Bau von Befestigungsanlagen, Straßen und Eisenbahnen herangezogen, zur Heranschaffung von Munition und Lebensmitteln und zur Räumung von französischen und belgischen Schlachtfeldern. Die meisten von ihnen kehrten bis 1922 nach China zurück, einige wenige blieben in Europa, mehrere tausend starben durch Bomben und Minen.

Zehntausende schufteten auch als Heizer oder als Wäscher auf ausländischen Dampfern, unter anderem auf deutschen. Sie waren gegenüber deutschen Seeleuten konkurrenzlos billig. Deshalb gab es in Deutschland auch Proteste gegen ihre Beschäftigung, doch waren die Chinesen bei den Reedern ungeheuer beliebt. Sie seien auch unter tropischen Temperaturen und an kritischen Arbeitsplätzen einsetzbar, hieß es. Tropisch kann man die Temperaturen jedoch kaum noch nennen. Wer als Heizer auf diesen Dampfern arbeitete, tat dies vor glutheißen Öfen bei Temperaturen von über 50 °C.

Bereits in den 1880er Jahren verabschiedete man vielerorts Beschränkungen und Gesetze, die die Einwanderung und Niederlassung von Chinesen verboten.

Der Hass der weißen Arbeiter auf die chinesische Konkurrenz führte zu grausamen Chinesenverfolgungen in Australien und den USA. Nicht nur die Arbeiter, auch weiße Händler und Handwerker machten Stimmung gegen die chinesischen Einwanderer.

Auch in Deutschland sah man sich einer Gelben Gefahr ausgesetzt. Folgende Zeilen erschienen in einer Berliner Zeitschrift: »Wie eine menschliche Heuschreckenplage werden die Chinesen darbend und arbeitend immer weiterdringen. Jede Arbeitskonkurrenz werden sie durch ihre absolut anspruchslose und zähe Natur vernichten, bis der letzte freie deutsche Arbeiter aus Verzweiflung seine Schnapsflasche mit der Opiumpfeife vertauscht und die letzte Berliner Wäscherin sich an ihrer Wäscheleine erhängt hat.« (Heinz Gollwitzer: *Die Gelbe Gefahr*, Göttingen 1962, S. 179, zitiert nach H. Döring und E. Graf Reventlow: *Der russisch-japanische Krieg*, II, 1906, S. 68)

Es gab aber auch andere Sichtweisen: Richard Wilhelm machte kurz nach seiner Ankunft in Qingdao seine »erste grundlegende Entdeckung, die von so überraschender Einfachheit war, dass man sich wundern muss, dass so wenig Europäer sie zu machen pflegen. Man sieht in den europäischen Handelsplätzen in China große Scharen von Kulis, die an ihre Arbeit gehen. [...] Man hält sie für arbeitsscheu, frech, renitent und betrügerisch und glaubt mit Püffen und Schlägen ihnen gegenüber anzukommen. [...] Was ich nun entdeckte, war nichts weiter, als dass es gar keine Kulis gab: das waren alles Menschen, Menschen mit ihren Freuden und Leiden, Menschen, die den Kampf des Lebens zu kämpfen hatten, die sich durchschlagen mussten mit List und

Dulden auf geraden oder krummen Wegen. Sie hatten bestimmte Lebensformen angenommen im Anschluss an die europäische Behandlungsweise, waren kalt und starr geworden, wichen aus, wo sie auf Gewalt stießen; den Zornausbrüchen der Bedrücker setzten sie ein stumpfes Lachen entgegen; im übrigen behielten sie ihre Gefühle bei sich. Nun aber merkte ich, dass es Väter, Brüder und Söhne waren, die an ihren Verwandten hingen, die oft unter großer Selbstverleugnung Geld verdienten und ersparten, um ihre alten Eltern zu ernähren, und das alles mit Fröhlichkeit und Harmlosigkeit, wenn sie unter sich waren, und mit viel Geduld und Tragsamkeit ihren Feinden gegenüber [...] Lange Zeit traf ich nur auf heftige Gereiztheit, wenn ich meinen Standpunkt zu vertreten suchte. Man war überzeugt von der höheren Kultur Europas, die es zu wahren galt gegen die gelbe Gefahr, ohne zu bemerken, dass man sich im Gegenteil selbst in der Offensive befand und alles tat, um die große Kultur Ostasiens so gründlich wie möglich im Keim zu vergiften; denn auch Kulturen können vergiftet werden durch für sie tödliche Verhältnisse und Suggestionen.« (Richard Wilhelm, *Die Seele Chinas*, Frankfurt am Main 1980, S. 41 f.)

Wir lieben euch, und keiner merkt's

Allein der Name, den sie ihnen gaben, zeigt, wie sehr die Chinesen die Deutschen ehren. Sie nennen Deutschland *deguo*, Land der Tugend. Auch anderen Ländern haben sie wohlklingende Namen gegeben. Die USA nennen sie *meiguo*, Land der Schönheit, England heißt *yingguo*, Land der Brillanz. Den Vogel schießt Holland ab: *helan*, Lotos und Orchideen. Da stimmt es einen manchmal doch nachdenklich, dass sich das Ausland mit China wesentlich weniger Mühe gibt. Jahrelang nannte man das Land »Rotchina«, als ob es auch ein Schwarz- oder Weißchina geben könnte. Etwas phantasievoller gab sich Max von Brandt (1835 bis 1920), der achtzehn Jahre lang als deutscher Gesandter in China wirkte. Er nannte das Reich der Mitte »das Land der Zöpfe«.

Chinesen sind Ausländern gegenüber eigentlich immer recht freundlich. Sie betrachten sie als ihre Gäste, und als solche behandeln sie sie. Die chinesische Gastfreundschaft ist weltberühmt.

Die Deutschen waren für die Chinesen ein Vorbild an Mut und Ausdauer. Vor der deutschen Reichsgründung wusste man nicht viel über sie. Da hatten sie mit vielen Stimmen gesprochen und waren als Preußen, Hamburger oder Sachsen nach China gekommen. Jeder sprach für sein eigenes kleines Land, aber dann kam Bismarck und vereinte sie alle unter einer Führung. Die Deutschen schlugen sogar die Franzosen – die den Chinesen in ihrem eigenen Land so zusetzten – und krönten ihren Kaiser im Schloss von Versailles. Das war unglaublich. Die Chinesen wollten von den Deutschen lernen, wollten ihr Militär nach deutschem Vorbild modernisieren. Die Deutschen waren anders als Engländer und Franzosen, Russen und Portugiesen. Deshalb schickte China seine Gesandten nach Deutschland, um festzustellen, wie den Deutschen dieser Erfolg gelungen war. Sie schickten auch Offiziere, die in Deutschland ausgebildet wurden. Damals beteuerten die Deutschen mit schönen Worten, dass sie die Freundschaft mit China aufrichtig pflegen wollten. Dass die Chinesen ihnen vertrauen könnten und dass sie sie bei den Bemühungen zur Wahrung ihrer Selbständigkeit unterstützen würden. Doch dann kam 1897. Die Deutschen nahmen sich Qingdao. Da begriffen die Chinesen, dass auch die Deutschen nicht besser sind als Briten und Franzosen. Sie hatten diejenigen, die ihnen vertrauten, verraten.

Selbst eure Vergangenheit tragen wir euch nicht nach

Der Sieg über Frankreich 1870/71 hatte zur Proklamation des Deutschen Reiches geführt. Frankreichs Reparationszahlungen – fünf Milliarden Francs in bar innerhalb von drei Jahren – lösten einen gigantischen Wirtschaftsaufschwung aus. Deutschland erlebte seine Gründerjahre und meinte nun, aktiv und in Konkurrenz zu England und Frankreich in der Kolonialpolitik mitmischen zu müssen. Die Deutschen wollten auch endlich einen »Platz an der Sonne« haben, wie es der deutsche Staatssekretär im Auswärtigen Amt, Bernhard von Bülow, im Reichstag einmal formulierte, und sie hatten Angst, zu spät zu kommen. Deshalb verfolgten sie konsequent eine expansionistische Politik, um Rohstoffe, Absatzmärkte und Investitionsmöglichkeiten für die deutsche Wirtschaft zu sichern. Es ging jedoch nicht nur um wirtschaftliche Interessen. Vielmehr hing in jener Zeit das Ansehen eines Landes mit dem Erfolg seiner imperialistischen Unternehmungen in Übersee zusammen. Bismarck hielt nichts von kolonialen Abenteuern in China. Er strebte vielmehr danach, China wirtschaftlich und finanziell von Deutschland abhängig zu machen, weshalb er den Export von deutschen Rüstungsgütern und die Entsendung von Militärinstrukteuren förderte. Dies genügte der deutschen Führung unter Wilhelm II. nicht mehr. Im März 1890 wurde Bismarck entlassen. Deutschland wollte endlich Weltmacht werden und an der Aufteilung der Welt teilhaben. Dazu bedurfte es einer starken Flotte und überseeischer Stützpunkte. Ein möglicher Standort in China war bereits gefunden.

Deutsche Diplomaten versuchten China davon zu überzeugen, wie vorteilhaft es für die Chinesen wäre, wenn Deutschland einen Flottenstützpunkt an der chinesischen Küste einrichtete. Dann nämlich könnten sie sie schützen. Die Chinesen verstanden das nicht recht. Die Deutschen wollten sie vor Briten, Franzosen und Russen schützen? Die Chinesen reagierten ein wenig zögerlich. Dann wurden die Deutschen konkreter und meinten, sie müssten ihre eigenen Interessen gegenüber den anderen ausländischen Mächten in China vertreten. Schließlich verlangten sie, dass man ihnen eine Kohlestation zur Verfügung stelle. Kohle war für den Antrieb der Dampfschiffe unerlässlich. Chinesische Kohle eignete sich nicht besonders gut. Die Briten brachten deshalb ihre eigene Kohle mit und verkauften sie teuer.

Die Chinesen hatten schon genug damit zu tun, sich der gierigen Briten, Franzosen und Russen zu erwehren. Ständig stellten sie Forderungen und drohten mit Bestrafung, wenn man ihre Wünsche nicht erfüllte. Jetzt kamen auch noch die Deutschen. Als man ihren Wünschen nicht entsprach, wurden sie ungeduldig.

Einige Chinesen beobachteten mit Argwohn, wie Teile der deutschen Flotte in ihren Gewässern kreuzten. Bereits im März 1886 schrieb der in Deutschland akkreditierte chinesische Gesandte in einem Bericht an seinen Kaiser, dass im Ausland die Bucht von Jiaozhou als günstiger Anlegeplatz für große Schiffe gepriesen würde. Westliche Marineeinheiten hätten in allen chinesischen Seehäfen Messungen durchgeführt, um ihre Tauglichkeit als Stützpunkt zu überprüfen. Er empfahl deshalb, Truppen nach Jiaozhou zu verlegen, um mögliche Angriffe ausländischer Marineeinheiten abzuwehren.

Die Deutschen hatten wie die Briten, Franzosen und andere ihr »Recht« auf Reisefreiheit in China durchgesetzt. So war es für ihre Experten möglich gewesen, das Land zu erkunden. Der Geograph Friedrich Freiherr von Richthofen empfahl nach eingehenden Studien die Besetzung von Shandong, jener Provinz, in der die Bucht von Jiaozhou lag. Wer Shandong besäße, hätte den Zugang zu China. Er wusste von den dortigen reichen Kohlevorkommen. Ein Kieler Hafenbaumeister war ebenfalls in China unterwegs gewesen. Er unterstützte die Meinung Richthofens. Die eingehende Vermessung der Bucht von Jiaozhou ließ sie als geeigneten Stützpunkt erscheinen. Auch der mächtige Admiral Alfred von Tirpitz kam nach China, um als Chef des deutschen Ostasien-Geschwaders mögliche Standorte in Augenschein zu nehmen. Er entschied sich für die Region von Jiaozhou mit dem Fischerdorf Qingdao. Was den Deutschen jetzt noch fehlte, war ein Anlass für die geplante Besetzung. Dieser fand sich schnell. Zwei deutsche katholische Missionare von der Steyler Mission in Süd-Shandong wurden umgebracht. Einige merkwürdige Ungereimtheiten gingen mit dem Mord einher, doch das interessierte niemanden. Der Anlass wurde genutzt, um militärisch durchzugreifen. Kaiser Wilhelm befahl: erst besetzen, dann verhandeln. Deutschland bekam seinen Platz an der Sonne.

Qingdao – Deutschlands Platz an der Sonne

Qingdao war siebzehn Jahre lang, von 1897 bis 1914, die erste und einzige deutsche Kolonie im Fernen Osten. Weil die Zeitspanne so kurz war, hängt den Deutschen heute nicht der Geruch des Kolonialismus an.

Wilhelm II. fand 1897 anlässlich der Verabschiedung deutscher Truppen zum Schutz des neu erworbenen Außenpostens klare Worte: Die gepanzerte Faust des deutschen Michel müsse zum Schutz europäischer Interessen nötigenfalls dareinfahren.

Im März 1898 wurde für das Gebiet von Jiaozhou ein deutsch-chinesischer Pachtvertrag über 99 Jahre unterzeichnet. Im April 1898 erklärte Wilhelm II. das Gebiet zur deutschen Kolonie. Im Oktober 1899 gab er der neuen Stadt des Jiaozhou-Schutzgebietes den Namen Qingdao.

Die Neuerwerbung wurde dem Reichsmarineamt und damit Admiral von Tirpitz unterstellt. Dieser wollte kein zweites Hongkong mit wild wucherndem Kapitalismus aufbauen, sondern einen wohlgeordneten Handelsstützpunkt. Qingdao sollte eine Musterkolonie werden, ein Schauobjekt deutschen Wirkens und deutscher Tüchtigkeit. Die militärisch geführte Gouvernementsverwaltung beaufsichtigte denn auch den Aufbau und die Entwicklung Qingdaos mit strengem Reglement. Damit war der wirtschaftliche Misserfolg vorprogrammiert, denn selbst die deutschen Handelshäuser bevorzugten die liberaleren Städte wie Shanghai und Kanton und verbrachten im schönen und ordentlichen Qingdao höchstens einmal ihren Urlaub.

Wer glaubt, Apartheid sei nur von Buren oder Engländern betrieben worden, der täuscht sich. Die neuen Herren von Qingdao verfolgten eine strikte Trennung von Chinesen und Europäern. Sie schufen getrennte Wohnviertel mit entsprechend unterschiedlichen hygienischen Standards. Chinesen war es strengstens untersagt, sich in dem Villenviertel der Weißen niederzulassen. Schon der Zutritt war ihnen verboten, es sei denn sie arbeiteten für weiße Ausländer. Jedoch durften vermögende Chinesen sich dort eine Villa bauen. Selbst darin wohnen durften sie nicht, sie konnten sie nur an Deutsche oder weiße Ausländer vermieten. Kompliziert wurde es, als ein chinesischer Unternehmer mit seiner deutschen Frau in ein von ihm erbautes Haus einziehen wollte. Dies führte zu heftigsten Diskussionen innerhalb der deutschen Enklave. Als die Qing-Dynastie 1911 stürzte und Mitglieder der ehemals herrschenden Elite sich in die ausländischen Enklaven flüchteten, kamen einige auch nach Qingdao, in der Hoffnung, in dem deutschen Pachtgebiet Schutz vor Verfolgung zu finden. Doch die Deutschen nahmen diese zahlungskräftige Klientel nicht in ihrem Villenviertel auf, denn schließlich handelte es sich ja um Han-Chinesen und Mandschuren. Briten und Franzosen zeigten sich in dieser Hinsicht toleranter, weshalb insbesondere Shanghais ausländische Konzessionen zum sicheren Unterschlupf für politische Flüchtlinge wurden. Erst als es mit Qingdao bergab ging und der Traum von der Musterkolonie platzte, erfolgte ein Umdenken und man hob die Rassentrennung auf. Nur war es da schon zu spät.

In Qingdao gehörte unverhohlene und gewalttätige Diskriminierung zum Alltag. Egal gegen welche Gesetze die Chinesen verstießen – und es war leicht gegen diese zu verstoßen, weil die Einheimischen die neue Ordnung nicht verstanden –, sie wurden zunächst einmal geschlagen. Dazu mussten sie sich auf den Boden knien, um dann mit Peitsche oder Brett Prügel zu beziehen. Gefürchtet waren die Schläge auf das nackte Gesäß mit spitzen und in Wasser getauchten Bambusruten, weil diese ein augenblickliches Aufplatzen der Haut und starke Blutungen bewirkten.

Qingdao erwies sich bereits nach wenigen Jahren als gigantischer wirtschaftlicher Fehlschlag. Hundert Millionen Reichsmark waren an Zuschüssen in den ersten zehn Jahren in die Stadt gepumpt worden, und trotzdem hatte sich die Hoffnung, Qingdao zur Drehscheibe des deutsch-chinesischen Handels zu machen, nicht erfüllt. Das Gebiet blieb von den enormen Reichszuschüssen abhängig und konnte nur künstlich am Leben erhalten werden.

Ab 1905 änderte die Marineverwaltung notgedrungen ihre Politik. Qingdao sollte weniger ein Schaufenster deutscher Tüchtigkeit als vielmehr ein Schaufenster deutscher Kultur werden. Den Chinesen sollten fortan deutsche Kultur, Wissenschaft und Sprache vermittelt werden, um sie an Deutschland zu binden und zum Kauf deutscher Produkte zu bewegen.

Mit Beginn des Ersten Weltkriegs verloren die Deutschen Qingdao an die Japaner, was sicher gut war, denn auf diese Weise sind die Schattenseiten deutscher Herrschaft bei den meisten Chinesen in Vergessenheit geraten. Fragt man heute in Qingdao nach der deutschen Kolonialzeit, hört man erstaunlich positive Antworten wie beispielsweise die folgende: Die deutschen Abwasserrohre sind auch nach hundert Jahren noch immer dicht, die jüngeren chinesischen dagegen längst nicht mehr.

Boxeraufstand

Das deutsche Vorgehen in Qingdao hatte fatale Zeichen gesetzt. Gleich mehrere Länder folgten dem deutschen Beispiel. Die Engländer besetzten Weihaiwei, ein Gebiet nicht weit von Qingdao entfernt. Die Russen erzwangen einen Pachtvertrag über Port Arthur und Dalian. Die Franzosen erzwangen die Pacht der Bucht von Guangzhou und die Eisenbahnrechte für die Provinz

Yunnan, die an ihre Indochina-Kolonien angrenzte, und Japan erhob Anspruch auf die Provinz Fujian. Dadurch bildeten sich Einflussgebiete: Russland setzte sich in der Mandschurei fest, Deutschland in Shandong, England im Gebiet des Yangzi-Flusses und Frankreich in Südwestchina.

Kein Chinese zweifelte mehr daran, dass die Aufteilung Chinas nur noch eine Frage der Zeit war. Diese Meinung war nicht nur unter den Chinesen verbreitet. Auch Baron Clemens August von Ketteler, Gesandter des Deutschen Reiches in Beijing, erklärte am 30. 5. 1900 während eines Diplomatentreffens, dass der Zeitpunkt für eine Aufteilung Chinas gekommen sei. Drei Wochen später wurde er ermordet.

In der chinesischen Bevölkerung hatte die Fremdenfeindlichkeit dramatisch zugenommen. Die permanenten Demütigungen waren unerträglich. Vor allem die unteren Bevölkerungsschichten in Shandong, der Provinz, in dem das deutsche Pachtgebiet lag, wollten die verhassten Ausländer vertreiben. Dort hatten Dürreperioden und Überschwemmungen zu großer Not geführt. Millionen von Flüchtlingen irrten durch das Land. Für sie schien es klar, warum der Himmel dem Land zürnte und es mit Naturkatastrophen strafte: Urheber des himmlischen Zorns waren die vielen christlichen Missionare im Land, die mit ihrer neuen Lehre die alte Ordnung zerstörten. In kleinen Gruppen schlossen sie sich zur Selbstverteidigung zusammen, unter ihnen viele Anhänger von traditionellen Kampfsportarten. Was in vielen Teilen Shandongs als lokale Aufstandsbewegungen seinen Anfang nahm, weitete sich bald zu einem Krieg der Qing-Regierung gegen die Westmächte aus.

Als die Deutschen den Bau einer Eisenbahnlinie in Shandong beschlossen, kam es zu Unruhen innerhalb der einheimischen Bevölkerung. Einheiten der deutschen Marineinfanterie schlugen die Unruhen blutig nieder. Der Hass auf die Fremden weitete sich daraufhin zu einer breiten Volkserhebung über die Provinzgrenzen hinweg bis ins nahe Beijing aus. Ein knappes Jahr später drangen die inzwischen »Boxer« genannten Aufständischen in Beijing ein und belagerten die ausländischen Gesandtschaften. Die regierende Kaiserinwitwe Cixi, die fürchten musste, dass der Zorn der Aufständischen gegen alles Fremde bald auch das mandschurische Kaiserhaus einschließen und hinwegfegen könnte, forderte die ausländischen Gesandten am 19. Juni 1900 auf, Beijing innerhalb von 24 Stunden zu verlassen. Als der deutsche Gesandte, Baron von Ketteler, am nächsten Morgen zu Gesprächen ins chinesische Amt für Auswärtige Angelegenheiten aufbrach, wurde er in seiner Sänfte erschossen. Daraufhin weigerten sich die ausländischen Gesandten, die Stadt zu verlassen. Nun erklärte die Kaiserinwitwe den ausländischen Mächten den Krieg und rief die Boxer zum Widerstand gegen die Fremden auf. An die zweihundert ausländische Missionare und mehrere tausend chinesische Christen wurden daraufhin getötet.

Wilhelm II. forderte für den Mord an Ketteler exemplarische Bestrafung. Eine internationale militärische Intervention wurde beschlossen. Die Deutschen drangen darauf, dass Feldmarschall Alfred Graf von Waldersee den Oberbefehl bekam. Bei der Verabschiedung in Bremerhaven stimmte Wilhelm II. die deutschen Soldaten mit der vielzitierten Hunnenrede auf ihren Einsatz in China ein: »Pardon wird nicht gegeben. Gefangene werden nicht gemacht.«

Noch bevor Waldersee mit seinem Expeditionskorps China erreichte, gelang es den verbündeten europäischen Truppen bereits im August, Beijing einzunehmen und die Belagerung des Gesandtschaftsviertels zu beenden. Erst Anfang Oktober traf Waldersee in Beijing ein. Sein militärisches Eingreifen war inzwischen überflüssig. Doch schien ihm der Mord an dem Gesandten noch nicht gesühnt. So unternahm er von Ende Oktober 1900 bis Ende März 1901 insgesamt 46 militärische Erkundungs- und Strafexpeditionen, die sich teilweise durch beispiellose Brutalität auszeichneten und heftigen Protest unter den anderen Westmächten auslösten. Vergewaltigungen, Plünderungen und Massaker, bei denen ganze Dörfer samt Frauen und Kindern niedergemetzelt wurden, bildeten eine rote Blutspur durch die nordchinesische Provinz Hebei (damals Zhili), durch die Waldersee seinen Rachefeldzug geführt hatte.

Im September 1901 musste sich der Bruder des chinesischen Kaisers, Prinz Chun, in Potsdam bei Wilhelm II. für den Mord an Ketteler entschuldigen. Das »Boxer-Protokoll«, das China zu weiteren Zugeständnissen und erheblichen Wiedergutmachungszahlungen zwang, wurde von den chinesischen Verhandlungspartnern erst nach Androhung weiterer Militäraktionen der alliierten Truppen unterzeichnet.

Nach dem Ersten Weltkrieg: Deutschland wird attraktiv

Mit der Niederlage im Ersten Weltkrieg verlor Deutschland seine Kolonien in Übersee. Die Friedensverhandlungen von Versailles sprachen Jiaozhou, das ehemalige deutsche Pachtgebiet in China, samt dem schönen Qingdao, das einem Ostseebad glich, den Japanern zu. Deutschland hatte in China keinen Stützpunkt mehr. Sein Einfluss schien verloren. Doch lebten noch immer etwa dreitausend Deutsche dort, unter ihnen viele Kaufleute, mit deren Hilfe sich die Präsenz der deutschen Industrie auf dem umkämpften riesigen Markt weiterhin sichern ließ. Das ging aber nicht mehr mit kolonialem Gehabe. Deutschland musste neue Wege gehen, wollte es mit China im Geschäft bleiben. Es musste China als gleichberechtigten Partner akzeptieren. Im Jahre 1921 schlossen beide Länder einen Vertrag, demzufolge es ihren Staatsangehörigen gestattet war, sich im jeweils anderen Land niederzulassen, um dort Handel und Gewerbe zu treiben. Es war der erste Vertragsabschluss einer westlichen Nation, in dem China als gleichberechtigter Partner anerkannt wurde. Das Ende der Zeit der ungleichen Verträge, aufgenötigt durch militärische Überlegenheit, wurde eingeläutet. Mit diesem Vertrag war die Stellung der sogenannten China-Deutschen gesichert. Woran die deutsche

Seite wohl weniger gedacht hatte, war die Möglichkeit, dass auch Chinesen von diesem Vertrag Gebrauch machen würden. Gleiches Recht für beide Seiten. Wenn es mehrere tausend Deutsche in China gab, warum sollten nicht auch einige hundert Chinesen nach Deutschland kommen? Die Chinesen machten bald regen Gebrauch von den neuen Möglichkeiten. Sie gründeten ihre Geschäfte bevorzugt in Berlin und Hamburg, als Importeure, Gemüsehändler, Wäscher oder Gastwirte. Manche zogen als Kleinhändler auf Märkte oder als Hausierer von Haus zu Haus, um Porzellan und Tee zu verkaufen. Ehemalige Kulis, die während des Ersten Weltkrieges für Franzosen und Briten gearbeitet hatten und nun nach Hause geschickt wurden, nutzten die Chance, sich in Deutschland eine Beschäftigung zu suchen. Auch Studenten zog es ins Land. Für sie war Deutschland nicht nur wegen seiner renommierten Wissenschaften interessant, sondern allein schon aufgrund der Tatsache, dass es sich in Berlin und in anderen deutschen Universitätsstädten im Vergleich zu englischen, französischen und amerikanischen Städten ausgesprochen billig und gut leben ließ. Die Familien statteten ihre Zöglinge in der Regel mit genügend finanziellen Mitteln aus, so dass sie sich gut kleiden, in angemessenen Unterkünften wohnen und mehr oder minder intensiv studieren konnten. Manche ließen sich aber auch gern ablenken, beispielsweise vom Berliner Nachtleben, so dass besorgte chinesische Eltern den Umzug in eine kleine Universitätsstadt veranlassten. Insgesamt gesehen lernten die Studenten ihr Gastland auf eher angenehme Weise kennen. Weniger gut erging es Händlern und Arbeitern. Der deutschen Sprache oft nicht mächtig und in armen Stadtteilen ansässig, schlug ihnen viel Misstrauen seitens der deutschen Bevölkerung entgegen, das noch genährt wurde durch klischeehafte Vorstellungen und Vorurteile. Die meisten dieser Chinesen wollten nur begrenzte Zeit in Deutschland bleiben. Deshalb sparten sie ihr Geld, um sich später in China eine Existenz aufbauen zu können. Völlig anspruchslos lebten sie in engen Behausungen, oft zu mehreren Personen in einem Zimmer. Böse Gerüchte machten unter den braven deutschen Bürgern die Runde, ihrer Phantasie waren keine Grenzen gesetzt. Man unterstellte den Chinesen Drogenhandel und allerlei andere kriminelle Machenschaften. Doch Beweise für die Unterstellungen und Gerüchte ließen sich trotz wiederholter Razzien nie finden. Als deutsche Kaufleute, Handwerker und Arbeiter in den Chinesen allmählich eine lästige Konkurrenz sahen, kam es zunehmend zu rassistischen Anfeindungen. Besonders empfindlich reagierten deutsche Männer, wenn sie sahen, dass deutsche Frauen mit Chinesen Partnerschaften eingingen. Sie fühlten sich in ihrer Ehre verletzt und konnten sich das Verhalten der Frauen nur mit Prostitution erklären.

Zweiter Weltkrieg:
Chinesen in deutschen Konzentrationslagern

Kaum bekannt ist heute, dass sich unter den Opfern der nationalsozialistischen Herrschaft auch Chinesen befanden. Mit dem Machtantritt der Nazis und ihrer Rassenpolitik verschärfte sich die Situation der mehrere hundert zählenden chinesischen Staatsbürger, die sich in den Jahren zuvor vornehmlich in Berlin und Hamburg niedergelassen hatten.

Schon ab 1933 gerieten politisch aktive Chinesen, besonders jene, die kommunistisch oder sozialistisch orientiert waren, ins Fadenkreuz der Gestapo. Mehrere wurden verhaftet und ausgewiesen, anderen gelang es, rechtzeitig unterzutauchen oder zu flüchten.

Die Kriegsallianz zwischen Deutschland und Japan führte dazu, dass China 1941 in den Krieg gegen Nazi-Deutschland eintrat. Japan führte damals auf chinesischem Boden Krieg und versuchte, das Land unter seine Herrschaft zu bringen. Mit dem Abbruch der deutsch-chinesischen diplomatischen Beziehungen gerieten die als rassisch minderwertig angesehenen Chinesen in Deutschland in große Gefahr. So etwa in Hamburg. Dort gab es 1944 die sogenannte »Chinesenaktion«: Die Gestapo verhaftete die noch in Hamburg verbliebenen über hundert Chinesen und brachte sie ins Polizeigefängnis Fuhlsbüttel, wo sie misshandelt und gefoltert wurden. Ihnen wurden Feindbegünstigung, Spionage und unerlaubte Devisengeschäfte vorgeworfen. Im Gefängnis waren sie dem berüchtigten Erich Hanisch ausgeliefert, der das Handwerk des Folterns und Mordens bei der Verfolgung polnischer Juden gelernt hatte. Trotz Folter ließen sich die Verdächtigungen, die man gegenüber den Chinesen hegte, auch nach drei Monaten nicht nachweisen. Etwa die Hälfte der Gruppe wurde entlassen, während die andere Hälfte in das Arbeitslager Wilhelmsburg gebracht wurde. Wegen ihrer äußerlichen Fremdartigkeit waren sie dort oft noch schlimmeren Schikanen seitens des Wachpersonals ausgesetzt als andere europäische Gefangene. Zwanzig Gefangene überlebten die Zwangsarbeit und die katastrophalen Bedingungen nicht. Interessant ist in diesem Zusammenhang die Tatsache, dass spätere Anträge auf Wiedergutmachung von Gerichten der Bundesrepublik abgelehnt wurden mit dem Verweis auf »legitimes kriminalpolizeiliches Vorgehen« seitens der Gestapo.

Insgesamt sollen etwa einhundert Chinesen in Konzentrationslager gekommen sein, vor allem nach Sachsenhausen und Neuengamme. Haft in einem Konzentrationslager drohte auch deutschen Frauen, die in Partnerschaft mit einem chinesischen Mann lebten. Verbindungen solcher Art waren schon immer höchst ungern gesehen. Eheschließungen zwischen Deutschen und Chinesen waren zwar nicht per Gesetz verboten, galten aber als Rassenschande und waren deshalb unerwünscht. Man hielt eine solche Partnerschaft deshalb besser geheim. Dennoch kam es vor, dass Frauen infolge einer solchen Beziehung von der Gestapo abgeholt und in ein Konzentrationslager eingewiesen wurden. Frauen, die mit ihrem chinesischen Partner ein Kind gezeugt hatten, sahen sich oft gezwungen, mit dem Kind unterzutauchen. Auch Jüdinnen verwehrte man die Eheschließung mit einem Chinesen, da sie damit die chinesische Staatsangehörigkeit erwerben und sich hätten retten können. So erfolgte auf manche Ablehnung einer Heiratsgenehmigung die Einweisung in ein Konzentrationslager.

Zur Ausbildung nach Deutschland

Die ersten Studenten aus China

Bereits in der zweiten Hälfte des siebzehnten Jahrhunderts kamen erste chinesische Studenten zum Studium nach Europa – meist durch Vermittlung westlicher Missionare. Nach ihrer Rückkehr arbeiteten sie in der Regel für die Mission. In Neapel, wo sich ein entsprechendes Studienzentrum befand, wurden allein zwischen 1732 und 1888 über hundert Studenten für den Missionsdienst in China ausgebildet. Einige Studenten gelangten durch amerikanische Missionare in die USA, so etwa nach Yale, wo 1852 ein erster Chinese an einer amerikanischen Universität ein Examen ablegte. Zurück in China widmete er sich dann jedoch nicht der Mission, sondern half unter dem Eindruck des ersten Opiumkriegs beim Aufbau einer Waffenfabrik in Shanghai.

In den Jahren des ausgehenden neunzehnten und beginnenden zwanzigsten Jahrhunderts gab es hauptsächlich zwei Beweggründe für ein Studium im Ausland. Zum einen löste die Unterlegenheit gegenüber dem Westen das Bedürfnis aus, sich mit moderner Technik zu beschäftigen. Zum anderen entsprach das traditionelle heimische Ausbildungssystem nicht mehr den Anforderungen der neuen Zeit.

Bildung zählt in China von alters her. Durch Bildung konnte man unabhängig von der Herkunft eine Beamtenlaufbahn einschlagen und in höchste Ämter gelangen. Ein strenges Prüfungssystem wählte aus unzähligen Kandidaten nur die besten für den Staatsdienst aus. Jahrelang bereiteten sich die Kandidaten auf das mehrstufige Auswahlverfahren vor, das sowohl fundierte Kenntnisse des klassischen konfuzianischen Kanons als auch literarische Fertigkeiten voraussetzte. Was die europäischen Jesuitenmönche einst so faszinierte, nämlich dass sich die chinesischen Kaiser mit einer literarisch hochgebildeten Beamtenelite umgaben, geriet nach den Angriffen der technisch weit überlegenen westlichen Ausländer in die Kritik. Innerhalb des alten Bildungssystems spielten Naturwissenschaften und Technik keine Rolle. Wie aber sollte man sich zur Wehr setzen, wenn man von all dem, was die Stärke der Ausländer ausmachte, nichts verstand?

In den sechziger Jahren des neunzehnten Jahrhunderts folgten die ersten Schritte in Richtung Modernisierung. Schulen für Fremdsprachen wurden gegründet, um Dolmetscher und Übersetzer auszubilden. An der ersten dieser Art konnte man ab 1870 in Beijing Deutsch lernen. Umgekehrt konnte man in Berlin seit 1887 am neu gegründeten Seminar für Orientalische Sprachen Chinesisch lernen. Westliche naturwissenschaftliche und technische Handbücher wurden ins Chinesische übersetzt, Militärakademien und technische Hochschulen gegründet, letztere oft angeschlossen an Fabriken, Arsenale und Werften. Ab 1872 schickte die Regierung die ersten Studenten offiziell ins Ausland, zunächst in die USA, wo sie all das lernen sollten, was bisher in China völlig vernachlässigt worden war: moderne Wissenschaften – Mathematik, Konstruktion und Militärwesen.

Wie oben bereits erwähnt, trafen 1876 die ersten sieben Offiziere zum mehrjährigen Militärstudium in Deutschland ein. Auf Seiten deutscher Rüstungsfirmen bestand großes Interesse, Chinesen ins Land zu holen und sie an deutschen Waffen zu schulen. Auf diese Weise glaubten sie sich wirksamer gegen britische und französische Konkurrenten durchsetzen zu können.

Den Militärstudenten folgten bald, wenn zunächst auch nur vereinzelt, die Zivilisten. Auch sie bevorzugten technische Fächer. Die Abschaffung des staatlichen konfuzianisch ausgerichteten Prüfungssystems im Jahre 1905 gab dem Trend zum Auslandsstudium einen ungeheuren Auftrieb, denn ein neues umfassendes Erziehungssystem musste erst noch geschaffen werden. Die meisten Auslandsstudenten gingen nach Japan und in die USA, viele auch nach Frankreich. Einige kamen nach Deutschland. Zu den bekanntesten unter ihnen gehört Cai Yuanpei (1868–1940), der Philosoph und spätere Präsident der Beijing-Universität und einer der geistigen Väter der Vierten-Mai-Bewegung. Als er nach Deutschland kam, war er in China bereits ein geachteter Gelehrter. Er studierte von 1907 bis 1911 in Berlin und Leipzig Philosophie, Kunstgeschichte und Psychologie. Kaum hatte er sein Studium abgeschlossen, bot ihm Sun Yatsen, der provisorische Präsident der neu gegründeten Republik Chinas, das Amt des Erziehungsministers an. Cai Yuanpei nahm das Angebot an und kehrte sofort in seine Heimat zurück. Doch die von Sun Yatsen verfolgten Pläne des Aufbaus eines modernen, zivil geführten Staates widersprachen den Zielen einiger mächtiger Militärführer. Um einen Bürgerkrieg zu verhindern, trat Sun Yatsen zurück. Damit war auch die Karriere Cai Yuanpeis als Erziehungsminister beendet. Er kehrte noch 1912 nach Leipzig zurück, um seine Studien fortzusetzen. In späteren Jahren machte er sich um den Aufbau des chinesischen Erziehungswesens verdient. Von 1916 bis 1926 leitete er als Präsident die renommierte Beijing-Universität. Es gelang ihm, liberale Wissenschaftler und Denker wie den Schriftsteller Lu Xun als Professoren und Dozenten zu verpflichten und die Beijing-Universität zu einem Zentrum des geistigen Aufbruchs zu machen. Eine alle Gemüter bewegende Frage lautete: Wie kann China die Fesseln von Tradition und Rückständigkeit abwerfen und den Weg in ein modernes Zeitalter finden? 1919 kam es anlässlich des Versailler Vertrages zu landesweiten Protesten der chinesischen Studentenschaft. Ausgangspunkt und Zentrum dieser Proteste war die Beijing-Universität. Der Vertrag sah vor, die vormals deutsche Kolonie Jiaozhou an Japan und nicht zurück an China zu geben. Die chinesische Regierung schien sich damit abfinden zu wollen. Angefacht durch die Beijinger Studentenproteste setzte ein landesweiter Sturm der Entrüstung ein, der in allen Bevölkerungsschichten Unterstützung fand und in Streiks ausuferte. Bald ging es nicht mehr nur um den Versailler Vertrag und die vermeintlichen Rechte der ausländischen Mächte. Es wurden vielmehr Forderungen nach Zerschlagung feudaler Strukturen laut, nach einer umfassenden Modernisierung des Landes. Dadurch aufgeschreckt verweigerte die Regierung ihre Unterschrift unter den Vertrag. Die Protestbewegung ging als »Vierte-Mai-Bewegung« in die chinesische Geschichte ein. Sie wird im Allgemeinen als Fanal der Revolutionsbewegung und der Beginn eines modernen China gesehen.

Nach dem Ersten Weltkrieg stieg Deutschland zu einem der beliebtesten Studienländer für Chinesen auf. Es herrschte Inflation. Kein anderes europäisches Land bot bei so niedrigen Lebenshaltungskosten derart gute Studienmöglichkeiten. Man brauchte dort nur ein Drittel von dem, was ein Studentenleben in Frankreich kostete. Als es zeitweise mit den Überweisungen chinesischer Stipendien haperte, brachen viele Studenten ihr Studium im teuren Frankreich ab und hielten sich in Deutschland so lange über Wasser, bis es mit dem finanziellen Nachschub wieder klappte. Entsprechend stark war der Andrang auf deutsche Universitäten. Annähernd eintausend chinesische Studenten strömten damals nach Deutschland, darunter mehrere hundert nach Berlin. In der gesamten Geschichte chinesischer Deutschlandstudien mag diese Zeit die interessanteste gewesen sein. Denn nicht jeder Student ging ernsthaft einem Studium nach. Viele waren durch die Ereignisse der Vierten-Mai-Bewegung politisiert und verfolgten neue revolutionäre Ideen, für die sie unter ihren Landsleuten in Deutschland warben. Andere widmeten sich in dieser Zeit lieber vergnüglichen Dingen und genossen das billige Leben im quirligen Berlin. Als die Inflation nachließ, sanken entsprechend schnell auch die Studentenzahlen.

Zhou Enlai, 1898–1976, späterer Ministerpräsident der Volksrepublik China, ist der bekannteste der chinesischen Deutschlandstudenten, obwohl er an keiner Universität studiert hat.

In Paris gehörte er Anfang 1921 zu den Gründern einer ersten kommunistischen Zelle in Europa. Im März 1922 ging er nach Berlin, nahm an der Gründung einer deutschen kommunistischen Zelle teil und widmete sich in den folgenden Monaten der Organisation und Rekrutierung neuer Mitglieder. Er blieb bis Herbst 1923 in Deutschland. Ein weiterer prominenter Deutschlandstudent aus jener Zeit ist Zhu De, 1886–1976, der spätere Oberbefehlshaber der chinesischen Volksbefreiungsarmee. Er war bereits Mitte dreißig, als er 1922 nach Deutschland kam, und als ehemaliger General, der im chinesischen Bürgerkrieg an mehreren Feldzügen teilgenommen hatte, ein bekannter Mann. Er verließ die Armee, um für sich eine neue Orientierung zu finden. In Berlin traf er auf Zhou Enlai und wurde mit dessen Unterstützung Mitglied der Kommunistischen Partei. Ab 1924 studierte er in Göttingen Sozialwissenschaften. Nebenbei organisierte er zusammen mit deutschen Kommunisten verschiedene Kundgebungen und Versammlungen, die sich gegen den Imperialismus wandten. Nachdem er infolge einer solchen Veranstaltung zum zweiten Mal verhaftet wurde, verwiesen ihn die deutschen Behörden 1925 des Landes. Zurück in China wurde er einer der engsten Mitarbeiter Mao Zedongs. Als Militärstratege baute er die Rote Armee auf und nahm wie Zhou Enlai an dem legendären Langen Marsch teil.

Ein weniger revolutionär eingestellter, aber ebenfalls bemerkenswerter Student jener Zeit war der spätere Schriftsteller Lin Yutang (1895–1976), der durch seine Werke einer der berühmtesten Vermittler chinesischer Kultur im Westen, insbesondere in den USA, wurde. Lin ging zunächst an die Harvard-Universität, dann nach Frankreich, entschied sich schließlich aber wegen mangelnder finanzieller Mittel für einen Studienaufenthalt in Deutschland. Zuerst studierte er in Jena, dann in Leipzig, wo er 1923 mit einem philologischen Thema promovierte. Sein Studium zehrte die gesamten Ersparnisse einschließlich der Mitgift seiner Frau, die ihn begleitete, auf. Zum Schluss versetzten sie ihren Schmuck, um bis zum Abschluss der Promotion durchhalten zu können. Trotz des finanziellen Drucks soll sich Lin Yutang in Leipzig sehr wohl gefühlt haben. Das beschauliche Leben habe ihn zum Idealisten gemacht. Er entdeckte in sich den *liulanhan*, den Vagabunden, dem Freiheit und Unabhängigkeit wichtiger sind als Karriere und Geld. Lin Yutang nahm nach seiner Rückkehr den Ruf zum Professor für Englisch an der Beijing-Universität an, wechselte später jedoch noch an andere Universitäten und Institutionen. 1935 erschien sein auf Englisch verfasstes Buch *Mein Land und mein Volk*, das in den USA zum Bestseller wurde und ihn mit einem Schlag berühmt machte. Weitere Werke folgten, darunter *Weisheit des lächelnden Lebens*. Seine Bücher erschienen auch auf Deutsch und fanden in Deutschland ein breites Publikum.

Ein bis heute berühmter Künstler, den es damals nach Deutschland verschlug, war der Maler Xu Beihong (1895–1953). Er ging 1918 mit einem staatlichen Stipendium nach Paris. 1921 besuchte er Berlin, wo er nur wenige Wochen bleiben wollte. Doch als infolge politischer Unruhen der Geldnachschub aus China stagnierte, entschied er sich für einen längeren Aufenthalt im preiswerteren Deutschland, wo er insgesamt zwanzig Monate blieb. In jener Zeit studierte er die zeichnerische Darstellung von Tieren. In Paris hatte er sich bereits ausgiebig mit Pferden beschäftigt, im Berliner Tiergarten widmete er sich den Löwen. Für seine Pferde- und Löwenbilder ist er noch heute berühmt. Eine Anekdote erzählt von einem verbalen Schlagabtausch, den er sich in Berlin mit einem deutschen Künstlerkollegen lieferte. Der Deutsche stellte die provozierende Behauptung auf, Chinesen taugten nur für Kulidienste, nicht aber für anspruchsvolle Arbeit, geschweige denn für die schönen Künste. Xu Beihong ließ sich nicht aus der Ruhe bringen. Die Zukunft werde zeigen, wer von ihnen der Erfolgreichere würde, soll er erwidert haben. Xu Beihong wurde einer der bedeutendsten Maler Chinas. Was aus seinem deutschen Künstlerkollegen wurde, ist nicht bekannt.

Bis zu den dreißiger Jahren hatte sich der hervorragende Ruf deutscher Hochschulen durchgesetzt. Deutschland galt als Land der Wissenschaftler und Ingenieure. Dort studierte man am besten Medizin, Technik und Naturwissenschaften, in der Kulturnation Frankreich hingegen eher Kunst und Geisteswissenschaften. Ein deutscher Universitätsabschluss stand in China hoch im Kurs und bot mancherlei Vorteile gegenüber Konkurrenten. Beispielsweise vermerkten Mediziner den in Deutschland erworbenen Titel auf Praxisschildern und Visitenkarten.

Einer der späteren Väter der chinesischen Atombombe, der Physiker Wang Ganchang (1907–1998), studierte ab 1930 in Deutschland. Er ging zunächst nach Göttingen und dann nach Berlin. Dort hörte er Vorträge von Wissenschaftlern wie Albert Einstein und Max Planck. Nach seiner Promotion 1934 bekam er das Angebot, seine Forschungsarbeit in Deutschland fortzusetzen, doch hatte sich das politische Klima nach der Machtergreifung Hitlers so weit verschlechtert, dass führende, von Wang verehrte Wissenschaftler es vorzogen, sicherheitshalber ins Ausland zu emigrieren. Wang beschloss daraufhin ebenfalls, Deutschland zu verlassen. Er kehrte nach China zurück, ging aber für weitere längere Forschungsaufenthalte noch in die USA und in die Sowjetunion. Schließlich nahm er an der Entwicklung der chinesischen Atombombe teil.

Feng Zhi (1905–1993) kam 1930 nach bereits abgeschlossenem Germanistik-Studium nach Heidelberg. Dort studierte er Literatur- und Kunstgeschichte sowie Philosophie und promovierte fünf Jahre später mit einem Thema über Novalis' Dichtung. Rückblickend betrachtete er seine Zeit in Deutschland als Wendepunkt in seinem Leben. Während seines fünfjährigen Studiums eignete er sich ein immenses Wissen an. Er lernte jedoch auch, Stille und Einsamkeit zu ertragen und das Schweigen einer lebhaften Beredsamkeit vorzuziehen. Anders hätte er sein tägliches Pensum intensiver Arbeit wohl auch kaum schaffen können. Er verehrte Goethe, bewunderte Heine und Hölderlin und war vernarrt in Rilke. 1935 kehrte er nach China zurück. In den folgenden Jahren tat er sich nicht nur als Germanist, Dichter und Literaturwissenschaftler hervor, sondern auch als Übersetzer einzelner Werke, u. a. von Rilke, Goethe und Heine. Für sein übersetzerisches Werk und die Verbreitung deutscher Literatur in China wurde er in Deutschland mehrmals ausgezeichnet.

Ji Xianlin (geb. 1911) studierte ab 1935 in Göttingen Sanskrit. 1937 nahm er eine Lektorenstelle am Sinologischen Seminar der Universität Göttingen an und promovierte nebenbei in Indologie. Nach dem Zweiten Weltkrieg kehrte er in seine Heimat zurück und begründete als Professor an der Beijing-Universität das Lehrfach der Indologie in China. Außerhalb der Indologie ist er noch heute einem breiten chinesischen Publikum bekannt. Er veröffentlichte seine Erinnerungen unter dem Titel *Zehn Jahre in Deutschland*. Das Buch wurde erst kürzlich wieder neu aufgelegt und verkaufte sich in Windeseile.

Zum Studium in die DDR

Nach dem Zweiten Weltkrieg nahm die neu gegründete Volksrepublik China umgehend diplomatische Beziehungen mit der DDR auf. Schon lange hatten freundliche Kontakte zwischen chinesischen und deutschen Kommunisten bestanden. Die DDR galt deshalb als befreiter Teil Deutschlands, die BRD als von den Imperialisten geteilter. Chinesische Studenten, die nun in Deutschland studieren wollten, gingen selbstverständlich in die DDR. Herr W. erinnert sich an sein Studium in Leipzig: »1953 kam die erste Gruppe chinesischer Studenten in die DDR. Im Dreijahrestakt folgten weitere Gruppen. Die deutschen Betreuer behandelten die chinesischen Austauschstudenten mit überschwänglicher Freundlichkeit. Wir fühlten uns wie kleine Könige. Man riss sich förmlich ein Bein für uns aus. Da konnten die Ungarn, Polen, Russen und anderen Osteuropäer nur staunen. Die waren längst nicht so beliebt bei den Deutschen wie wir.

Uns erschien das recht logisch, denn wir gehörten wirklich zu den Besten, die man aus den Ministerien zum Studium nach Deutschland geschickt hatte. Wir waren hochmotiviert und unglaublich fleißig. Ich erinnere mich noch an die Feierlichkeiten von 1959 anlässlich des zehnjährigen Bestehens der diplomatischen Beziehungen zwischen China und der DDR. Das war eine große Sache, die in Berlin sehr ernst genommen wurde. Alle führenden Politiker kamen, unter anderen Grotewohl, Ulbricht, Dieckmann und wie sie alle hießen. Wir feierten mit über achthundert Personen. Die Deutschen schienen mir die besten Freunde der Chinesen zu sein. Wenig später kam es zum Bruch mit der Sowjetunion. Infolgedessen verschlechterten sich unsere Beziehungen auch zu den anderen osteuropäischen Staaten. Aber mit keinem wurden sie so schlecht wie mit den Deutschen. Deshalb sage ich: Die Deutschen machen alles hundertprozentig, im Guten wie im Schlechten.«

Zum Studium in die BRD

Die Chinesen, die in den fünfziger, sechziger Jahren in der DDR studierten, kamen aus der Volksrepublik China, die, die zur selben Zeit in der BRD studierten, kamen meist aus Taiwan, Hongkong oder waren sogenannte Auslandschinesen, das heißt, sie kamen aus Indonesien, Malaysia oder anderen Ländern, in die ihre Familien emigriert waren.

Herr L., heute in Shanghai: »Als ich in den fünfziger Jahren zum Studium nach Deutschland ging, war ich darauf vorbereitet, als Ausländer Schwierigkeiten zu bekommen. Man hatte mich entsprechend vorgewarnt. Doch nichts dergleichen geschah. Weder während meines Studiums noch später im Rahmen meiner Forschungstätigkeit erlebte ich irgendwelche Unannehmlichkeiten. Im Gegenteil. Gerade weil ich Chinese war und aus Taiwan kam, behandelten mich die Leute ganz besonders zuvorkommend. Brauchte ich für meine Arbeit aus anderen Abteilungen irgendwelche Daten, bekam ich sie meist schneller als meine deutschen Kollegen. Das führte schließlich dazu, dass mein Team immer nur mich losschickte, wenn etwas gebraucht wurde. Meine Anfragen und Bitten wurden stets prompt bedient.«

Die Deutschen sind wie ein Diesel:
Sie kommen nur langsam in Fahrt –
Erinnerungen an ein Studium in Deutschland

Herr O. aus Hongkong: »Drei Länder liebe ich auf dieser Welt: China, das Land meiner Ahnen, Indonesien, das Land, in dem ich aufwuchs, und Deutschland, das Land, in dem ich die zehn glücklichsten Jahre meines Lebens verbrachte.

Nach meinem Abitur 1965 in Djakarta wollte ich zum Studium nach Neuseeland oder Australien. Dort studierte bereits mein älterer Bruder. Doch just in jenem Jahr vergab man dort nur noch ungern Visa an junge Indonesier chinesischer Abstammung. Es hieß, wir sympathisierten mit dem kommunistischen China. Also entschied ich mich für die USA. Doch dorthin wollte mich meine Mutter nicht gehen lassen. Ein Nachbarssohn war als Playboy von dort zurückgekehrt. Ich selbst wollte nur eins: so schnell wie möglich fort aus Indonesien, wo mal wieder eine starke antichinesische Strömung herrschte. Wer chinesischer Abstammung war, durfte seine kulturelle Identität nicht länger pflegen. Chinesische Schriftzeichen wurden aus dem Alltagsleben verbannt. Wir mussten unsere chinesischen Namen ablegen und indonesische annehmen. Meine Eltern arrangierten sich mit der politischen Situation. Sie waren daran gewöhnt, weil solche Strömungen in Wellen immer wiederkehrten. Ich fand das unerträglich, und deshalb wollte ich fort. Ein Onkel erzählte mir, dass man für Deutschland kein Visum brauche. Daraufhin packte ich meinen Koffer und machte mich auf den Weg. Kiel war meine erste Station, wo ich ein Studienkolleg besuchte, um nachträglich noch ein deutsches Abitur abzulegen. Das war kein Problem. Viel wichtiger war, dass ich in Kiel alles lernte, was man so zum Leben braucht. Zum Beispiel Wäschewaschen, Kochen und Bettenmachen. Ich war bisher von vorn bis hinten bedient worden. Wir hatten immer reichlich Personal zu Hause gehabt. Deshalb konnte ich noch nicht einmal Wasser kochen. Jemand von der Uni Kiel besorgte mir ein Zimmer bei einer alten deutschen Witwe. Die war freundlich, aber streng. Gleich am ersten Tag traf mich fast der Schlag. Da stand sie nämlich schon um sechs Uhr früh vor meinem Bett – das Zimmer war nicht abschließbar – und rief: ›Aufstehen!‹. Vor Schreck sprang ich aus dem Bett. Sie packte mein Federbett, riss das Fenster auf und schüttelte es aus. Ich dachte noch, das ist ja ein merkwürdiger Service. Aber schon belehrte sie mich, dass dies ab sofort zu meiner täglichen Routine gehören müsse. Sie zeigte mir, wie man das Laken zurechtzog, das Kopfkissen aufschüttelte und schließlich das einmal übereinandergeschlagene Federbett ordentlich an seinen Platz legte. Ich war artig und stand ab sofort täglich um sechs Uhr auf. Das war kein Kunststück, denn sie rumorte schon ab halb sechs in der Wohnung herum. Kochen durfte ich nur zweimal die Woche. Dabei sind wir Chinesen an drei warme Mahlzeiten pro Tag gewöhnt. Nun gab es also nur zweimal täglich warm: mittags in der Mensa und abends an der Imbissbude. Das machte mir nicht viel aus. Auch nicht, dass ich meine Wäsche selbst waschen musste. Viel schlimmer war, dass ich nur einmal die Woche, am Samstagabend, baden durfte. Das war schrecklich, und daran wollte ich mich auch nicht gewöhnen. Ich fand einen Ausweg: Ab sofort ging ich täglich ins Schwimmbad. Wirklich gelitten habe ich, als meine Vermieterin mich mit frischem Matjes beglücken wollte. Kaum war die Matjes-Zeit angebrochen, musste ich probieren. Da gab es kein Pardon. Zweimal die Woche spendierte sie mir eine Portion – natürlich nur während der Matjes-Zeit. Ich weiß bis heute nicht, wie ich dieses Zeug im Magen behalten habe. Wesentlich weniger Probleme hatte ich, mich an Käse zu gewöhnen. Auch den servierte sie mir gelegentlich und meinte, er sei besonders gesund. Aber egal, auf diese Weise lernte ich ziemlich schnell Deutsch. Nach einem Jahr war ich fit. Mein ältester Bruder hatte für mich entschieden, dass ich Medizin studieren sollte. Doch davor ekelte ich mich. Ich wollte Wirtschaft studieren, womit er nicht einverstanden war. Da mein Vater inzwischen verstorben war, musste ich meinem Bruder gehorchen. Da gab es kein Wenn und Aber. Wir einigten uns auf Biologie. An der Uni Hamburg bekam ich einen Studienplatz. Schon nach der ersten Vorlesung wusste ich, dass Biologie nicht mein Ding ist. Dennoch hielt ich zwei Jahre durch. Allerdings besuchte ich kaum eine Vorlesung, stattdessen kümmerte ich mich recht intensiv um ›Pfingströschen‹, ein Mädchen aus Singapur, das in Hamburg Musik studierte. Wir heirateten und bekamen einen Sohn. Damit begann für mich der Ernst des Lebens, und ich setzte mich endlich gegenüber meinem Bruder durch und studierte Wirtschaft.

Das Leben, das nun folgte, war ganz wunderbar. Morgens früh brachten wir das Kind in den Kinderhort, tagsüber studierten wir, abends genossen wir unsere kleine Familie oder trafen uns mit Freunden. Selbstverständlich war unser kleiner Sohn dann immer dabei. Geldsorgen kannten wir nicht. Ich bekam achthundert Mark pro Monat von meinem Bruder und Pfingströschen ebensoviel von ihren Eltern. Außerdem zahlte uns der deutsche Staat Kindergeld. Das fand ich sehr großzügig. In der vorlesungsfreien Zeit, immerhin fünf Monate im Jahr, arbeitete ich in Hamburger Betrieben, zum Beispiel bei Colgate, bei C&A und bei Iduna. Ich kam mit den Leuten überall gut zurecht und hatte viel Spaß bei der Arbeit, egal ob am Fließband, in der Lagerhalle oder im Büro. Als es am Fließband einmal nicht weiterging und es mir zu langweilig wurde, griff ich mir einen Besen und fegte die Halle aus. Mein Vorarbeiter fragte mich daraufhin, ob ich nicht noch einen Landsmann mitbringen könnte, der genauso gern arbeitete wie ich. Das Geld, das ich auf diese Weise verdiente, gaben wir für unsere jährliche Urlaubsreise in den Süden aus und für flotte

Autos, zuerst für einen VW, dann für einen Audi, einen Toyota und schließlich für einen Mercedes.

Mit dem Studium hatte ich es nicht eilig. Deutschland gefiel mir, und nichts zog mich nach Indonesien zurück. Unser Sohn entwickelte sich prächtig. Im deutschen Kindergarten lernte er Singen, Tanzen und sogar Plattdeutsch. Ich hatte viele Freunde, sowohl unter Chinesen als auch unter Deutschen. Mit zwei ehemaligen Kollegen von der Iduna stehe ich heute noch in Kontakt.

Als ich mich an meine Diplomarbeit setzte, sprach ich längst fließend Deutsch. Dennoch war es nicht gut genug, um einen fehlerfreien wissenschaftlichen Text zu verfassen. Noch bevor ich mich nach entsprechender Hilfe umsah, boten mir mehrere deutsche Kommilitonen ihre Hilfe an. Das fand ich rührend, und das werde ich nie vergessen. Diese und andere Erfahrungen trugen dazu bei, dass ich zu Hamburg eine sehr enge emotionale Beziehung habe. Ich liebe diese Stadt. Für mich ist sie die schönste und angenehmste der Welt. Dort leben meine Freunde, meine alten Kumpel aus der Studienzeit, Deutsche wie Chinesen. Wir sind gemeinsam durchs Leben gegangen, zwar jeder an einem anderen Ende der Welt, dennoch haben wir nie den Kontakt verloren. Mit ihnen kann ich ehrlich sein. Es gibt keine Geheimnisse zwischen uns. Treffe ich hingegen Freunde aus Hongkong oder Indonesien, sprechen wir immer nur über Geschäftliches. Sie fragen nicht, wie es mir persönlich geht, sondern wie meine Geschäfte laufen.

Dank regelmäßiger deutscher Lektüre habe ich mein Deutsch nicht verlernt. Ich lese jeden Tag deutsche Zeitungen und Zeitschriften, inzwischen mache ich das online: ›Bild‹ und ›Spiegel‹, aber zu allererst natürlich das ›Hamburger Abendblatt‹.

Nach fast zehn Jahren kehrte ich nach Indonesien zurück, siedelte aber schon bald nach Hongkong um, wo ich heute noch lebe und meine Geschäfte zwischen Indonesien und China abwickle. Mit Deutschland habe ich geschäftlich nichts zu tun. Trotzdem reise ich jedes Jahr nach Hamburg, manchmal sogar zwei- oder dreimal. Dann gehe ich selbstverständlich immer an meine alte Imbissbude in der Innenstadt und esse dort eine Currywurst. Ich fühle mich meinen dortigen Freunden sehr verbunden. Die Deutschen sind treu und hilfsbereit, aber es dauert ein wenig, bis sie sich öffnen. Deshalb sage ich immer, dass die Deutschen wie ein Diesel sind: Sie kommen nur langsam in Fahrt, aber dann laufen sie und laufen und laufen. Ist man erst einmal mit ihnen befreundet, dann für ein ganzes Leben. Rückblickend kann ich sagen, dass ich in den zehn Jahren, in denen ich in Deutschland gelebt habe, keine negativen Erfahrungen gemacht habe, und wenn doch, dann habe ich sie längst vergessen.

Ich fühle mich Deutschland sehr verbunden und verfolge mit großer Aufmerksamkeit das politische Geschehen. In diesem Zusammenhang möchte ich sagen, dass ich die deutsche Chinapolitik der letzten Jahre mit Verwunderung verfolgt habe. Deutschland braucht China als Wirtschaftspartner und, soweit ich das aus eigener Anschauung beurteilen kann, unterhielt Deutschland zu China immer ein freundschaftliches Verhältnis. Umso mehr verwundert es mich, dass sich dies nicht nur in der Regierungspolitik der Frau Merkel, sondern auch in den Medien geändert hat. Ich sah beispielsweise im Herbst 2008 die deutsche Bundeskanzlerin während ihres China-Besuches in den Fernsehnachrichten. Ihre Körpersprache war so abweisend, dass ich mich fragte, warum sie nicht lieber zu Hause geblieben ist, wenn ihr China derart zuwider ist. Meiner Meinung nach würde sie mit ihrer Abwesenheit dem Chinageschäft der deutschen Industrie eher helfen als mit ihrer beleidigten Miene. Darüber hinaus ärgert mich auch die Scheinheiligkeit mancher deutscher Politiker. Ständig ermahnen sie uns zur Einhaltung der Menschenrechte, obwohl im Westen ein Guantanamo, CIA-Gefängnisse und Ähnliches möglich sind. Oder ich erfahre aus der Presse, dass die Kölner gegen den Bau einer Moschee demonstrieren. Da frage ich mich: Haben die Moslems denn kein Recht auf Gottesdienst? Die deutschen Medien sind sehr stolz auf ihre Unabhängigkeit. Meiner Meinung nach haben sie ihre Unabhängigkeit längst verloren. In den Siebzigern war das noch ganz anders. Da gab es viel mehr Zündstoff in den Medien. Heute reden sie der Regierung nach dem Mund. Die sollten mal nach Hongkong kommen. Hier wird in allen Zeitungen auf die Regierung geschimpft.

Andererseits finde ich es auch wieder ganz sympathisch, dass einem die Deutschen so offen zeigen, dass sie einen nicht mögen. Die Engländer und Amerikaner sind da anders. Die tun vor dir recht freundlich, aber hinter deinem Rücken reden sie schlecht über dich.

Meine Kinder wollte ich ebenfalls zum Studium nach Deutschland schicken. Das lehnten sie jedoch ab. Sie meinten, mit Deutsch nicht viel anfangen zu können. Deutsch sei schwer und nur wenig einsetzbar. Ich kann ihnen diese Einstellung nicht verübeln. Ich selbst wollte ursprünglich ja auch in ein englischsprachiges Land gehen. Mein ältester Sohn, der in Hamburg zur Welt kam, ging dann aber doch in die Schweiz. Er spricht jetzt neben Chinesisch und Deutsch auch Französisch und Englisch. Mein zweiter Sohn ging zum Studium nach Japan, meine Tochter nach England.

Übrigens finde ich, dass wir Chinesen uns ganz schön viel Mühe geben mit dem Erlernen von Fremdsprachen. Das kann man von den Deutschen in Hongkong nicht behaupten. Manche leben schon seit Jahrzehnten hier, und noch immer können sie keinen zusammenhängenden Satz auf Kantonesisch oder Hochchinesisch sprechen. Sie meinen, mit Englisch kämen sie zurecht. Das stimmt, aber sie ignorieren damit weit über neunzig Prozent der hiesigen Bevölkerung.«

Studenten aus der Volksrepublik China

Im Oktober 1972 nahmen die Volksrepublik China und die Bundesrepublik Deutschland diplomatische Beziehungen auf. Chinesen konnten daraufhin auch in Westdeutschland und Westdeutsche in China studieren. Als erste Stipendiaten gelangten bereits graduierte Chinesen, hauptsächlich Naturwissenschaftler, nach Deutschland. Sie waren durchweg über dreißig Jahre alt und besaßen bereits feste Positionen an chinesischen Instituten und Universitäten.

Mit Beginn der achtziger Jahre starteten die chinesischen Behörden ein neues Experiment: Aus ganz China zogen sie einige der besten Abiturienten zusammen, bereiteten sie an der Tongji-Universität in Shanghai auf ein Studium in Deutschland vor und schickten sie dann an die deutschen Universitäten. Auch bei diesen Studenten überwog die naturwissenschaftliche und technische Ausrichtung. Das Experiment erwies sich als sehr erfolgreich. Bis auf wenige Ausnahmen schlossen die jungen Leute ihr Studium in kürzester Zeit mit Bestnoten ab. Allerdings kehrten die meisten dann nicht in ihre Heimat zurück. Im damals noch recht rückständigen China sahen sie kaum Chancen für ihr weiteres Fortkommen. Erst in späteren Jahren, nach Einsetzen des Wirtschaftsbooms, gingen viele als inzwischen hochqualifizierte Mitarbeiter deutscher Unternehmen nach China zurück.

Ebenfalls in den achtziger Jahren tauchten die ersten selbstzahlenden Studenten auf. Verwandte oder Freunde im Ausland bürgten für sie und unterstützten sie zumindest in der Anfangsphase finanziell. Auch von diesen Studenten blieben die meisten im Ausland.

Inzwischen hat sich das Bild radikal gewandelt. Es sind nicht mehr einige hundert chinesische Studenten, die wie zu Beginn der achtziger Jahre an deutschen Hochschulen studierten, sondern an die dreißigtausend. Sie bilden unter den ausländischen Studenten die größte Gruppe. Mehr als die Hälfte kommen als Selbstzahler. Von einer mangelnden Rückkehrbereitschaft kann heute keine Rede mehr sein. Das Auslandsstudium gilt hauptsächlich als Mittel zur Qualifikation, um sich künftig besser gegen die Konkurrenz auf dem hart umkämpften chinesischen Arbeitsmarkt durchsetzen zu können. Die beliebtesten Studienfächer sind jene, die in Zeiten des Wirtschaftsbooms die meisten

Chancen bieten, nämlich Wirtschaftswissenschaften, Informatik und Ingenieurwissenschaften. Deutschland hat zwar immer noch den Ruf, das Land der Forscher, Wissenschaftler und Ingenieure zu sein, dennoch werden unter den westlichen Studienländern ganz klar die USA bevorzugt. Das hat vielfältige Gründe. Wer nach dem Studium nach China zurückkehrt, dem bieten sich allein durch gute Englischkenntnisse verschiedenste Möglichkeiten. Wer im Ausland bleiben möchte, dem scheinen die Chancen für eine Karriere in den USA besser als in Europa. Zumindest ist es dort leichter, sich gegen einheimische Konkurrenten durchzusetzen. Im amerikanischen Schmelztiegel ist der Ausländerstatus kein Nachteil, in Deutschland dagegen schon. So jedenfalls wird es von vielen Chinesen empfunden. Ein weiterer Pluspunkt sind die großzügigen Nachzugsbedingungen für nahe Verwandte. Das allein ist ein Grund, warum viele Eltern ihre Kinder lieber in die USA schicken. Also ist Deutschland nur zweite Wahl? Nicht unbedingt. Für ein Studium in Deutschland sprechen die niedrigeren Studiengebühren und das durchgängig gute Niveau der deutschen Hochschulen.

Die in klassischem Gesang ausgebildete Frau R. sagt dazu: »Die deutschen Hochschulen bieten insgesamt gesehen eine durchgehend gute Qualität. Zwar heißt es immer, die eine oder andere Hochschule sei für dieses oder jenes Fach besonders berühmt, und man sollte deshalb dort studieren. Dennoch gibt es keine so gravierenden Unterschiede, wie sie zwischen den chinesischen Hochschulen bestehen. Will man in Deutschland Musik studieren, ist es egal, ob man nach Hamburg, Hannover, Köln oder Berlin geht. Wichtiger als die Universität ist die Wahl des passenden Lehrers. Man muss sehen, mit wem man besser zurechtkommt, mit dem in Berlin oder dem in Hamburg. Nicht so in China. Dort kann man Musik eigentlich nur in Beijing oder Shanghai studieren. Wer an irgendeiner Provinzuniversität bleibt, wird gar nicht ernst genommen. Selbst die Musikstadt Xiamen, die weltweit den höchsten Anteil an Klavieren pro Einwohner hat, reicht mit ihrer Musikhochschule nicht an das Niveau von Beijing und Shanghai heran.«

Zu hohe Erwartungen

Herr W., Shanghai: »Ich ging mit großen Erwartungen nach Hamburg, um dort Design zu studieren. Ich war felsenfest davon überzeugt, dass die Deutschen fähiger sind als die Chinesen und dass ich viel von ihnen lernen könnte. Während meines Studiums merkte ich jedoch, dass meine deutschen Kommilitonen längst nicht so gewissenhaft waren, wie man es den Deutschen im Allgemeinen nachsagt. Wahrscheinlich war die alte Generation wesentlich fleißiger und innovativer, sonst hätten sie doch nicht solch einen guten Ruf.

Die jungen Deutschen sind sehr selbstbewusst und von sich überzeugt. Viele meiner deutschen Kommilitonen waren sogar international erfahren und weit gereist. Das ist für normale chinesische Studenten eher ungewöhnlich.

Einmal ging ich zu einem Vortrag, den zwei deutsche Kommilitonen hielten, die für ein Jahr im Austausch an unserer Partneruniversität in China studiert hatten. Viel erzählten sie nicht, sie zeigten hauptsächlich Fotos. Ich war entsetzt, welchen Eindruck sie den anderen damit vermittelten. Sie hatten nur die rückständigen Seiten unserer Städte fotografiert: Abrisshäuser, schmutzige Straßen und Armut. Das sollte China sein? Da war ich aber ganz anderer Meinung. Als ich Kritik äußerte, meinten sie hochnäsig, sie würden mir gern die Darstellung des offiziellen China überlassen. Das fand ich sehr beleidigend.«

Niemand nimmt dich an die Hand

Frau G. aus Wuhan: »Auf alles war ich in Deutschland gefasst, nur nicht auf die quälende Einsamkeit.« Frau G. wurde wie viele andere chinesische Einzelkinder von ihren Eltern verwöhnt. Um nichts brauchte sie sich zu kümmern. Nur lernen musste sie und gute Noten nach Hause bringen. »Als ich nach Deutschland kam, begann ich zum ersten Mal in meinem Leben für mich selbst zu kochen und zu waschen. Niemand war mehr da, keine Verwandten, keine vertrauten Freunde. Ich war allein, und alles um mich herum war fremd. Ich merkte dann auch bald, dass viele Deutsche gereizt reagieren, wenn ein Ausländer nur wenig Deutsch spricht. Es ging mir wirklich schlecht, und ich brauchte einige Monate, bis ich mich sozusagen arrangiert hatte. An deutschen Hochschulen nimmt dich niemand an die Hand und hilft dir über die ersten Monate hinweg. Um alles musst du dich selbst kümmern. Außerdem sind die Lehrer kühl und zurückhaltend. Sie sind nicht daran interessiert, eine menschliche Beziehung mit den Studenten zu knüpfen. Sie fragen einen nicht nach der Familie, nach den Sorgen und Nöten. In China bilden die Universitäten eine eigene Gesellschaft. Du trittst ein und bist ein Mitglied. Man kümmert sich sofort um dich. Das Verhältnis zwischen Lehrern und Schülern ist ganz anders als in Deutschland. Es ist viel enger. Der Lehrer weiß viel mehr über seine Schüler. Deshalb fühlt man sich als Student auch den Lehrern immer eng verbunden. Sie werden stets mit Respekt behandelt.«

In China wird ein Student betüddelt, in Deutschland nicht

Herr S., Pianist, Beijing: »Es war gegen Ende meines Studiums in Deutschland. Mein Abschlusskonzert stand mir bevor. Ich war sehr nervös. Mein Professor bot freundlicherweise an, mir außerhalb der Unterrichtszeit eine Extrastunde zu geben. Ich sollte zu ihm nach Hause kommen. Da könnten wir in Ruhe arbeiten. Ich fand das sehr nett von ihm, und ich rechne ihm bis heute seine Unterstützung hoch an.

So begab ich mich also zu ihm. Zunächst ging es eine ganze Stunde mit dem Zug in den Vorort, in dem er wohnte, dann noch eine halbe Stunde zu Fuß. Es war schwierig, sein Haus zu finden. Endlich traf ich ein. Er empfing mich freundlich und führte mich unverzüglich an den Flügel, um mit dem Unterricht zu beginnen. Nach anderthalb Stunden waren wir fertig. Ich war völlig erschöpft und mit den Nerven am Ende. Mein Mund war trocken, meine Stimme heiser. Da führte er mich auch schon zur Haustür. Das kann doch nicht angehen, dachte ich. Ohne die kleinste Erfrischung sollte ich mich auf den langen Rückweg begeben? Ich bat um ein Glas Wasser. ›Aber natürlich‹, sagte der Professor, eilte in die Küche und kam mit einem Glas Leitungswasser zurück. Ich trank ein paar Schlucke und verabschiedete mich.

Wann immer ich von dieser Erfahrung in China erzähle, schütteln die Leute ungläubig den Kopf. Sie können es einfach nicht fassen, denn der Ruf eines Professors ist dort vom Erfolg seiner Studenten abhängig. Stehen diesen Konzerte bevor, werden sie von ihren Lehrern besonders umsorgt, nur damit alles bestens läuft. Von Extrastunden ganz abgesehen, kümmern sich die Lehrer auch um das leibliche Wohl ihrer Schüler. Steht es beispielsweise mit den Nerven nicht zum Besten, sorgen sie sofort für stärkende Speisen und Kräuter, denn in jedem Chinesen steckt ein kleiner Heilkundler. Oder sie geben entsprechende Ratschläge, wie man sich entspannen kann. Aber auf keinen Fall würde man einen Schüler zu Hause empfangen, ohne ihm wenigstens einen Tee anzubieten. Ich bin sicher, dass sich mein Professor darüber keine Gedanken gemacht hat. Arbeit ist Arbeit. So ist das eben in Deutschland.«

Erziehung zur Individualität

»Ich denke, dass es für jeden Künstler wichtig ist, für einige Zeit im Westen zu studieren, denn dort wird die Individualität gelehrt«, sagt ein junger Professor am Shanghaier Konservatorium. »Du wirst ermutigt, deinen eigenen Stil zu entwickeln. Das ist für einen Künstler ganz entscheidend. In China musst du zunächst den Stil deines Meisters erlernen. Erst danach kannst du daran denken, deinen eigenen Stil zu entwickeln.«

Als er nach einem abgeschlossenen Studium in China zur Fortbildung nach Deutschland ging, war er bereits tief verwurzelt in seiner eigenen Kultur. Es fiel ihm nicht leicht, sich an die europäische Kultur anzupassen. »Europäer scheinen da weniger Probleme zu haben. Egal wohin sie gehen. Sie nehmen das Fremde leichter an. Die chinesische klassische Erziehung verlangt Zurückhaltung. Es hat einige Zeit gedauert, bis ich aus mir herauskam und Kontakte knüpfte. Zum Glück nimmt der Einfluss der klassischen Erziehung in China in letzter Zeit ab. Inzwischen treten viele Chinesen ebenso selbstbewusst und offen auf wie die Europäer.

Ich fühlte mich in Deutschland und auch in anderen europäischen Ländern nie als Chinese verachtet. Ich denke, es ist dort eher so: Die Reichen verachten die Armen, die Gebildeten die Ungebildeten, die Franzosen verachten alle anderen in Europa, weshalb sie auch kein Englisch lernen, und die Schweizer halten sich sowieso für die Besten. Genauso ist es in China. Da verachten die Shanghaier alle anderen.«

Von deutscher Gründlichkeit und chinesischer Ungeduld

Frau W., Archäologin in Shanghai: »Deutsche Wissenschaftler gelten als sehr gewissenhaft und gründlich. Sie sind zum Teil auch sehr erfahren, und die Zusammenarbeit mit ihnen ist auf verschiedensten Gebieten sehr fruchtbar. Gerade weil die Deutschen so präzise und gründlich arbeiten, bringen sie die Geduld für

Aufgaben auf, an denen viele Chinesen glatt verzweifeln würden, weil sie viel zu zeitintensiv sind. Wir wollen immer alles schnell zu Ende bringen, wir Forscher genauso wie die Institutsleiter, die sich mit unseren positiven Ergebnissen schmücken wollen. Daran scheitern sie aber, wenn Deutsche mit im Spiel sind. Die Deutschen können solche Institutsleiter mit ihrer Ruhe und Ausdauer glatt zur Verzweiflung bringen. An verschiedenen Ausgrabungsprojekten in China sind sie beteiligt und leisten hervorragende Arbeit. Davon konnte ich mich erst kürzlich wieder überzeugen. In einem Grab aus vorchristlicher Zeit wurden die Reste eines ganzen Stapels ehemals kostbarster Seidenstoffe gefunden. Nicht viel davon war übrig geblieben. Dennoch lassen sich interessante Rückschlüsse auf Design und Qualität der Stoffe ziehen, wenn man nur entsprechend vorsichtig die verklebten Reste Schicht um Schicht abträgt und konserviert, was viel Geduld und noch mehr Zeit kostet. Unser Institut hat deutschen Wissenschaftlern diese schwierige Aufgabe übertragen, und wie sich inzwischen herausgestellt hat, war dies eine richtige Entscheidung. Die Ergebnisse sind hervorragend. Doch kommen die Deutschen nur sehr langsam voran. Unserem chinesischen Institutsleiter platzt vor Ungeduld manchmal der Kragen. Nichts wäre schlimmer für ihn, als wenn die Ergebnisse erst nach seiner Pensionierung veröffentlicht würden und sich sein Nachfolger damit schmückte. Doch wagt er nicht, die Deutschen zur Eile anzutreiben, denn jedes überstürzte Handeln könnte die komplizierte Arbeit zunichte machen. Wahrscheinlich würden sich die Deutschen aber auch gar nicht drängen lassen. Ich bin mir sicher, dass die Aufgabe ohne die Hilfe der Deutschen nur schwer zu lösen gewesen wäre. Allein schon von Seiten des Institutsleiters wäre viel mehr Druck gekommen, wenn wir allein gewesen wären.«

Als Gastprofessor an einer deutschen Universität:

Herr Z. in Beijing: »Bevor ich als Gastprofessor für ein Jahr nach Deutschland ging, lernte ich ein wenig Deutsch und informierte mich über Land und Leute. Ein paar Kollegen, die bereits in Deutschland gewesen waren, erzählten mir, dass die Deutschen sehr ernst und zurückhaltend seien, und die Studenten keinen Respekt vor ihren Lehrern hätten. Ich war also in gewisser Weise vorgewarnt. Trotzdem hätte ich nicht gedacht, dass der Ärger schon am ersten Tag beginnen würde. Der Unterrichtsraum war voll besetzt. Ich fühlte mich sicher, denn ich war bestens auf meine erste Vorlesung vorbereitet. Während ich sprach, bemerkte ich, dass einige Studenten emsig mitschrieben. Das freute mich. Es war mucksmäuschenstill. Niemand schwatzte. Auch aß niemand oder trank, wie es nach Beobachtung meiner Kollegen an manchen deutschen Universitäten während der Vorlesungen wohl durchaus üblich war. Ich schien die jungen Leute tatsächlich zu fesseln. Voll und ganz mit mir zufrieden schloss ich die Vorlesung ab. Das letzte Wort war noch nicht verklungen, da hagelte es bereits Protest. Fast ausnahmslos klopften Männer wie Frauen mit ihren Fäusten auf die Tische. Ich fiel vor Schreck fast von meinem Stuhl. Wie benommen lehnte ich mich zurück. War ich denn so schlecht gewesen? Was sollte ich tun? Einfach aufstehen und hinausgehen? Das Geklopfe machte mich nervös. Ich wagte kaum, die Leute anzuschauen. Aber dann riskierte ich doch einen kurzen Blick, und da fiel mir auf, dass sie mich trotz ihres Protests freundlich anguckten. Das war merkwürdig, und so fragte ich, was denn eigentlich los sei. Dabei muss ich wohl ziemlich verwirrt dreingeschaut haben, denn plötzlich lachten sie und gingen dazu über, in die Hände zu klatschen. Da begriff ich, dass sie wohl doch recht zufrieden mit mir waren.

In den folgenden Monaten stellte ich fest, dass die deutschen Studenten verglichen mit den chinesischen viel unabhängiger und selbständiger waren. Von meinen chinesischen Studenten war ich es gewöhnt, dass sie meinen Vorlesungen zwar aufmerksam folgten und sich wie die Deutschen Notizen machten, anschließend aber keine Fragen stellten. Die deutschen Studenten verhielten sich da ganz anders. Sie waren viel lebhafter und stellten nicht nur Fragen, sondern gaben auch eigene Kommentare ab. Nach den Vorlesungen suchten sie oft das Gespräch mit mir, und hatte ich Sprechstunde, saßen sie vor meiner Tür auf dem Fußboden, um geduldig zu warten, bis sie an der Reihe waren.

Interessant fand ich auch, dass die Studenten in Deutschland verstreut in Stadt und Umgebung wohnen und deshalb nach den Vorlesungen das Universitätsgelände verlassen. In China wohnen die Studenten in Heimen auf dem Campus, den sie oft tagelang nicht verlassen, weil sie dort wie in einer eigenen kleinen Stadt leben und sich voll und ganz auf ihr Studium konzentrieren können. Der Kontakt zu Lehrern und Kommilitonen ist dort entsprechend eng. Jeder weiß recht genau über den anderen Bescheid. Oft unterstützen die Professoren ihre Studenten, indem sie sie zum Essen nach Hause einladen. Die Verbundenheit zwischen Lehrern und Schülern hält über das Studium hinaus über viele Jahre, manchmal ein ganzes Leben lang an. In Deutschland scheint der enge Kontakt zwischen Studenten und Professoren nicht üblich zu sein. Allerdings kommen dort auch zu viele Studenten auf einen Professor. In China verfügen die Universitäten über viel mehr Lehrkräfte. Die deutschen Studenten wissen nur wenig über das Privatleben ihrer Professoren, und auch die Professoren fragen nicht nach den privaten Verhältnissen ihrer Studenten. Auch unter den Professoren selbst scheint es bis auf die Begegnungen im Institut kaum private Kontakte zu geben. Jeder ist mit sich selbst beschäftigt. Man tauscht sich nur beruflich aus. An diese kühle Distanz musste ich mich erst gewöhnen. Ich empfand sie fast als ein wenig unmenschlich. Eigentlich ist es doch sehr wichtig zu wissen, wie es um Kollegen und Studenten privat bestellt ist. Ich hielt mich also mit meinen Fragen entsprechend zurück. Ich wollte nicht neugierig erscheinen. Umso zufriedener war ich, dass allmählich manche Studenten an mich herantraten und mich ab und an auch zu gemeinsamen Unternehmungen mitschleppten wie beispielsweise zu einem gemeinsamen Essen. Sie wussten, dass ich mich in meiner Wohnung allein verpflegte. An einem der seltenen warmen Sommertage schlugen sie vor, den Unterricht in den nahe gelegenen Park am Alsterufer zu verlegen. Ich zögerte, denn schließlich war ich zum Unterrichten an die Universität Hamburg gekommen und nicht zum Vergnügen. Doch sie überredeten mich, und ich stellte bald darauf erstaunt fest, dass wir nicht die Einzigen waren, die ihr Seminar dorthin verlegt hatten. Es wurde ein recht entspannter und dennoch konzentrierter Unterricht. In China käme niemand auf die Idee, den Unterricht in die pralle Sonne zu verlegen.

Interessanterweise verdienen viele deutsche Studenten neben ihrem Studium bereits eigenes Geld. Das finde ich gar nicht schlecht. Studieren und arbeiten! Auf diese Weise kann man während des Studiums eine Menge Erfahrungen sammeln. Deshalb erscheinen mir die deutschen Studenten auch wesentlich erfahrener als die chinesischen. In China ist es nämlich nicht üblich, neben dem Studium zu arbeiten. Interessant fand ich auch den Lebensstil der Professoren, der meist sehr einfach ist. Allein was sie essen! Ein Brot, ein Kaffee, fertig. Und manche fahren sogar Fahrrad oder gehen einfach nur zu Fuß. Sie leben ganz für Wissenschaft und Lehre. Daran könnten sich unsere chinesischen Professoren ein Beispiel nehmen.

Wie im Fluge verging das Jahr. Die Arbeit gefiel mir. Ich erlebte die deutschen Studenten ganz anders als ursprünglich erwartet und war sehr angetan von ihnen. Eine Erfahrung, die ich niemals missen möchte.

Oh, ihr Deutschen!
Was wir an euch bewundern

Ihr fühlt euch nicht zu fein

Herr S., Diplomat in Beijing: »Ich fuhr in eine Kleinstadt, deren Bürgermeister wegen eines Kulturprogramms Kontakt mit mir aufgenommen hatte. Gegen Mittag lud er mich in ein gemütliches kleines Restaurant ein. Mehrere Tische waren besetzt, für die einzige Kellnerin gab es viel zu tun, aber sie hatte alles perfekt im Griff. Sie bediente uns ausgesprochen freundlich. Das Essen schmeckte hervorragend. Das Gespräch mit meinem Gastgeber gestaltete sich besser, als zuvor von mir erwartet. Wir waren uns vom ersten Moment an sympathisch. Als schon alle anderen Gäste und selbst die Kellnerin gegangen waren, saßen wir noch immer da und plauderten. Schließlich lud er mich noch auf einen Kaffee zu sich nach Hause ein. ›Meine Frau erwartet Sie bereits‹, sagte er. Ich war fast ein wenig verärgert. Er hätte sie doch mitbringen können. Während wir uns alle Zeit der Welt ließen, saß sie wahrscheinlich schon ungeduldig zu Hause und wartete auf uns. ›Warum haben Sie sie nicht zum Essen mitgebracht?‹, fragte ich. Er lächelte. ›Aber sie war doch die ganze Zeit hier.‹ Erst langsam begriff ich, dass die Kellnerin seine Frau war. ›Sie hilft hier gelegentlich aus. Die Besitzer sind gute Freunde von uns. Wenn sie Personalprobleme haben, springt meine Frau ein.‹ Er lachte, als er mein verdutztes Gesicht sah. Für uns Chinesen ist das Kellnern eine niedere Arbeit. Niemals würde die Frau eines chinesischen Bürgermeisters, und sei die Stadt auch noch so klein, sich die Finger schmutzig machen und in einem Restaurant als Kellnerin arbeiten. Als wir bei ihm zu Hause ankamen, stand sie schon in der Tür und begrüßte mich herzlich. Sie hatte inzwischen die Kleidung gewechselt und wirkte sehr elegant. ›Na? Erkennen Sie mich wieder?‹, fragte sie lächelnd.

Ich war begeistert von der Freundlichkeit und der natürlichen Art dieser Menschen.«

Den Mut, sich zu entschuldigen

Herr Y., Literaturwissenschaftler aus Shanghai: »Mich hat Willy Brandts Kniefall in Warschau tief beeindruckt. Ich habe die Szene noch immer vor Augen, als wäre es gestern gewesen. Dabei gehörte Willy Brandt doch zu den Gegnern des Hitler-Regimes. Er ging deswegen sogar nach Norwegen. Die Verbrechen der Nazis hatten nichts mit ihm zu tun, und dennoch besaß er die Größe, die Schuld der Vergangenheit auf sich zu nehmen und sich vor den Polen und vor aller Welt zu entschuldigen. Das kann man ihm gar nicht hoch genug anrechnen. Für mich hat er damit sehr viel zum guten Ruf der Deutschen beigetragen.

Dass sich die Deutschen auch in ihren Filmen und Romanen mit der Vergangenheit auseinandersetzen und sich zu den Verbrechen bekennen, beeindruckt mich ebenfalls. Ich vergleiche sie dann immer mit den Japanern. Was haben sie in der ersten Hälfte des letzten Jahrhunderts nicht alles an Verbrechen in China und anderen ostasiatischen Ländern begangen, und trotzdem fällt es ihnen bis heute schwer, sich zu ihren Gräueltaten zu bekennen. Es gibt sogar immer wieder japanische Politiker, die die damalige Politik zu rechtfertigen versuchen. Dabei wissen doch alle zumindest von dem Massaker von Nanjing, bei dem das japanische Militär innerhalb von wenigen Wochen 300 000 Menschen hinmetzelte. Es ist bis heute ungesühnt. An den Deutschen können sich die Japaner also wirklich ein Beispiel nehmen. Allerdings fällt es nicht nur den Japanern schwer, zu ihrer Schuld zu stehen. Die mangelnde Bereitschaft, Fehler einzugestehen, scheint eine Eigenschaft von uns Ostasiaten zu sein. Auch wir Chinesen bekennen uns nicht gern zu unserer Schuld. Wie viel Unrecht ist während der politischen Kampagnen in den vergangenen Jahrzehnten passiert. Und hat sich bisher jemand dafür entschuldigt? Nein. Für uns scheint das Zugeben von Fehlern immer mit einem Gesichtsverlust verbunden zu sein. Umso mehr bewundern wir die Deutschen, die ihre Fehler und Vergehen aus dem Zweiten Weltkrieg zugeben. Und sie machen das ganz ehrlich. Es ist keine Show.«

Die großartige Leistung nach dem Zweiten Weltkrieg

Herr W., Verlagslektor aus Beijing: »Nach zwei Weltkriegen lagt ihr völlig am Boden, und dennoch ist es euch gelungen, in weniger als drei Jahrzehnten an die Weltspitze zurückzukehren. Ein so kleines Land und so viel Energie, das ist wirklich bewundernswert.«

Die Kraft eurer Frauen

Herr L., Schauspieler: »Was ich an Deutschland besonders bewundere, sind die Frauen. Sie sind die tüchtigsten der Welt. Sie haben ihr Land nach dem Zweiten Weltkrieg wieder aufgebaut. Ihre Männer waren tot, das Land lag in Trümmern, aber sie gaben nicht auf. Sie packten an und bauten es wieder auf. Sie verstehen etwas von Frieden und von Qualität.«

Wie Ost und West zusammenwachsen

Frau C., Schriftstellerin aus Shanghai: »Von allen europäischen Ländern, die ich bis jetzt besucht habe, gefällt mir Deutschland am besten. Jedes Mal, wenn das Flugzeug zur Landung in Frankfurt ansetzt, habe ich das Gefühl, nach Hause zu kommen. Das Angenehme an den deutschen Städten ist, dass sie sich nicht ständig verändern, wie es bei chinesischen Städten der Fall ist. Ein nettes Café, das ich beim letzten Aufenthalt besucht habe, kann beim nächsten Mal durchaus noch da sein. In Shanghai ist dies eher nicht der Fall.

Ich bin in der Kulturrevolution aufgewachsen und habe den dramatischen politischen Wandel in den vergangenen Jahrzehnten hautnah miterlebt. Und ich lebe in Shanghai, einer Stadt, die sich ebenfalls ständig verändert. Für mich haben die Dinge keinen Bestand. Ich bin daran gewöhnt, dass immer alles ganz schnell in Frage gestellt werden kann. Die Deutschen kommen mir sehr reif vor. Vor allem sind sie ehrlich. Wenn sie dich mögen, zeigen sie es dir. Wenn sie dich nicht mögen, zeigen sie es dir ebenfalls. Du weißt, woran du bist. Es verletzt mich nicht, wenn mich ein Deutscher nicht mag. Schließlich kann ja nicht jeder jeden mögen. Doch wenn jemand so tut, als würde er mich mögen und ich hinterher das Gegenteil erfahre, dann fühle ich mich verletzt. Das ist mir bei Deutschen aber noch nicht passiert.

Weil ich aus einem sozialistischen Land komme, habe ich den Wandel in Deutschland sehr genau verfolgt. Ich habe die vielen Diskussionen darüber mitbekommen, wie der Umbau und das Zusammenwachsen der beiden Teile Deutschlands vonstatten gehen soll, und habe auch von den Vorwürfen gehört, die Ostdeutsche Westdeutschen machen und umgekehrt. Die vielen Reibungen, die diesen Prozess begleiteten, haben mir sehr gefallen. Auch bei uns verändern sich die Dinge: ein sozialistisches System wird kapitalistisch, Planwirtschaft wird zu Marktwirtschaft, eine Gesellschaft, in der alle arm sind, wird zu einer Gesellschaft mit krassen Unterschieden zwischen Arm und Reich. Aber bei uns sagt die Regierung: ›Um die Politik braucht ihr euch nicht zu kümmern. Seht nur zu, dass ihr Geld verdient.‹ Es gibt inzwischen viele reiche Menschen in China. Nicht wenige von ihnen scheinen mir reichlich verwirrt. Der Wandel der Gesellschaft wurde von oben beschlossen. Er fand nicht in den Köpfen der Leute statt. Das ist in Deutschland anders. Da diskutieren alle mit. Die Deutschen haben den Wandel gemeinsam und bewusst vollzogen. Die Chinesen sind hingegen von einer Gesellschaft der Gleichen in eine der Ungleichen hinübergerutscht. An die krassen sozialen Unterschiede sind unsere Leute noch nicht gewöhnt. Ich sehe heute viel mehr unzufriedene Gesichter auf den Shanghaier Straßen als früher, obwohl die Menschen früher durch wesentlich schwerere politische Zeiten gegangen sind und wir damals alle arm waren. Viele fragen sich: Wieso sind die anderen reich und ich nicht? Überall im Land blüht der Neid. Viele von uns vermögen die aktuelle Situation nicht zu analysieren. Jedem ist eben ein anderes Schicksal vergönnt. In Deutschland ist das besser gelaufen. Die deutschen Intellektuellen haben den Wandel besser begleitet.«

Was wir an euch lieben

Ihr könnt so unkompliziert sein

Herr S., Diplomat in Beijing: »Als ich vor Jahren an der chinesischen Botschaft in Bonn arbeitete, habe ich mehrmals in einem Restaurant in Bad Godesberg den damaligen Bundespräsidenten Richard von Weizsäcker gesehen. Er saß dort wie ein ganz normaler Gast mit einigen Leuten beim Essen. Ich hätte einfach zu ihm hinübergehen und ein paar Worte mit ihm wechseln können. Er war nicht abgeschirmt. Nichts. So etwas wäre in China ganz ausgeschlossen. Welcher der führenden Politiker geht hier in ein ganz normales Restaurant essen?«

Herr Z., Kaufmann in Hamburg: »Es war an einem Freitagnachmittag. Ich stand in einer langen Reihe in meiner Bank, um Geld abzuheben. Damals gab es noch keine Geldautomaten. Unter den Wartenden fiel mir ein bekanntes Gesicht auf. Als ich genauer hinschaute, erkannte ich den damaligen Hamburger Bürgermeister. Ich wusste, dass er ganz in der Nähe wohnte. Wahrscheinlich wollte er wie ich auch nochmal schnell Geld holen. Aber dass ein Bürgermeister sich so einfach einreiht und geduldig wie die anderen wartet, hat mir sehr imponiert. Das ist in China vermutlich ausgeschlossen.«

Eure Pünktlichkeit

Herr G., Lehrer in Hamburg: »Verabredet man sich in Deutschland für zehn Uhr, dann sind die Leute auch pünktlich zur Stelle. In China passiert es, dass du fünf Minuten vor der verabredeten Zeit angerufen wirst und man dir sagt: ›Ich bin sofort da.‹ Dann wartest du trotzdem geschlagene zwanzig Minuten, und der Betreffende hat noch nicht mal ein schlechtes Gewissen, wenn er endlich ankommt, sondern meint: ›Ich hab dir doch gesagt, dass ich sofort da bin.‹

Frau G., Studentin in Hamburg: »In Deutschland ist man pünktlich. Kommt ein Chinese fünf Minuten zu spät, dann weiß man, dass er noch nicht lange in Deutschland lebt.«

Die deutsche Pünktlichkeit fiel schon den ersten chinesischen Reisenden in der zweiten Hälfte des neunzehnten Jahrhunderts auf. Einer von ihnen riet seinen Landsleuten in seinem Reisebericht, in Deutschland immer pünktlich am Bahnhof zu sein. Die Züge führen pünktlich ab, und es sei schwer, einem abgefahrenen Zug hinterherzujagen, um ihn einzuholen.

Der Mitarbeiter der chinesischen Gesandtschaft in Berlin, Qian Depei, berichtete in seinen Aufzeichnungen von 1903 von den häufigen Treffen, die zwischen den einzelnen Botschaftern stattfinden. Es müssten immer zehn Tage vorher entsprechende Einladungsbriefe verschickt und sofort beantwortet werden. Im Unterschied zu den Europäern beantworteten die Chinesen solche Briefe aber selten sofort. Die Sache mit den Einladungen sei sehr kompliziert. Da gebe es welche zum Mittagessen und welche für vier oder fünf Uhr nachmittags zum Kaffeetrinken. Auf jeden Fall sollte man pünktlich sein. Komme man zehn Minuten zu spät, gelte das als unhöflich, besonders wenn man mit dem deutschen Kaiser verabredet sei. Man dürfe aber auch nicht zu früh kommen, denn auch das sei unhöflich.

Eure Präzision

Über deutsche Präzision im europäischen Vergleich erzählt man sich in China: Wenn in Deutschland ein Auto zusammengeschraubt wird, dann passt Teil auf Teil. In Frankreich müssen die Schrauben mit Druck hineingezwängt und in Italien müssen neue Löcher gebohrt werden.

Und noch ein Spruch: Die Deutschen denken an alles. Sie sind perfekt. Wenn in irgendwelchen Maschinenanlagen zwei Kabel nutzlos herumhängen, verlegt ein Deutscher sie fein säuberlich, damit es ordentlich aussieht. Ein Chinese macht nur einen Knoten.

Eure Naturverbundenheit

Frau T., Journalistin aus Beijing: »Ihr schätzt die Natur und schützt sie, darum habt ihr auch schon vor langer Zeit mit dem Naturschutz angefangen, indem ihr Naturschutzvereine gegründet habt. Ich war einmal in der Lüneburger Heide. Da habe ich gesehen, mit welch großem Engagement dort die Landschaft und die Tiere geschützt werden. Das hat mich sehr beeindruckt.«

Eure Hilfsbereitschaft

Herr G., Unternehmer aus Braunschweig: »Abgesehen davon, dass die Deutschen anscheinend alle einen Navigator im Kopf haben und gern und richtig Auskunft geben, wenn man sie nach dem Weg fragt, helfen sie dir auch noch, richtig anzukommen. Wie oft war ich in Deutschland mit dem Auto unterwegs, damals noch ohne Navigator, und wie oft habe ich mich verfahren und nach dem Weg gefragt. Immer bekam ich eine präzise Antwort. Manchmal war sie so präzise und der Weg so lang, dass ich mich sicher wieder hundertmal verfahren hätte. Deshalb fuhr mir mancher freundliche Autofahrer voraus und brachte mich auf die richtige Fährte oder manchmal sogar ans Ziel. Es gab auch hilfsbereite Fußgänger, die sich zu mir ins Auto setzten und mir den Weg wiesen. War ich zu Fuß unterwegs und fragte nach dem Weg, begleitete mich mancher, und ich erfuhr unterwegs ganze Lebensgeschichten.«

Herr L., Verleger aus Beijing: »Wir waren mal wieder bei der Buchmesse in Frankfurt und wohnten wie immer in Darmstadt. In unseren Minibus passten wir nicht alle rein. Also fuhr ich mit zwei Kollegen gegen sechs Uhr abends mit der Bahn zurück. Leider verschwatzten wir uns und achteten nicht auf die Stationen. Als alle aufstanden und ausstiegen, taten wir es auch. Das war aber nicht Darmstadt, sondern irgendein Vorort. Kein Problem, dachten wir, das kann ja nicht weit sein, höchstens eine Station. Also liefen wir den Weg zurück, einen schmalen Pfad, ganz in der Nähe der Gleise. Bald führte der Pfad von den Gleisen fort. Kein Mensch war zu sehen. Nach einer Stunde kam uns eine Frau auf einem Fahrrad entgegengeradelt. Sie wies uns den Weg zur Straße, die nach Darmstadt führte. Als wir diese erreichten, waren wir bereits zwei Stunden unterwegs. In weiter Ferne sahen wir eine Tankstelle. Dort angekommen betankte ein etwa fünfzigjähriger Mann gerade sein Auto. Wir fragten nach dem Weg nach Darmstadt. Da komme er gerade her, sagte er, und als er begriff, was uns widerfahren war, bot er an, uns dorthin zu fahren, obwohl er in die entgegengesetzte Richtung musste. ›Vorher muss ich aber noch meine Frau abholen‹, sagte er. ›Die hat gleich Feierabend.‹ Überglücklich stiegen wir in sein Auto und holten gemeinsam seine Frau ab, die nicht schlecht staunte, als sie uns sah. Zwar war unser aller Englisch nicht besonders gut, trotzdem verstanden wir uns prächtig. Sie brachten uns tatsächlich nach Darmstadt, sogar bis vor das Hotel. Es war bereits halb elf, als wir dort eintrafen. Wir dankten dem freundlichen Herrn und betonten mehrmals, was für ein netter Kerl er wäre. Er lachte nur und meinte: ›Nicht der Rede wert.‹ Hinterher fragten wir uns, ob wir ihm nicht wenigstens ein Trinkgeld hätten geben müssen. Zum Glück hatte ich ihm meine Visitenkarte gegeben. Nach einem halben Jahr meldete er sich bei mir in Beijing. Er machte mit seiner Frau gerade eine Urlaubsreise durch China. Ich habe sofort meine beiden Kollegen angerufen, und gemeinsam führten wir die beiden in eins der besten Restaurants der Stadt. War das ein Wiedersehen! Wir werden die beiden nie vergessen, und die beiden uns drei wohl auch nicht.«

Eure Vorträge

Herr X., Professor aus Shanghai: »Lädt man Deutsche zu einem Vortrag ein, kann man sicher sein, dass sie bestens vorbereitet sind. Kommt es dann zu Programmänderungen, tun sie sich sehr schwer. Eigentlich sind Änderungen mit Deutschen gar nicht möglich. Franzosen sind da viel entspannter. Allerdings sind sie in der Regel auch nicht so gut vorbereitet. Spricht man sie auf eine Kürzung ihrer Redezeit an, ist das für sie kein Problem. Die Deutschen geraten hingegen aus dem Häuschen.

Nach seinem Vortrag ist ein Deutscher immer gern bereit, auf Fragen einzugehen. Ja, er erwartet sogar einige Fragen, um sicherzugehen, dass ihn auch alle verstanden haben. Chinesen haben Fragen im Anschluss an ihren Vortrag nicht so gern. Lieber reden sie länger. Sie reden manchmal stundenlang und wiederholen sich ständig, weil sie fürchten, man hätte sie nicht verstanden.«

Worüber wir staunen

Ohne Sportbekleidung kann man keinen Sport treiben

Frau W., Dolmetscherin in Frankfurt: »Ohne die entsprechende Sportbekleidung kann ein Deutscher keinen Sport treiben. Wenn ich mich spontan abends nach der Arbeit mit deutschen Freunden zum Joggen oder Walken treffen will, heißt es immer, sie hätten ihre Sportsachen nicht dabei und müssten vorher noch schnell nach Hause.«

»Besenrein« – welch ein herrliches Wort!

Deutsche Arbeiter hinterlassen ihren Arbeitsplatz besenrein, wenn sie Feierabend machen. Außerdem ist ihr Werkzeug immer wohlgeordnet und schnell zur Hand. Wir Chinesen schmeißen alles durcheinander und müssen immer suchen. Geht der Tag für uns zu Ende, bleibt alles liegen. Erst zum Schluss, wenn nach ein paar Tagen die Arbeit getan ist, wird aufgeräumt.

Die deutsche Reinlichkeit

So lieben es die Deutschen. Alles ist picobello: der Garten, das Haus, die Küche, die Toilette, und das meist von eigener Hand, ohne entsprechendes Personal. Wir Chinesen nehmen es in dieser Hinsicht nicht so genau, oder wir beauftragen unsere Putzfrauen damit.

Herr C., Arzt in Hamburg: »Die Vermieterin meiner Studentenbude fing jeden Morgen um zehn Uhr an, Staub zu saugen. Immer um zehn, niemals vor oder nach zehn Uhr. Man konnte die Uhr danach stellen. Dabei waren Teppich und Holzdielen eigentlich immer sauber. Ich verstand überhaupt nicht, wieso sie ständig saugte. Als ich sie einmal danach fragte, erwiderte sie, dass sich nur durch tägliches Saugen alles so sauber halten ließe.«

Frau C., Schriftstellerin in Shanghai: »Mein Zuhause in Shanghai ist blitzsauber. Ich lege größten Wert auf Hygiene. Das war schon immer so, und dafür bin ich in meiner Familie bekannt. Es graust mich manchmal, wenn ich bei Freundinnen das Bad benutze und sehe, dass auf dem Fußboden Haare herumliegen. Wenn ich dann etwas sage, lachen sie mich aus und sagen, mein Sauberkeitsfimmel sei krankhaft. Aber was ich in Deutschland an Sauberkeit erlebt habe, übersteigt selbst meine Phantasie. Wo immer ich Leute privat besuchte, war es so sauber, dass man vom Fußboden hätte essen können. Als ich nach der Wende im Osten unterwegs war und Leute besuchte, wohnten diese manchmal in Häusern, die von außen reichlich heruntergekommen aussahen. Aber kam man dann in ihre Wohnung, war alles blitzsauber. Bis heute frage ich mich, wie man eine solche Sauberkeit erreichen kann. Nicht ein einziges Staubkörnchen schien auf dem Boden zu liegen.

Wenn ich in Deutschland manchmal über Land reise, habe ich oft in einfachen Pensionen übernachtet. Das war bei Familien, die drei, vier Zimmer vermietet haben. Es war alles schlicht und einfach, aber picobello. Für Chinesen ist das unvorstellbar. Fährt man in China über Land und übernachtet in einfachen Pensionen, sollte man sich auf einiges gefasst machen oder am besten gleich eigenes Bettzeug und Handtücher mitbringen.«

Frau S., Unternehmerin in Berlin: »Zugegeben, vor dreißig Jahren war man in China spartanisch eingerichtet. Da lagen in Privatwohnungen weder Parkett noch teure Teppiche, denn das hatte lange Zeit als bourgeois gegolten. Doch die Zeiten haben sich geändert. Wir wissen inzwischen, wie man sich gemütlich einrichtet. Und auch wir Chinesen legen nun großen Wert auf Reinlichkeit. Deshalb gilt in vielen Haushalten als oberstes Gebot, die Schuhe auszuziehen, wenn man von draußen hereinkommt. Erstaunlicherweise sind die sonst so reinlichen Deutschen in dieser Hinsicht völlig unzivilisiert. Blickt man auf deutsche Gehwege, kann man nicht gerade behaupten, dass diese besonders sauber wären. Mancher, der die Bundesrepublik in den siebziger und achtziger Jahren besucht hat, meint sogar, dass die deutschen Städte früher sauberer gewesen wären. Viele Chinesen, die über deutsche Straßen spazieren, wundern sich über den vielen Hundedreck. Mit der Beseitigung der Hinterlassenschaften ihrer Vierbeiner nehmen es die Deutschen nicht so genau. Wer nicht aufpasst, tritt unversehens in einen solchen Haufen. Nun behaupten ja manche Deutsche, das bringe Glück und man solle dann schleunigst Lotto spielen. Das habe ich gemacht, aber gebracht hat es mir nichts. Stellt man sich also vor, jemand trödelt über Berliner Straßen, tritt in dieses oder jenes und kommt dann in Straßenschuhen in deine Wohnung, dann kann es einen nur noch grausen. Wir Chinesen haben uns deshalb längst angewöhnt, schon vor der Wohnungstür die Schuhe auszuziehen. Pantoffeln in verschiedenen Größen liegen meist bereit und wenn nicht, laufen wir in der Wohnung eben barfuß. Kommt aber ein Deutscher zu Besuch, verzieht er meistens das Gesicht und fragt: ›Muss man bei euch etwa die Schuhe auszuziehen?‹ Tja, was soll man als höfliche Chinesin darauf antworten?«

Herr Z., Professor in Beijing: »Als ich meine einjährige Gastprofessur in Deutschland antrat, mietete ich mir eine möblierte Wohnung. Der Vermieter führte mich durch die blitzsauberen Räume und erklärte mir, dass ich sie nach einem Jahr ebenso sauber abzugeben hätte. Das verstand ich. Dann zeigte er mir das Bad und sagte, dass ich nach jedem Gang zur Toilette den Toilettendeckel zu schließen hätte. Das fand ich übertrieben und hielt mich nicht dran. Ich ließ ihn immer offen. Er kam zwei-, dreimal unangemeldet und schaute dann immer ins Bad, um gleich darauf zu bemängeln, dass der Toilettendeckel nicht geschlossen wäre. ›Sie müssen ihn schließen‹, sagte er. ›Warum?‹, fragte ich. ›Weil ich Ihnen die Wohnung möbliert vermietet habe.‹ Ich erkannte die Logik dieses Arguments nicht und ließ den Deckel weiterhin offen. Nach einem Jahr kam freundlicherweise ein ganzer Trupp meiner deutschen Studenten und putzte die Wohnung auf Hochglanz. Wir waren mit dem Ergebnis vollauf zufrieden. Dann kam der Vermieter, stieg auf einen Stuhl und prüfte mit dem Finger, ob oben auf den Schränken noch Staub lag. Hier und da hatten wir tatsächlich ein Staubkörnchen übersehen, vor allem hinter den Schränken, wo der Vermieter ebenfalls nachgeforscht hatte. Er gab mir zwei Tage Zeit, um die Mängel zu beheben. Erneut kam meine studentische Putzkolonne und beseitigte die letzten Staubkörnchen hinter und auf den Schränken. Die jungen Leute waren ziemlich aufgebracht und empfanden das Verhalten des Vermieters als beleidigend. Für mich war es eine gute Erziehung. Man soll eben nicht oberflächlich sein, sondern auch in alle Ecken und Winkel, sprich hinter die Dinge, schauen. Trotzdem war der Vermieter nach wie vor nicht zufrieden. Er knöpfte mir sogar noch hundert Euro ab, um die Wohnung von einer Putzfrau noch einmal reinigen zu lassen.«

Eure Küchen

Frau W. in Beijing: »Die deutsche Kochkunst gehört nicht gerade zu den berühmtesten der Welt. Umso erstaunlicher ist es, dass die Deutschen so gute Küchen bauen. Aber natürlich, Küchen werden ja auch von Ingenieuren und nicht von Köchen entworfen. Und von Maschinen und von Design verstehen die deutschen Techniker wirklich etwas. Das wissen wir Chinesen, und deshalb lassen all jene, die genug Geld haben, ihre Wohnungen und Häuser auch mit deutschen Markenküchen ausstatten. Es gibt wohl keinen Hersteller von Nobelküchen, der nicht längst in Beijing und Shanghai vertreten ist.

Wann immer ich nach Deutschland komme, versäume ich nicht, in einen Laden für Küchenartikel zu gehen. Es ist einfach unglaublich, was sich die Deutschen alles an Küchenutensilien ausdenken. Für jeden Handgriff gibt es ein besonderes Werkzeug. Das ist übrigens ganz typisch für die Deutschen: Bevor sie mit irgendeiner Arbeit beginnen, überlegen sie erst einmal, ob sie das passende Werkzeug haben. Wir Chinesen fangen erst einmal an und gucken dann, ob wir noch ein bestimmtes Werkzeug benötigen. Letztens war ich mal wieder in einem dieser feinen Geschäfte für hochwertige Küchengeräte. Da sah ich ein ganz merkwürdiges Gerät zum Pieksen. Ich konnte mir absolut nicht vorstellen, wofür das gut sein sollte. Wie ich dann erfuhr, spießt man damit eine gekochte Kartoffel auf, um sie zu pellen. Ich kaufte mir keinen solchen Piekser, aus Angst, bei der Kofferkontrolle am Frankfurter Flughafen mit diesem ›Mordinstrument‹ übel aufzufallen.

Die Deutschen geben für Töpfe und Pfannen, für Kartoffelstampfer, Fettabschöpflöffel und was weiß ich ein Vermögen aus. Und sie halten Ordnung. Es ist ganz einfach toll zu sehen, wie ordentlich getrennt das Besteck in deutschen Schubladen liegt. Da gibt es jeweils ein Fach für Messer, für große Gabeln, für kleine Kuchengabeln, für große Löffel, kleine Löffel und noch vieles andere. In meiner Küche liegt alles in einer Schublade. Ein bisschen kramen und schon hat man, was man sucht. Für die Deutschen ist die Küche wie ein Labor. Je besser ausgestattet, desto besser, meinen sie, sei das Ergebnis. Aber bei Letzterem hapert es dann doch ein wenig. Denn was die Deutschen in ihren Traumküchen fabrizieren, steht oft in keinem Verhältnis zu ihrer Ausstattung. Manche Küchen sind derart durchgestylt, dass man überhaupt nicht mehr drin kochen kann. Da sind wir Chinesen mit Wok, Gasflamme und unserem altgedienten Küchenbeil, das sich tausendfach einsetzen lässt, viel erfolgreicher.

Eure Vereinsmeierei

Herr W., Hamburg: »Die Deutschen organisieren sich gern in Vereinen. Von meinen deutschen Kollegen ist jeder Mitglied in mindestens einem Verein, manche sogar in zwei oder drei. In China haben wir so etwas nicht. Trotzdem haben wir ein weit gespanntes Netz sozialer Kontakte.«

Was wir an euch komisch finden

Im Oktober 1903 notierte der Mitarbeiter der chinesischen Gesandtschaft in Berlin, Qian Depei: »Wenn man in Deutschland einen Brief innerhalb der eigenen Stadt verschickt, kostet das zehn Pfennig. Ein Brief in ein anderes europäisches Land oder in die USA kostet zwanzig Pfennig. Bei Japan und China verdoppeln sie die Gebühr auf vierzig Pfennig, weil sie nicht so genau wissen, wo das liegt.«

Die Disziplin in der Öffentlichkeit

Frau Y. aus Shanghai: »Ich lebte erst kurze Zeit in Deutschland, als ich mit meinem Mann ein paar Tage Urlaub in einem bekannten Luftkurort machte. Eines Nachts gingen wir zu Fuß in unser Hotel zurück. Es war kaum Verkehr auf den Straßen. Vor einer roten Ampel sah ich einen Mann stehen. Obwohl kein Auto kam, überquerte er nicht die Straße, sondern vertrieb sich die Wartezeit mit gymnastischen Lockerungsübungen. Als die Ampel endlich auf Grün sprang, setzte er seinen Weg fort. Ich fand das so erstaunlich, dass ich meinen Eltern bei unserem nächsten Telefonat davon erzählte. Sie lachten und konnten das kaum glauben.«

Kein Auto weit und breit, und trotzdem harren die Deutschen an der roten Fußgängerampel aus. Das fällt jedem Chinesen auf, der erstmals nach Deutschland kommt. Daran erkennen sie die sprichwörtliche Disziplin der Deutschen. Allerdings scheint es mit dieser Disziplin bergab zu gehen. Eine chinesische Diplomatin beobachtete den Wandel: »1985 spazierte ich mit einer deutschen Bekannten durch Bad Godesberg. Wir wollten eine schmale Seitenstraße überqueren. Ich war bereits mit einem Bein auf der Straße, da hielt mich die Bekannte fest, als gelte es, mich vor einem heransausenden Auto zu bewahren. ›Es ist rot‹, sagte sie. ›Wir müssen warten.‹ Dabei war weit und breit kein Auto zu sehen. Ich fühlte mich ein wenig beschämt, dass ich so undiszipliniert war. Seit jener Zeit blieb ich brav vor jeder roten Ampel stehen. Dann wurde ich für mehrere Jahre nach China zurückversetzt und kam erst 1999 erneut nach Deutschland. Diesmal nach Berlin. Ich traute meinen Augen nicht. Fast schien mir, als wäre ich die Einzige, die an einer roten Ampel wartete, wenn kein Auto oder nur wenige kamen. Wo immer ich hinschaute, überall rannten die Leute einfach so über die Straßen. Da dachte ich: Mit Deutschland geht's bergab. Die Disziplin ist hin.«

Herr X., Professor in Shanghai: »Wenn in Deutschland ein Wagen mit Blaulicht kommt, ob Ambulanz, Polizei oder Feuerwehr, dann bremsen die anderen Autos sofort ab und geben den Weg frei, indem sie an den Rand fahren. Das sollte man mal im chinesischen Fernsehen zeigen. Wie mühsam ist es für Notfallfahrzeuge in den großen chinesischen Städten, sich durch Staus und Menschenmengen hindurchzuschlängeln. Nur wenige machen sofort Platz. Da muss die Sirene schon ununterbrochen tönen und der Fahrer per Lautsprecher die Leute ordentlich ermahnen. Immer wieder sieht man auch, dass sich Neunmalkluge mit ihren Autos an solche Notfallwagen dranhängen, um die Gelegenheit zu nutzen, schnell durchzukommen, was die gesamte Situation nicht gerade vereinfacht.«

Herr J., Künstler in Hangzhou: »Während meines Studiums in Deutschland radelte ich einmal mit meinem Fahrrad durch eine Einbahnstraße, jedoch in entgegengesetzter, also verbotener Richtung. Ein paar kleine Kinder spielten dort. Sie hielten inne und schrien: ›Einbahnstraße!‹ Das fand ich toll. Also waren selbst diese Kleinen schon mit den Verkehrsregeln vertraut. Beschämt stieg ich ab und schob das Fahrrad.«

Die Genauigkeit, selbst in kleinen Dingen

Der Chinese sagt, zehn Jahre haben wir uns nicht gesehen. Der Deutsche korrigiert ihn: Nein, es sind erst neun. Wo liegt da der Unterschied, fragt sich der Chinese.

Deutsche machen alles hundertprozentig. Uns Chinesen genügen 99 Prozent. Aber das ist den Deutschen nicht genug. Anders verhält es sich mit ihren Preisen. Zwanzig Euro? Nein, das ist ihnen zu teuer. Deutsche greifen viel lieber bei 19,99 zu.

Deutsche Kochrezepte: Da wird jedes Gramm genau angegeben: ein Esslöffel Öl, ein Teelöffel Salz usw. Darüber lacht jeder Chinese. Bei uns heißt es: ein wenig Sojasauce, ein wenig Zucker und ein Schuss Essig. Die Deutschen richten sich haargenau nach ihren Rezeptangaben und wundern sich, dass es hinterher nicht schmeckt. Wir Chinesen kümmern uns nicht um die Angaben, sondern würzen nach eigenem Geschmack. Selbst in deutschen Kochbüchern zur chinesischen Küche stehen genaue Angaben, weil Deutsche ohne sie nicht kochen können. Da steht dann 1 EL Sojasauce. Aber was heißt das? Es gibt doch die verschiedensten Sojasaucen, hell, mittel und dunkel, süßlich, salzig, sämig und flüssig.

In Deutschland guckt man grantig

Frau Z. aus Frankfurt: Eines Tages kam sie von einer Geschäftsreise aus Shanghai zurück. Sie freute sich auf Deutschland. Endlich nicht mehr so viele Menschen und Autos, kein Gedränge und keine Staus. Bei der Passkontrolle am Frankfurter Flughafen stand vor ihr eine Gruppe deutscher Touristen, die im selben Flugzeug aus China eingetroffen war. Gutgelaunt stellte sich Frau Z. dazu und lächelte die Leute an. Diese reagierten verdutzt und wandten sich ab. Da fiel es ihr wieder ein: Ach ja, ich bin in Deutschland. Da lacht man nicht so einfach die Leute an. Das ist aufdringlich. In China hingegen wäre es ganz normal. Man redet ein paar Worte. »Wo kommst du her? Wo geht's hin? Wie war's?«

Herr W., Verleger in Beijing: »Mich erstaunt immer wieder, mit welchem Ernst und welcher Verbissenheit die Deutschen ihren Freizeitbeschäftigungen nachgehen. Zum Beispiel beim Joggen. Jedes Jahr, wenn ich zur Buchmesse in Frankfurt bin, laufe ich morgens gern am Mainufer entlang. Es ist unglaublich, mit welch verbissenen Gesichtern da manche Deutsche joggen. Dabei sollte es doch Spaß bringen, und man sollte sich entspannen. Jedenfalls ist es doch keine Arbeit.«

Schwierige Telefonate

Ein Telefonanruf mittags um halb drei? »Nein«, sagt der Deutsche, »lieber nach drei.«

Chinesen telefonieren immer und überall zu jeder Tages- und Nachtzeit. Chinesische Ehepartner bringt es auf die Palme, wenn ihre bessere deutsche Hälfte sagt, noch einen wichtigen Telefonanruf machen zu wollen, dann aber zögert, weil es vor acht Uhr morgens zu früh, nach acht Uhr abends zu spät und am Wochenende zur Mittagszeit unmöglich ist. Also folgert der chinesische Teil aus diesem Verhalten, dass der Anruf dann wohl doch nicht so wichtig ist.

Wenn ihr außer Rand und Band geratet

Herr E., Galerist in Shanghai: »Normalerweise sind Deutsche ernst und sehr zurückhaltend. Das ändert sich erst, wenn sie Alkohol getrunken haben. Dann erkennt man sie kaum wieder, denn dann werden sie laut und unbeherrscht, vor allem wenn sie unter sich sind. Ich habe einmal meine Galerie für eine Veranstaltung an eine deutsche Firma vermietet. Da es sich bei den Räumlichkeiten um eine alte Fabrik handelt, machte ich mir keine Sorgen, dass etwas kaputtgehen könnte. Es ging auch nichts kaputt, aber mein Personal hätte trotzdem beinahe die Flucht ergriffen, denn kaum war genug Alkohol geflossen, wurden die Deutschen so laut, wie es die Chinesen kaum schaffen. Sie klopften mit ihren Tellern auf die Tische, stießen mit ihren Gläsern an, brüllten herum, dass man meinen konnte, bald würde das Dach herunterfallen. Mein Personal fragte mich mehrmals besorgt, ob das noch dieselben Leute seien, die vor zwei, drei Stunden einer nach dem anderen so ernst eingetroffen waren.«

Die Deutschen und ihre Kartons

Frau B. aus Berlin: »Wenn ein Deutscher ein Gerät kauft, hebt er den Karton auf, weil er ja in dreißig Jahren umziehen oder das Gerät bei Ebay wieder verkaufen könnte. Auf jeden Fall braucht man dafür wieder den Originalkarton und keinen anderen. Als mein deutscher Mann vor unserer Scheidung aus unserem gemeinsamen Reihenhaus auszog, musste die Sperrmüllabfuhr kommen, um die vielen leeren Pappkartons abzuholen.«

Was uns an euch ärgert

Wenn ihr mit dem Finger auf uns zeigt und uns etwas über Menschenrechte erzählt

Herr Y., Dozent in Beijing: »Wir bewundern euch dafür, dass ihr euch nach dem Schlamassel der Hitler-Zeit und des Zweiten Weltkrieges so schnell wieder aufgerappelt und eine funktionierende Demokratie aufgebaut habt. Trotzdem gehören Nazi-Deutschland und Holocaust mit in das Bild, das man sich in China von den Deutschen macht. Von den Überfällen auf Ausländer und von brennenden Asylantenheimen wird ebenfalls in China berichtet. Hin und wieder sorgten auch Meldungen von der entwürdigenden Behandlung chinesischer Fluggäste auf deutschen Flughäfen für Aufsehen. Also erzählt uns nichts von Menschenrechten. Wir wissen selbst, wie es damit bei uns steht, und wir wissen auch, wie sie im Idealfall funktionieren sollten. Es steht euch nicht zu, uns darüber große Reden zu halten. Aber die meisten Chinesen sind zu höflich, euch das klar ins Gesicht zu sagen. Dazu müsste man schon ein Deutscher sein.«

Weitere Stimmen: »Die Deutschen wollen uns lehren, was es

mit den Menschenrechten auf sich hat, so als hätten sie sie persönlich erfunden. Dabei haben sie zwei Weltkriege und einen Holocaust verschuldet, und nur weil sie glauben, ihre Lektion gelernt zu haben, meinen sie, uns belehren zu können.«

»In Europa ist es noch nicht lange her, dass die Menschenrechte mit Füßen getreten wurden. Also sollte man auch uns die Zeit zugestehen. Es hat sich in den letzten zwanzig, dreißig Jahren schon vieles zum Besseren gewandelt. Wir brauchen aber noch einige Jahre.«

Frau G. in Berlin: »Ich lebe in Deutschland, und ich bin für eine Demokratie, so wie sie in Deutschland gelebt wird. Erzähle ich das meinen Eltern in China, verstehen sie mich nicht. Es geht uns doch schon viel besser als vor dreißig Jahren, sagen sie und fragen mich, wieso ich nicht zufrieden bin. Auch ich erinnere mich sehr genau, wie es während der Kulturrevolution in China aussah. Kein Zweifel, im Vergleich zu damals stehen die Dinge in China heute – man könnte fast sagen – auf dem Kopf. Trotzdem ist mir das nicht genug. Ich will mehr.«

Die Deutschen lieben das Politisieren, und sie wissen immer alles besser

Frau Y. in Frankfurt: »Mein Mann war nur dreimal kurz in China, und dennoch tut er so, als hätte er den völligen Durchblick. Obwohl ich selbst die meiste Zeit meines Lebens in China verbracht habe, tut er so, als hätte ich keine Ahnung.«

Yu-Chien Kuan: »Ich sollte einen Vortrag über Tee und dessen inspirierende Wirkung auf die chinesischen Künste halten. Das Publikum strömte bereits in den Saal, und ich stand ein wenig abseits und ging in Gedanken noch einmal die wichtigsten Punkte meines Textes durch. Da schoss ein deutscher Bekannter auf mich zu und meinte, er müsse mit mir in den verbleibenden Minuten unbedingt das Tibet-Problem diskutieren. Ich sagte, ich hätte jetzt weder die Zeit noch die Nerven dazu. Aber er bestand darauf. Er war sehr erregt. Wahrscheinlich hatte er sich auf seinem Weg zu jener Veranstaltung bereits genau überlegt, was er mir alles sagen wollte. Ich wandte mich ab und lief ein paar Schritte, aber er ließ sich nicht abschütteln und folgte mir. China sollte großzügig sein und der Selbständigkeit Tibets endlich zustimmen. Vom Dalai Lama erzählte er und von den Unruhen im Frühjahr 2008. Als ich fünf Minuten später ans Rednerpult gebeten wurde, war ich völlig durcheinander, und redete statt über Tee erst einmal über Politik und über die anstrengende Art der Deutschen, andere immer belehren zu wollen. Manche im Publikum wunderten sich darüber.«

Eure Einseitigkeit

Die Deutschen kritisieren gern andere, sogar sich selbst, nur lassen sie sich nicht gern von anderen kritisieren. Es gibt auch nichts zu kritisieren. Sie haben ja immer recht.

Eure Vorurteile

Ein Deutscher lernte in Deutschland eine Chinesin kennen und heiratete sie. Aber nach China wollte er nie fahren. »In eure übervölkerten und verpesteten Städte fahre ich nicht«, hatte er bereits vor der Hochzeit klargestellt, so dass seine Frau erst gar nicht auf die Idee kam, ihn zu einer Reise nach China zu überreden. Nach einer ganzen Weile kündigten die chinesischen Schwiegereltern ihren Besuch in Deutschland an. Sie wollten endlich ihren deutschen Schwiegersohn kennenlernen. Da der deutsche Ehemann gehört hatte, dass chinesische Schwiegereltern gern etwas länger bleiben, so etwa drei bis sechs Monate, überlegte er sich, was zu tun sei. Dass sie ihn endlich kennenlernen wollten, war ihnen nicht zu verübeln. Das war ihr gutes Recht. So wählte er das kleinere Übel. Lieber wollte er in den sauren Apfel beißen und für zwei Wochen nach China fahren, als die Schwiegereltern im schlimmsten Fall für ein halbes Jahr in Deutschland um sich zu haben. Das war vor fünf Jahren. Seitdem verbringt er jedes Jahr drei Wochen in China. Es hat ihm nämlich wider Erwarten sehr gut gefallen. Er kann sich sogar gut vorstellen, einmal im Ruhestand jedes Jahr mehrere Monate dort zu verbringen.

Eure Sturheit

Ihr seid so unbeweglich. Wird ein Projekt angegangen, ist bei den Deutschen ein Ja ein Ja und ein Nein ein Nein. Wir Chinesen sagen lieber Jein. Wir ziehen ein Projekt durch, aber je nachdem wie sich die Dinge entwickeln, werden Änderungen vorgenommen. Wir lassen uns nicht gern festnageln. Wir wollen flexibel bleiben.

Herr S., Lehrer für Taiji (Schattenboxen) und Qigong in Hamburg: »In China sind die Dinge rund. Man bewegt sich wie beim Taiji. Es gibt kein *Entweder-oder*, sondern immer nur ein *Sowohl-als-auch*. Wenn etwas auf eine Weise nicht funktioniert, versuchen wir es auf eine andere. Man geht einen Schritt vor und weicht zurück, geht wieder vor, neigt und dreht sich. Man ist immer in Bewegung. Man bricht nicht ab, sondern ertastet, bleibt im Gespräch. So sind wir Chinesen. Ihr Deutschen seid ganz anders. Ihr stellt Pläne auf: Punkt eins, Punkt zwei, Punkt drei. Alles wird nach Plan abgearbeitet. Auf Änderungswünsche reagiert ihr nervös. Das mögt ihr überhaupt nicht. Das verunsichert euch.«

Frau L., eine promovierte Chemikerin, hat lange in Deutschland gelebt. Heute lebt sie in Shanghai. Sie kann es noch immer nicht fassen, was sie beim Besuch in der Praxis eines deutschen Orthopäden erlebte: »Ich habe ein zu kurzes linkes Bein. Es ist zwei Zentimeter kürzer als mein rechtes. Deshalb muss mein linker Schuh immer entsprechend angepasst werden. Kürzlich war ich in Deutschland und ging in die Praxis meines alten Orthopäden. Leider hatte der sich inzwischen zur Ruhe gesetzt. Ich ließ mir bei seinem Nachfolger einen Termin geben. Anderthalb Stunden musste ich warten, was früher nie vorgekommen war. Eigentlich brauchte ich ja nur ein entsprechendes Rezept, eine Sache von wenigen Minuten. Aber gut, dachte ich, wahrscheinlich wollte er seine Patienten persönlich kennenlernen. Als ich endlich vor ihm saß, konnte ich es mir nicht verkneifen, ihm zu sagen, dass sein Vorgänger ein besseres Zeitmanagement hatte. Da brauchte man nie zu warten. Daraufhin blaffte er mich an, nur weil ich eine Kollegin sei, sollte ich mich nicht erdreisten, seine Praxisführung zu kritisieren. Er glaubte wohl, wer einen Doktortitel trägt, sei automatisch Mediziner. Dann stellte er fest, dass nicht mein linkes Bein zu kurz sei, sondern mein rechtes. Ich glaubte, nicht richtig zu hören. ›Aber es war immer das linke, das zu kurz war, schauen Sie doch in meinen Unterlagen nach‹, forderte ich ihn auf. Er müsse eine genaue Messung durchführen, erwiderte er daraufhin, und die würde mich neunzig Euro kosten. Ohne diese Untersuchung könne er mir kein Rezept ausfüllen. Wir lieferten uns noch einen wenig erfreulichen Schlagabtausch. Er bestand darauf, dass es mein rechtes Bein ist, das zu kurz ist. Ich beharrte auf meinem linken. Aber im Grunde genommen ging es ihm nur um die zusätzliche Untersuchung und die neunzig Euro. Die hätten mich nicht ärmer gemacht, und hätte er einen anderen Grund gefunden, wäre ich wahrscheinlich auf die zusätzliche Messung eingegangen. So aber fühlte ich mich wie zu einem Idioten abgestempelt. Er sah mich nie wieder. Mit meinem angepassten linken Schuh, den mir ein anderer Orthopäde verschrieb, bin ich sehr glücklich.«

Ihr Chinesen esst doch Hunde

Frau S., Unternehmerin aus Berlin: »Wie oft hat man mir schon an den Kopf geworfen, dass die Chinesen Hunde essen. Sicher, einige tun das. Aber ich nicht und die meisten anderen Chinesen auch nicht. Wir ziehen Schweine- oder Geflügelfleisch vor. Wir lieben unsere Haustiere und kämen niemals auf die Idee, sie zu essen. Ein Freund meines Mannes meinte mich damit immer wieder aufs Neue aufziehen zu müssen. Das ging mir allmählich unglaublich auf die Nerven. Einmal war es wieder soweit. Wir saßen in einem großen Kreis mit deutschen Freunden zusammen und aßen. Da kam es wieder: ›Ha, ha! Ihr Chinesen esst ja wirklich alles, sogar Hunde.‹ ›Ja klar‹, tönte ich daraufhin los. ›Wir Chinesen essen gern Hundefleisch und ihr Deutschen Menschenfleisch.‹ Da war gerade die Sache mit dem Kannibalen von Rotenburg durch die Presse gegangen. Das weidete ich ordentlich aus. Man müsse aufpassen in Deutschland, sagte ich, denn es lebten Menschenfresser unter uns. Seitdem war Ruhe. Er kam nie wieder auf Hunde zu sprechen.«

Frau C., Bibliothekarin aus Hamburg: »Eigentlich wollte ich meinem Hund nur prophylaktisch eine Wurmkur verpassen lassen. Kaum betrat ich mit meinem zitternden Vierbeiner das Behandlungszimmer – er zittert immer, wenn er den Geruch einer Arztpraxis in die Nase bekommt – da fragte mich der sonst so nette Tierarzt vorwurfsvoll, ob ich denn auch Hundefleisch essen würde. Ich spürte förmlich, wie mein armer kleiner Hund entsetzt die Augen aufriss und mich zweifelnd ansah. Ich habe noch nie Hundefleisch gegessen, beteuerte ich und sagte, dass ich jedem, der an die Haut meines Hundes wollte, sofort an die Gurgel gehen würde. So, so, aber Katzen haben sie wahrscheinlich schon gegessen, mischte sich die Arzthelferin ein. Auch das bestritt ich. Wie kommen Sie überhaupt darauf, fragte ich zurück. Nun ja, was man da ständig aus China hört, ist ja wirklich unerträglich, meinten beide. Es werde immer schlimmer mit den Chinesen. Das konnte ich nicht auf mir sitzen lassen. Was denn mit den vielen Rindern sei, die in den zahlreichen deutschen Steakhäusern verputzt würden, wollte ich wissen. Das ist für chinesische Bauern ein Unding. Rinder sind Arbeitstiere. Sie pflügen unsere Felder. Man muss sie in Ehren halten. Und fragt mal die Franzosen. Die essen sogar Pferde. Das würden wir nie tun. Wir Chinesen essen Schweinefleisch, sagte ich. Schweinefleisch gehört zu unseren

Grundnahrungsmitteln. Daraufhin schüttelte der Tierarzt nachdenklich den Kopf. Ich hatte ihn anscheinend nicht überzeugen können.«

Klipp und klar, so liebt ihr es

Ihr sagt uns eure Meinung klipp und klar ins Gesicht. Ihr denkt, das sei euer gutes Recht. Eine Freundschaft müsse das aushalten können. Aber sind wir denn wirklich befreundet?

Eure empfindlichen Ohren

Herr L., Verleger aus Beijing: »Wie jedes Jahr nahmen wir an der Buchmesse in Frankfurt teil. Wir waren etwa fünfzehn Personen aus verschiedenen Verlagen, die sich schon lange kannten und gut verstanden. Deshalb sorgten wir dafür, dass wir alle in demselben Hotel in Darmstadt unterkamen. Welch eine Freude, als auch der Letzte von uns endlich eingetroffen war und wir uns am ersten Morgen im großen Frühstücksraum sahen. Natürlich saßen dort auch deutsche und andere europäische Gäste, aber mir fiel gar nicht auf, dass sie sich durch unser lautes Geplauder gestört fühlten. Als wir am nächsten Morgen den Frühstücksraum betreten wollten, wurden wir höflich in einen Nebenraum gebeten. Wir dachten zuerst, dass der Hauptraum vielleicht schon voll sei und man deshalb für die restlichen Gäste einen weiteren Raum geöffnet hätte. Aber nein, in den neuen Raum wurden nur Chinesen gebeten und solche, die man dafür hielt, also schwarzhaarige Asiaten, unter ihnen Japaner und Koreaner. Die Europäer durften weiterhin im Hauptraum Platz nehmen, der nicht voll war. Anscheinend waren wir ihnen wohl doch zu laut gewesen. Aber dann hätte man uns darauf aufmerksam machen können. Wir protestierten nicht gegen diese Behandlung. Das wäre uns peinlich gewesen. Außerdem gab es im Nebenraum dasselbe zu essen wie im Hauptraum. Aber nett fanden wir das nicht.«

Der Chef eines großen China-Restaurants in Hamburg steht vor einem unlösbaren Problem. Häufig kommen größere chinesische Gesellschaften zu ihm zum Essen. Da es dort keine Séparées gibt wie in China, in die sich zehn, fünfzehn Leute zurückziehen und nach Herzenslust miteinander plaudern können, müssen sie im großen Gastraum in Nachbarschaft zu den deutschen Gästen sitzen. Doch Deutsche lieben eine gedämpfte Atmosphäre. Manche ducken sich beim Sprechen und flüstern miteinander. Wenn nun aber am Nachbartisch zwölf Chinesen immer fröhlicher werden, kommt es gelegentlich vor, dass sich die Deutschen wegen Lärmbelästigung beschweren. Dann fordern sie den geplagten Chef auf, die Chinesen um Ruhe zu bitten. Das will er aber nicht, denn damit würde er den Chinesen die Laune verderben und sie vielleicht als Stammkunden verlieren, was sehr bedauerlich wäre, da Chinesen in ihren Bestellungen in der Regel wesentlich großzügiger sind als die Deutschen. Der Restaurantchef ist ratlos: »Auf der einen Seite legen die Deutschen großen Wert auf original chinesische Küche. Die Anwesenheit vieler Chinesen ist für sie ein untrügliches Zeichen dafür, dass die Küche authentisch ist. Nur die Stimmung darf nicht authentisch sein.«

Was uns auf die Palme bringt

Getrennt bezahlen? Dann ist die Freundschaft aus

Getrennte Kassen sind ein Dauerthema, das von vielen Chinesen, die mit Deutschen in Kontakt gekommen sind, immer wieder angesprochen wird. Die Deutschen sind in Geldangelegenheiten einfach viel genauer als Chinesen. Selbst innerhalb der Familie und zwischen Lebenspartnern rechnen sie auf Heller und Pfennig alles ab. Das mag von Vorteil sein. Niemand fühlt sich dadurch ausgenutzt oder übergangen. Für Chinesen ist ein solches Verhalten jedoch ganz ausgeschlossen. Es wird als entwürdigend empfunden.

Eine junge Kunststudentin, seit drei Monaten in Deutschland: »Zur Begrüßung umarmten sie sich, dann setzten sie sich an einen Tisch und aßen zusammen. Danach rechneten sie auf den Cent genau ab. Komisch ist das.«

Herr S., Lehrer für Taiji und Qigong in Hamburg: »Ich ging häufig mit einem deutschen Freund und seiner Mutter essen, und jedes Mal bezahlten Mutter und Sohn getrennt. Das machen die immer so. Allein zuzusehen, wie jeder dem Kellner aufzählt, was er verzehrt hat und dann für sich abrechnet, war mir unheimlich peinlich. Das wäre in China ganz ausgeschlossen.«

Der Chef eines China-Restaurants in Hamburg: »Ein junges Liebespaar gehört seit einem Jahr zu meinen Stammkunden. Die beiden sind wie die Turteltauben, halten Händchen und küssen sich während des Essens. Aber wenn es ans Bezahlen geht, zahlt jeder für sich, obwohl sich die Beträge kaum unterscheiden. So ist das bei den Deutschen: Beim Geld hört die Liebe auf.«

Die chinesische Studentin M. lebte von dem großzügigen Scheck ihrer Eltern, ihr deutscher Freund von seinem guten Gehalt. Beide konnten sich einiges leisten. Gelegentlich gingen sie zum Essen. Sie hatte sich schon daran gewöhnt, dass man in Deutschland getrennt bezahlt. Einmal gingen sie in ein teures Feinschmeckerrestaurant. Er hatte sein Geld vergessen. Da bezahlte sie für beide. Beim nächsten Mal hatte sie nicht genug Geld dabei. Er legte den Betrag für sie aus und erinnerte sie bei einem späteren Telefonat daran, dass sie ihm noch Geld schuldete. »Aber ich habe beim vorletzten Mal doch auch alles für dich bezahlt, und du hast mir noch nichts zurückgegeben«, sagte sie. Da wurde er wütend, gab aber klein bei. Kurz darauf beendete sie die Freundschaft. »Mit so einem Mann kann ich nicht zusammen sein. Diese pedantische Rechnerei bin ich einfach nicht gewöhnt. Sie geht mir auf die Nerven.«

Angestammte Plätze

Herr B., Ingenieur aus der Inneren Mongolei: »Jeden Morgen um sieben gehe ich zum Schwimmen ins öffentliche Bad. Es sind immer dieselben Leute, die ich dort treffe. Wir kennen uns bereits, und mit einigen wechsle ich gelegentlich auch einen Gruß. Einmal kam ich eine Stunde später. Da traf ich auf ganz andere Leute. Die hatte ich alle noch nie gesehen. Nach dem Schwimmen stellte ich mich wie immer unter eine von vielen Duschen. Da kam ein Deutscher und sagte: ›Entschuldigen Sie, junger Mann, aber das ist meine Dusche. Hier stehe ich immer um diese Zeit.‹«

Deutschland als Reiseland

Frau S., Shanghai: »Wir lieben die gute Luft in eurem Land, das viele Grün in euren Städten, die grünen Hecken, die eure Grundstücke umschließen. Wir bewundern euren Straßenverkehr, die Zebrastreifen, über die man einigermaßen unbekümmert schreiten kann. Wir lieben eure Lieder. Von vielen glaubten wir, sie kämen aus Amerika, wie etwa das Weihnachtslied ›Stille Nacht‹ oder das Wiegenlied ›Guten Abend, gute Nacht‹. Die Amerikaner brachten diese Lieder mit nach China und vermarkteten sie als ihre eigenen.«

Freizeit war für die Chinesen lange Zeit ein Fremdwort und Urlaub erst recht. Doch die Dinge wandeln sich. Dank der Wirtschaftsreformen haben viele Chinesen endlich Geld und dank entsprechender Verträge mit dem Ausland auch die Gelegenheit, in Länder ihres Interesses zu reisen. Chinesen reisen gern. Kaum nähern sich die großen Festtage wie das Frühlingsfest, der erste Mai-Feiertag und der Nationalfeiertag am 1. Oktober, und schon sind alle unterwegs. Die meisten bleiben im Lande und schauen sich chinesische Sehenswürdigkeiten an. Dann gibt es viele, die nach Hongkong, Macau oder Taiwan fahren. Der nächste Schritt wäre dann innerhalb Asiens nach Thailand oder Malaysia. Auch Japan ist beliebt, aber nur für zahlungskräftiges Publikum möglich. Besonders beliebt, wenn auch für die meisten unerschwinglich, sind Auslandsreisen, denn die öffnen einem die Augen, wie man auf Chinesisch sagt. Es wird damit gerechnet, dass im Jahre 2020 etwa 100 Millionen Chinesen pro Jahr auf Reisen gehen. Natürlich ist auch Deutschland ein beliebtes Ziel, nur leider ist die deutsche Einreisepolitik ausgesprochen restriktiv, wahrscheinlich aus Angst vor illegaler Einwanderung. In manchen Fällen ist das sehr schade. Manchen Mitarbeitern in den Visa-Abteilungen deutscher diplomatischer Vertretungen liest man die Botschaft schon am Gesicht ab: »Wir wollen dich nicht. Du willst bestimmt bei uns bleiben und unseren armen Landsleuten einen Arbeitsplatz wegnehmen.« Also bedarf es eines dicken Fells, sich solchen vergrätzten Gesichtern zu stellen. In der Regel muss man wochenlang auf einen Termin warten, an dem man den Antrag abgeben und sich über weitere bürokratische Hürden quälen darf. Ob es dann schließlich klappt, ist Glückssache. Spontane Reisen nach Deutschland sind deshalb weitgehend unmöglich, wie der folgende Fall zeigt:

Die Familie W. gehört zu den reichsten Chinas. Sie hatte durch die Autoren von dem goldenen Herbst an Mosel und Rhein gehört und sich spontan entschlossen, für zehn Tage nach Deutschland zu reisen. Für Vater, Mutter und Sohn war dies kein Problem. Sie besaßen Hongkonger Pässe, so dass sie berechtigt waren, ohne Visum in Deutschland einzureisen. Nur die Schwiegertochter hatte noch einen Pass der Volksrepublik China und benötigte deshalb ein deutsches Visum. Kein Problem, dachte die Familie und buchte schon mal die Flüge und Hotels. Bis zur Abreise waren immerhin noch zwei Wochen Zeit. Am nächsten Tag eilte die Schwiegertochter zum deutschen Konsulat und erfuhr, dass sie allein für die Abgabe eines entsprechenden Visa-Antrages einen

Termin brauchte, und dieser konnte ihr frühestens zwei Wochen später gewährt werden. Damit platzten die schönen Reisepläne der Familie und sie reiste stattdessen nach Japan.

Wie gut haben es da die Deutschen, die auf ihr chinesisches Visum nur ein paar Tage zu warten brauchen. Trotzdem mosern sie, weil sie daran gewöhnt sind, dass sie für die meisten Länder gar keins brauchen oder es sehr schnell bekommen.

Europa fasziniert die Chinesen vor allem wegen seiner Vielfalt an Kulturen. Deutschland wird gern als erste Station einer Tour durch Europa gebucht. Für Individualreisende mit eigenem Mietwagen ist allein die Fahrt um den Bodensee ein Vergnügen: Innerhalb eines einzigen Tages kann man vier Länder abhaken.

Nach Deutschland kommen die Chinesen nicht nur wegen der Kultur, sondern auch um gut und günstig einzukaufen. Auf deutschem Boden kann man sicher sein, dass die Markenartikel echt und deshalb ihren Preis wert sind. Selbstverständlich weiß jeder Chinese, was er in Deutschland wo einzukaufen hat. Uhren, Schuhe, Bekleidung, Kristall, Schokolade, Messer und Scheren. Die Firma »Zwilling« kennt jeder und die bekannten Marken der deutschen Textilindustrie auch. Da gibt es Outlets für deutsche Designersachen in Ortschaften, von denen kaum ein Deutscher je gehört hat, die aber jeder chinesische Tourist kennt. Natürlich schauen sich die Chinesen auch gern das Geburtshaus von Karl Marx in Trier an, das Beethoven-Haus in Bonn, ebenso den Kölner Dom, Schloss Neuschwanstein, die Burgen am Rhein und den Bodensee. Auch Goslar und Rothenburg sind einen Abstecher wert. Einige rasen auch gern mal mit einem hochtourigen Leihwagen über eine deutsche Autobahn, auf der es meist keine Geschwindigkeitsbegrenzung gibt wie in China. Wenig interessant ist für chinesische Touristen das deutsche Essen. Die großen Fleischportionen gefallen ihnen nicht, auch nicht die Art zu essen, nämlich dass jeder für sich sein eigenes Gericht bekommt, ohne dass man von den anderen kosten kann. Wie schön wäre es, von allem probieren zu können.

Frau C., Chinesin aus Brasilien: »Einmal gingen wir in Hamburg zu viert in ein deutsches Feinschmeckerrestaurant. Jede von uns bestellte etwas anderes, damit wir von vier verschiedenen Gerichten probieren konnten, was wir dann auch mit großem Hallo taten. Wir reichten uns die Teller über den Tisch, schoben von jedem etwas auf den eigenen Teller, bis wir merkten, dass wir die Blicke der deutschen Gäste an den Nebentischen auf uns zogen. Aber da waren die Speisen zum Glück schon verteilt, und wir benahmen uns wieder gesittet und unterhielten uns mit gedämpften Stimmen, wie es in Deutschland üblich ist.«

Deswegen gehen die Chinesen in Deutschland auch lieber in ein China-Restaurant, obwohl ihnen dort das Essen nur selten wirklich schmeckt. Es ist schon so eingedeutscht. Eigentlich müsste man die Köche dort alle entlassen, meinen viele chinesische Reisende, denn sie begingen Verrat an der chinesischen Küche. Auch die deutschen Hotels gefallen ihnen nicht besonders. Sie sind zu bescheiden. Was gibt es in China inzwischen für tolle Hotels! Aber immerhin: Die deutschen Hotels sind sauber, das muss man zugeben. Dagegen können sich die italienischen verstecken. Aber nach Italien wollen die Chinesen trotzdem alle.

Natürlich fahren die Chinesen nicht nur nach Deutschland, wenn sie nach Europa kommen. Sie haben ja zehn bis vierzehn Tage Zeit, und da sollten es ruhig schon ein paar mehr Länder sein, die sie bereisen. Sie haben auch keine Angst davor, jeden Tag ein paar Stunden im Bus zu sitzen, wenn sie dafür vier, fünf oder mehr Länder auf ihrer Liste abhaken können. Sind die Deutschen anders? Keineswegs. Auch sie geben sich in China nicht mit nur einer Provinz, die immerhin die Größe der Bundesrepublik haben kann, zufrieden. Auch sie ziehen eine Tour durch ganz China vor, genau wie die Chinesen eine Tour durch Europa.

Wir würden euch so gern besuchen

Herr D. aus Shanghai: »Als Sekretär einer Gesellschaft für Kulturaustausch habe ich viel mit Westeuropa zu tun, vor allem mit Deutschen und Franzosen. Deutschland liegt mir am Herzen, weil meine Tochter dort sehr erfolgreich studiert hat. Trotzdem scheitere ich oft mit meinen Projekten bei den Deutschen, und schuld daran sind meist bürokratische Hürden. Die Deutschen sind einfach zu umständlich. Sie planen immer alles ganz lange im Voraus, und sie haben so viele Regeln, die sie beachten müssen. Man wird so eingeengt von ihnen, wird so unbeweglich. Auch gibt es immer unnötige Probleme mit der Visabeschaffung. Als staatliche Organisation sollte man uns doch eigentlich genügend Vertrauen schenken, um die Dinge schneller abzuwickeln. Doch deutsche Behörden scheinen nach dem vorbildlichen Grundsatz zu handeln, dass alle vor dem Gesetz gleich sind, ganz gleich ob staatliche Organisation oder einfacher Student. Das ist wirklich sehr löblich, aber es behindert meine Projekte. Deshalb arbeite ich viel lieber und wesentlich erfolgreicher mit den Franzosen zusammen. Sie sind flexibler, unbürokratischer und reagieren schneller auf Veränderungen. Wenn ich mit ihnen zu tun habe, bin ich entspannt, weil ich darauf vertrauen kann, dass wir es irgendwie hinkriegen. Bei Projekten mit Deutschen habe ich schon immer Bauchschmerzen, noch bevor es überhaupt richtig losgeht, weil ich weiß, dass es bestimmt wieder viele Hürden zu überwinden gibt.«

Deutschland – ein schönes Land

»Deutschland ist grün, sehr sauber und wohlhabend«, erzählt die Studentin Y. aus Tianjin ihren Verwandten. »In den Parkanlagen stehen viele alte Bäume. Man sieht Enten und Schwäne im Freien. Niemand käme auf die Idee sie einzufangen und zu braten, höchstens ein paar Chinesen, aber das wagen sie nicht, weil es verboten ist.«

Deutschland ist grün, von Norden bis Süden, sogar im Winter. Das ist schon dem Gesandtschaftsangehörigen Qian Depei 1903 aufgefallen. Er notierte in seinen Erinnerungen: »Berlin liegt etwa so nördlich wie bei uns die Mandschurei, deshalb schneit es manchmal sogar noch im März. Interessant ist aber, dass das Gras dennoch im Winter grün und frisch bleibt und nicht so gelb wird wie bei uns in China.«

Fünfundsechzig Jahre später wunderte sich der Autor Yu-Chien Kuan bei seiner Ankunft in Deutschland: »Ich hätte nie gedacht, dass es auf der Welt ein so schönes, grünes Land geben könnte! Während der ganzen Fahrt sah ich Hügel, Flüsse und schöne, grüne Wiesen. Und die Burgen, die sich da auf der anderen Seite des Flusses erhoben, an dem der Zug entlangfuhr, sahen aus wie aus Grimms Märchen. Aber wo waren die Menschen? Ich sah kaum einen. [...]

Der Zug fuhr deutlich schneller als die Züge in China. Es war das erste Mal in meinem Leben, dass ich in einem so leeren Zug fuhr. [...] Ich stand auf und ging an mehreren Abteilen vorbei, aber ich musste feststellen, dass es überall so leer war; in keinem der Abteile saßen mehr als ein, zwei Personen. Außer dem Fahrgeräusch war nichts zu hören. Wieso nur setzten sich die Leute nicht zusammen? In China sucht man immer Gesellschaft. Niemand würde es ertragen, so allein herumzusitzen. Selbst mit fremden Leuten spielt man Karten, macht Scherze und plaudert.« (*Mein Leben unter zwei Himmeln*, S. 464)

Der Shanghaier Fotograf E. war begeistert von den deutschen Themenstraßen. Von dieser Idee sollte sich China inspirieren lassen, meint er. Er reiste die »Romantische Straße« entlang. Besonders gut hat es ihm in Rothenburg ob der Tauber gefallen. Auch wenn die Stadt sehr touristisch ist, sei es doch phantastisch, wie gut man sie erhält.

Herr Z., Designer in Shanghai: »Die Deutschen sind höflicher als die Franzosen. In Deutschland ist alles wohlgeordnet und viel besser organisiert als in Frankreich. In Deutschland fühlt man sich sicher und wohl. Dort braucht man sich auch nicht so sehr vor Taschendieben zu fürchten. Besonders gut hat mir in Deutschland das Rheintal mit seinen Burgen gefallen. Dort entlangzufahren ist, als ob man durch eine Traumlandschaft fährt. Ich habe nur positive Erinnerungen an meinen Besuch in Deutschland. Trotzdem muss ich sagen, dass mir die Franzosen lieber sind. Sie sind viel lebhafter und längst nicht so ernst und kühl wie die Deutschen. Man hat in Frankreich viel mehr Spaß mit den Leuten und kommt mit ihnen schnell ins Gespräch, obwohl man sie gar nicht kennt.«

Deutsche Gastfreundschaft

Ein Verlegerpaar aus Hongkong: »Wir fuhren mit unserem Leihwagen die Mosel entlang und landeten in einem wunderschönen alten Weindorf. In einem Café, direkt am Marktplatz, nahmen wir Kaffee und Kuchen zu uns. Wir wunderten uns, dass wir die einzigen Gäste waren. Zwar betraten nacheinander einige fein gekleidete Herrschaften das Café, doch verschwanden sie – nachdem sie von den Besitzern herzlich begrüßt worden waren – in das obere Stockwerk. Wir bemerkten, dass sich draußen vor dem Café der Marktplatz allmählich mit Menschen füllte. Die Tochter des Konditors sprach ein wenig Englisch. So erfuhren wir, dass wenig später ein Umzug hier ankommen und ein Weinfest eröffnet werden sollte und sogar ein Minister aus Berlin erwartet wurde. Das fanden wir unglaublich interessant. Da luden uns die Leute spontan ein, mit in den ersten Stock zu kommen, um gemeinsam das Spektakel von oben verfolgen zu können. Nur allzu gern nahmen wir die Einladung an und folgten ihnen in die Privaträume des ersten Stockes, wo die anderen – wie wir nun erfuhren, waren es Freunde und Verwandte – bereits an den Fenstern auf den Beginn der Veranstaltung warteten. Sofort überließ man uns eines der Fenster. Es war, als hätten wir einen Logenplatz. Unsere Gastgeber sagten, dass sich die Feierlichkeiten in jedem Jahr wiederholten und deshalb ähneln würden. Darum warfen sie kaum einen Blick aus dem Fenster, sondern bewirteten stattdessen großzügig ihre Gäste. Dieses Erlebnis war der Höhepunkt unserer zehntägigen Deutschlandreise. Wir werden ihre Gastfreundschaft nie vergessen.«

Der Designer, Herr W. aus Sichuan: »In einem kleinen Ort in der Nähe von Hamburg nahm ich an den Feierlichkeiten zum Erntedankfest teil. Das ganze Dorf war auf den Beinen. Die Leute hatten ihre Garagen und Gärten mit Tischen und Bänken bestückt. Sie besuchten sich gegenseitig, saßen mal hier, mal da, und überall wurde Kaffee und Kuchen geboten. Diese natürliche Traditionsverbundenheit hat mich sehr beeindruckt. Auch der Umzug war schön, nur die Leute vom Schützenverein haben mir nicht gefallen. Wie die da langmarschiert sind, mit ernsten Gesichtern und so richtig zackig, als wären sie beim Militär, da wurde mir ganz anders, und ich wandte mich ab und ging schnell in den Garten zu meinen Freunden zurück.«

In deutschen Städten

Nicht immer stimmen die Eindrücke mit der Realität überein. Dennoch ist sich Herr C. aus Suzhou ganz sicher: »Die Deutschen fahren gerne Fahrrad. Überall habe ich sie gesehen. Sogar mit Rennrädern sausen sie durch die Städte. Und überall gibt es Fahrradwege. Das ist unglaublich. Die Deutschen schließen auch nie ihre Fahrräder ab, weil dort nicht geklaut wird. Wo ich das gesehen habe? In Heidelberg, Bonn und Köln.«

Herr Z., Verlagsleiter aus Hongkong, besucht jedes Jahr die Buchmesse in Frankfurt. »Eigentlich habe ich einen sehr positiven Eindruck von Deutschland. Was ich aber überhaupt nicht verstehe, und was auch nicht in mein Deutschlandbild hineinpasst, sind die Viertel um manche deutschen Hauptbahnhöfe. In Frankfurt finde ich es ganz besonders schlimm. Kaum verlässt man den Bahnhof, wird man auch schon mit Drogen und Prostitution konfrontiert, und die Straßen sind schmutzig und chaotisch. Da frage ich mich jedes Mal, wieso eine Stadtregierung wie die von Frankfurt mit so einem Problem nicht fertig wird. An Bahnhöfen und Flughäfen kommen die Gäste an. Da muss man doch drauf achten, dass man einen guten Eindruck macht. Jedenfalls wird mein ursprünglicher positiver Eindruck von Deutschland immer erst wieder zurechtgerückt, wenn ich mich vom Bahnhof in Richtung Innenstadt in mein Hotel begebe.«

Der Design-Student W. erzählt: »Als ich in Hamburg ankam, sah ich gleich am ersten Abend zwei Obdachlose im Eingangsbereich eines Bürohauses schlafen. Da war ich echt geschockt. Dass es so arme Menschen in Deutschland gibt, hätte ich nicht erwartet.«

»In den achtziger Jahren waren die deutschen Städte viel sauberer als heute«, erinnert sich der ehemalige chinesische Kulturattaché. »U-Bahnen und Busse waren nicht so voll besetzt, die Fahrgäste gingen höflicher miteinander um und es war auch nicht so laut wie es heute oft der Fall ist. Es gab auch nicht so viele Billigläden in den Stadtzentren. Billige Schuhe, billige Klamotten, in manchen Läden kostet jeder Artikel nur ein oder fünf Euro.«

»Ich mag die Westdeutschen lieber als die Ostdeutschen«, bekennt Herr Y. aus Hangzhou. »In Ostdeutschland ist mir nämlich mein Portemonnaie gestohlen worden. Aber vielleicht war der Dieb ja gar kein Ostdeutscher.«

Sonntags geschlossen!

Beunruhigend in Deutschland sind manchmal die leeren Straßen. Da könnte man meinen, es sei irgendetwas passiert und alle verstecken sich zu Hause. Daran muss man sich erst gewöhnen. Schlimm ist es sonntags, wenn die Geschäfte geschlossen sind. Dann sind die Städte wie ausgestorben. Ganz anders in China. An Sonntagen geht die ganze Familie einkaufen oder Freundin-

160

nen treffen sich zum ausgedehnten Bummel durch große Einkaufszentren. Herr L. aus Beijing: »Während einer Geschäftsreise in den achtziger Jahren gelang es mir nur mit Mühe, ein paar Andenken zu kaufen. Immer wenn ich nach den Verhandlungen Zeit hatte, waren die Läden geschlossen, selbst am Sonntag, einem Tag, an dem doch endlich mal alle Leute Zeit hätten, um einkaufen zu gehen. Ich fragte mich daraufhin, wann die deutschen Ladenbesitzer eigentlich ihre Geschäfte machen. Aber wie ich hörte, haben sich die deutschen Ladenschlusszeiten inzwischen geändert. Gut so!«

Deutsche Muffelköpfe

»Die Deutschen schenken dir nur ungern ein Lächeln. Sie machen auch nicht gern Komplimente und loben dich nicht. Erst wenn man mit ihnen befreundet ist, werden sie nett. Zwei Jahre war ich in Deutschland in der Zentrale unserer Firma tätig. Ich hatte keine Probleme, mich einzuleben. Ich kam mit den Leuten gut zurecht. Einmal kam mich meine Mutter besuchen. Während ich bei der Arbeit war, ging sie viel spazieren, und natürlich bummelte sie auch durch die Kaufhäuser. Nach einiger Zeit meinte sie: ›Schade, so ein schönes Land, aber den Leuten scheint es wirklich schlechtzugehen.‹ Ich fragte sie erstaunt, wie sie darauf käme. ›Schau dir ihre Gesichter an‹, sagte sie. ›Sie sind alle ernst, besorgt oder traurig.‹«

Von guter Luft und gutem Wasser

Schade, dass man die gute deutsche Luft nicht mit nach China nehmen kann. Kaum verlässt man den Flughafen und streift durch Wohnviertel, spürt man sie schon, die wesentlich weniger belastete deutsche Luft. Auch das trinkbare Leitungswasser ist eine Überraschung für jeden Reisenden aus China. In manchen deutschen Städten soll es sogar besser sein als manches Mineralwasser. Selbst zur Gesundheitstherapie eignet es sich. So stand es jedenfalls in der englischsprachigen »China Daily«.

In Deutschland geht man nicht verloren

Herr Y. und Frau S., beide Mitte fünfzig, kamen im September 1995 zu Besuch nach Hamburg. Sie war Regisseurin, er Literaturwissenschaftler. Beide sprachen kaum Englisch und erst recht kein Deutsch. Eins der wenigen Worte, das Herr Y. zufällig im Rotlichtviertel hinter dem Hamburger Hauptbahnhof aufgeschnappt hatte, lautete »Wie viel?«. Aber damit kamen sie nicht sehr weit. Also trauten sie sich auch nicht, auf eigene Faust große Ausflüge zu unternehmen. Ein kleiner Abstecher nach Berlin wurde dann aber doch möglich, weil Bekannte den Kontakt zu zwei Mitarbeitern der chinesischen Botschaft hergestellt hatten, die sich um die beiden kümmern wollten.

Berlin war toll. Welch eine Stadt und welch ein kulturelles Leben! Viel zu kurz war die Zeit, da mussten sie schon wieder den Rückweg nach Hamburg antreten. Aber sie freuten sich. Die Hinfahrt in dem bequemen, wenig besetzten Schnellzug hatte ihnen gefallen. Die Rückfahrt würde sicher genauso angenehm. Die beiden kundigen Mitarbeiter der chinesischen Botschaft brachten die Besucher zum Zug und zum Erstaunen aller fuhr dieser überpünktlich ab. Nach zwei Stunden fiel Herrn Y. auf, dass die Landschaft allmählich hügelig wurde. Das fand er zwar reizvoll, war sich aber nicht sicher, ob er diese Gegend auf der Hinfahrt schon gesehen hatte. Seine Frau merkte an, dass er auf der Hinfahrt wahrscheinlich in die andere Fahrtrichtung geschaut hätte und ihm deshalb die Hügel nicht aufgefallen wären. »Hast du sie denn auf der Hinfahrt bemerkt?«, fragte der Mann. Nein, das hatte sie nicht. »Dann sitzen wir im falschen Zug«, folgerte er. Daraufhin geriet seine Frau in hellste Aufregung. »Du lieber Himmel! In einem fremden Land und ohne Sprachkenntnisse, wer weiß wo wir landen? Wir sind verloren.« Zum Glück kam just in diesem

Moment der Zugbegleiter. Sie zeigten ihm ihre Fahrkarten. Er drehte und wendete sie und schüttelte den Kopf. Schließlich ließ er sich auf einen der freien Plätze in ihrem Abteil fallen. Dann erklärte er ihnen, was Sache war. Nur leider verstanden sie ihn nicht. Da schlug er in seinem dicken Buch nach, das er die ganze Zeit unter seinem Arm trug, blätterte darin herum und schüttelte erneut den Kopf. Schließlich stand er auf und ging. Draußen dämmerte es bereits. Herrn Y. hielt es nicht länger auf seinem Platz. Er stellte sich in den Gang, um das weitere Geschehen im Auge zu behalten. Nicht lange, da fuhr der Zug langsam in einen Bahnhof ein und hielt. Schon im nächsten Moment entdeckte Herr Y. den Zugbegleiter auf dem Bahnsteig. Wie der mit den Armen herumfuchtelte, konnte das nur bedeuten, dass sie schnellstens aussteigen sollten. Also griffen sie ihre Taschen und standen Sekunden später auf dem Bahnsteig. Der Zugbegleiter zeigte in Richtung Treppen und rannte los. Im Schweinsgalopp folgten sie ihm, zuerst die Treppen hinunter, dann durch einen Tunnel und ein paar andere Treppen wieder hinauf. Dort, auf dem neuen Bahnsteig, zeigte der Zugbegleiter auf den Boden, so als sollten sie sich nicht von der Stelle rühren. Dann wandte er sich um und rannte den Weg zurück zu seinem Zug, der schon wenig später abfuhr. Die beiden hörten im Lautsprecher eine Durchsage, gleich darauf traf an ihrem Bahnsteig ein Zug ein. Sollten sie dort einsteigen? Kaum hielt der Zug, stieg eine junge Schaffnerin aus und kam schnurstracks auf die beiden zu. Freundlich gab sie ihnen ein Zeichen und ließ sie einsteigen. Scheinbar war sie von dem anderen Schaffner irgendwie informiert worden. Drei Stunden später erreichten sie Hamburg. Welch eine Erleichterung! Noch bevor der Zug hielt, kam die Schaffnerin und stieg mit ihnen gemeinsam aus. Sie begleitete sie sogar den Bahnsteig entlang und die Rolltreppen hinauf. Jetzt kannten sich die beiden wieder aus. Sie blieben stehen, bedankten sich herzlich für die Hilfe und versuchten der Schaffnerin klarzumachen, dass sie ruhig wieder in ihren Zug zurückkehren könne. Diese schien das zu verstehen, doch sie wies auf ihre Umhängetasche. Scheinbar hatte sie Feierabend. Sie winkte den beiden noch einmal freundlich zu und verschwand im Feierabendverkehr.

Durch diese Erfahrung ermutigt, brachen die beiden wenig später zu einer Rundreise durch Westeuropa auf: Benelux, Frankreich, die Schweiz, Italien und zum Schluss noch Österreich. Als sie wieder in Deutschland eintrudelten, atmeten sie erleichtert auf. Interessant war es überall, doch nirgends fühlten sie sich so sicher wie in Deutschland. »Die Hilfsbereitschaft der Deutschen ist einmalig. Dieser Eindruck wird uns ewig in Erinnerung bleiben. Wenn sie dir helfen, dann wirklich bis zum Letzten.«

Die Brille des Meister Kong

Mitte der neunziger Jahre stellte Maler Kong aus Hangzhou in Hamburg seine Bilder aus. Schon am ersten Tag ging ihm seine Brille kaputt. Ein Schräubchen am rechten Bügel hatte sich gelöst, und trotz geduldiger Bemühungen ließ sich das Gestell mit einem Gummiband nicht zusammenhalten. Es nutzte nichts, Maler Kong musste zu einem Optiker, wollte er die nächsten Wochen nicht blind durch Deutschland reisen. Schnell war ein Optiker gefunden. Dieser untersuchte das Brillengestell, doch leider ließ sich das Schräubchen nicht fixieren. Mit Sorge beobachtete Kong, wie der Optiker in seinem Werkzeugkasten nach einem passenden Schräubchen suchte. Er hatte bereits von Freunden gehört, wie teuer das Leben in Deutschland war, und ihm schwante nichts Gutes. Der Optiker wurde fündig. Triumphierend hielt er dem Maler ein winziges Schräubchen unter die Nase, holte einen kleinen Schraubenzieher und befestigte den Bügel wieder am Gestell. Dann zeigte er auf die Schraube am linken Bügel. Die wird auch nicht mehr lange halten, meinte er zu dem Studenten, der Kong als Dolmetscher begleitete. Er suchte deshalb ein weiteres Schräubchen heraus, legte es in ein kleines Plastiktütchen und drückte sie dem Maler zusammen mit dem

Schraubenzieher in die Hand. »Für alle Fälle«, sagte er. Kong nickte dankbar und zückte sein Portemonnaie. Doch der Optiker winkte ab. Kong riss die Augen auf. Das ist doch nicht möglich, rief er. Eine halbe Stunde lang hatte sich der Optiker um die Brille bemüht, und nun wollte er dafür nichts haben? So etwas ist möglich, meinte der Optiker freundlich und lehnte erneut eine Bezahlung ab. Für Maler Kong war dies das beeindruckendste Erlebnis in Deutschland.

Nie wieder München!

Herr L., Schauspieler: »Gesetz ist Gesetz, so sagen die Deutschen und kaschieren damit ihre Unbeweglichkeit. Etwas wird gemacht, weil es so vorgeschrieben ist.

Ich liebe Hamburg, und ich mag jede andere deutsche Stadt, aber ich hasse München. In München habe ich meine schlimmste Auslandserfahrung gemacht.

Ich hatte mit meiner damals elfjährigen Tochter und meiner Frau einen sehr schönen Urlaub in Deutschland verbracht. Den Rückflug nahmen wir von München. Die Lufthansamaschine sollte am Nachmittag abfliegen, sie hatte jedoch einen Maschinenschaden. Wir befanden uns bereits im Transitraum und mussten warten. Der Abflug wurde immer wieder verschoben, schließlich war es gegen elf Uhr nachts und es hieß, der Flug würde gestrichen. Wir könnten erst am nächsten Morgen abfliegen. Das fand ich zwar bedauerlich, aber eben nicht zu ändern. Was dann aber geschah, war unglaublich. Alle Fluggäste mit ›normalen Pässen‹ konnten nach Hause gehen oder wurden in Hotels untergebracht. Nur wir Chinesen, und das waren mehrere Dutzend, wurden im Flughafen zurückgelassen, weil unser Visum nur eine einmalige Einreise zuließ. Nach dem Gesetz waren wir bereits ausgereist, denn wir saßen im Transitraum. Hätte man uns in ein Hotel gebracht, wären wir wieder eingereist. Das ging aber nicht. Das wäre zwar menschlich gewesen, hätte aber gegen das Gesetz verstoßen. Also ließ man uns im Flughafen warten. Ich saß mit meiner Familie in der Business Lounge. Plötzlich hieß es, man habe eine Lösung für uns gefunden und wir sollten der Bodenstewardess folgen. Das taten wir. Ich dachte, dass es vielleicht irgendwo einen Schlafraum gebe. Doch wir landeten in dem wesentlich unbequemeren Warteraum der Economy Class. Dort sollten wir die Nacht verbringen, hieß es. Ich sagte, dann würde ich lieber zurück in die Business Lounge gehen. Die sei inzwischen wegen Feierabend geschlossen, sagte die Bodenstewardess. Wir fühlten uns von ihr betrogen. Aber was nützte das schon? Sie verließ uns gleich darauf. Also setzten wir uns zu den anderen auf die harten unbequemen Stühle. Es waren Kinder und Alte unter uns und es war kalt. Man gab uns ein paar Decken, wie sie im Flugzeug benutzt werden. Die waren viel zu dünn. Damit konnte man sich weder wärmen noch weich liegen. Viele waren hungrig. Zu trinken gab es auch nichts. Schließlich brachte man uns in kleinen Boxen etwas zu essen und auch etwas zu trinken. Auf den ersten Blick schien es nicht für alle zu reichen, so dass manche Leute in Panik gerieten. Wie die Flüchtlinge umlagerten sie das unfreundliche Flughafenpersonal. Ich weigerte mich, das mitzumachen. Mir drehte sich der Magen um, als ich das sah. Eine junge Journalistin regte sich empört vor einem deutschen Grenzbeamten über diese Behandlung auf. Schließlich zückte sie ihren Fotoapparat, um die Szene aufzunehmen. Daran hinderte er sie und fuhr sie lautstark an. Ich schritt ein und sagte, dass er mit einer Dame nicht so sprechen dürfe. Da befahl er mir in scharfem Ton, dass ich mich raushalten sollte. Ich versuchte es noch einmal. Da wurde er so aggressiv, dass ich ein mulmiges Gefühl bekam und dachte, gleich greift er nach seiner Pistole und knallt mich ab. Das Ende vom Liede war, dass wir die ganze Nacht dort ausharren mussten. Erst am nächsten Morgen in aller Frühe ging der Flug. Inzwischen hatten einige Leute mit ihren Handys in Shanghai angerufen und über unser Dilemma berichtet. Einer war darunter, der die Shanghaier Medien darüber informierte, dass ich unter den Gästen sei. Als wir in Shanghai landeten, standen die Medienvertreter bereits am Flughafen. Ich muss zugeben, dass ich keine guten Worte für München und die Lufthansa übrig hatte.

Ich gehe nicht davon aus, dass die deutschen Behörden und die Lufthansa speziell gegen uns Chinesen so vorgehen. Ich denke vielmehr, dass sie nach ihren Bestimmungen handelten und sich sagten, wer einmal ausgereist ist, darf nicht wieder einreisen, wenn er über kein entsprechendes Visum verfügt. Rechtlich ist dagegen nichts einzuwenden. Aber unmenschlich ist es auf jeden Fall. Man sollte auf solche Fälle vorbereitet sein. München jedenfalls ist für mich kein Ort, den ich jemals wieder besuchen möchte.«

Die Deutschen wissen zu wenig über China

Herr Q., Unternehmer aus Shanghai und New York: »China ist arm, aber nicht mehr so arm wie früher. China ist stark, aber längst nicht so stark, wie das westliche Ausland glaubt.«

Viele Chinesen haben den Eindruck, dass die Deutschen zu wenig über China wissen. Das Bild von China, das in den Medien vermittelt wird, entspricht nicht der Realität, wie sie von den Chinesen empfunden wird.

Frau C. aus Wuhan erzählt: »Mein Sohn studiert in Deutschland Informatik. Wir finanzieren sein Studium und statten ihn mit so viel Taschengeld aus, dass er nicht nebenbei zu arbeiten braucht. Er soll sich ganz auf sein Studium konzentrieren. Je schneller er fertig wird, desto eher kann er nach China zurückkehren. Kürzlich fragte ihn seine Wirtin, ob sich seine Eltern in China denn satt essen könnten. Daraus schließe ich, dass in Deutschland herzlich wenig über die wirtschaftliche Entwicklung in unserem Land bekannt ist.«

Frau W. aus Berlin: »›Lassen Sie die Welt in Ruhe‹, ermahnte

167

mich eine Kollegin, nachdem mal wieder in einer großen deutschen Zeitung vor der Gefahr gewarnt wurde, die angeblich von China ausgine. Als selbstbewusste Chinesin, die auch mal den Mund aufmacht, stehe ich unter meinen Kollegen in dem Ruf, linientreu zu sein. Wenn die wüssten, wie sehr ich mit meinen chinesischen Freunden über unsere Regierung und unser Einparteiensystem herziehe. Aber es bringt nichts, mit Deutschen differenzierter über China zu diskutieren, denn sie wissen zu wenig über unser Land. Schon allein, dass sie in jedem Chinesen, der seine Heimat verteidigt, eine Art Parteisoldaten sehen, beweist ihre Unkenntnis.

Als im März 2008 in Tibet die Unruhen losgingen, war mal wieder so eine Gelegenheit, und die Kollegen meldeten sich zu Wort. Ob ich gesehen hätte, dass Tibeter von chinesischen Soldaten geschlagen worden sind, wollten sie wissen. Ich stellte eine Gegenfrage. ›Habt ihr denn gehört, dass in den ersten Tagen zwanzig Han-Chinesen getötet wurden, darunter zahlreiche Moslems aus anderen Regionen, die nur als Händler in Tibet unterwegs waren?‹ Darüber wussten sie natürlich nichts. Eine der Kolleginnen rief daraufhin in den Raum: ›Darüber dürft ihr mit Frau W. nicht sprechen. Sie hat es nicht gern, wenn man China kritisiert.‹

Ich stelle immer wieder fest, dass die Deutschen uns Chinesen gegenüber Vorurteile haben. Sie verstehen uns nicht. Sie wissen auch zu wenig über unsere Kultur und unsere Geschichte. Sie sprechen weder unsere Sprache noch können sie unsere Zeitungen und Bücher lesen. Das gilt auch für die meisten in China ansässigen Deutschen, die sich dort meist in ihren eigenen ausländischen Kreisen bewegen. Sie bleiben unter sich, unter den westlichen Ausländern, und sie halten Abstand zu ihrer chinesischen Umgebung, ähnlich wie wir in Deutschland gern unter uns Chinesen bleiben. Sind diese Leute dann zwei Jahre in China, meinen sie alles über unser Land zu wissen, dabei verstehen sie fast gar nichts. Sie schustern sich eine eigene Theorie zusammen und geben sie nach ihrer Rückkehr in Deutschland zum Besten und obwohl sie nicht stimmt, glauben ihnen die Leute, weil sich keiner vorstellen kann, dass jemand nach zwei Jahren Aufenthalt in China nicht den vollen Durchblick hat.«

Ein Perspektivwechsel täte gut

Schaut ein Chinese auf die Weltkarte und vergegenwärtigt sich, wo überall amerikanisches, russisches, europäisches und anderes Militär steht, wird ihm himmelangst. Andererseits bekommen manche Deutsche Beklemmungen, wenn sie hören, dass die chinesische Regierung mal wieder den Militäretat erhöht. Aber weder wird dieser in Verhältnis zum amerikanischen gesetzt, der den chinesischen bei weitem übersteigt, noch stellt man sich das Gefühl vor, dass einen als Europäer ergreifen würde, wenn an ähnlich vielen Standorten chinesisches Militär stünde. Deshalb kann man eigentlich nur jedem Deutschen raten, ab und zu einmal einen Perspektivwechsel vorzunehmen. Wie würdet ihr euch als Chinesen fühlen, wenn ihr das Gefühl hättet, langsam eingekreist zu werden?

Die deutschen Medien

Herr Z., Unternehmer in Berlin: »In den deutschen Medien gibt es Trends, denen alle folgen. Deshalb wirken sie manchmal wie ferngesteuert. Sie haben in ihrer Funktion als kontrollierendes Organ längst an Kraft verloren. Man sollte sich nichts vormachen: Nachrichten sind wie Kartoffeln, Hosen oder Autos eine Handelsware, und wie bei jedem Geschäft geht es um Profit und nicht um die Wahrheit. Wenn sich eine negative China-Berichterstattung gut verkauft, wird jeder immer noch etwas Schlimmeres draufsetzen. Bis die Leute müde sind und nichts mehr davon hören oder lesen wollen. Dann wird auch wieder eine Zeit kommen, in der es ein ähnliches China-Fieber gibt wie während der achtziger Jahre, das damals auch nicht viel mit der Realität zu tun hatte. Den Medien geht es nicht mehr um Wahrheit und Objektivität, sondern ums Geschäft.«

Herr L., Schauspieler: »Für mich ist die deutsche Medienkritik manchmal wie ein Spiegel, in dem wir uns betrachten können: Also so sieht uns das Ausland! Wir sollten genau hineinschauen in den Spiegel. Dann werden wir entdecken, dass wir tatsächlich nicht besonders gut aussehen. Da gibt es manche wunde Stellen und dunkle Flecken, an denen wir etwas tun müssen.«

Die Deutschen glauben alles, was in den Zeitungen steht

Herr L., Schauspieler: »Ich war in München in einem Pub. Neben mir saß ein Deutscher. Er rauchte Pfeife, ich auch. Wir unterhielten uns lange über Pfeifen, Tabak und das Rauchen insgesamt. Wir sprachen Englisch. Er dachte, ich käme aus England. Dann sagte ich, dass ich aus China käme. Da war er entsetzt und warf mir an den Kopf, was er alles in irgendwelchen Zeitungen gelesen und im Fernsehen gesehen hatte: Ihr Chinesen klaut unsere Technik, kopiert unsere Waren, nehmt uns unsere Arbeitsplätze weg, vergiftet unsere Kinder mit euren Spielwaren und so weiter. Schließlich stand er auf und sagte: Tut mir leid, ich kann nicht neben Ihnen sitzen bleiben. Da dachte ich: Never mind! So ein armer Kerl. Was weiß er über China? Wieso nutzt er nicht die Gelegenheit, sich durch ein Gespräch mit mir ein Bild zu machen? Wieso übernimmt er die Meinung aus den Medien und hinterfragt sie nicht? Wieso versteht er nicht, wie wichtig der chinesische Markt auch für Deutschland sein könnte und wie viele Chancen er bietet?«

Herr X., Unternehmer aus Chengdu: »Die Deutschen glauben alles, was in ihrer Presse steht, und berichtet diese vorwiegend negativ über China, dann glauben das die Leute. Wir Chinesen sind da ganz anders. Wir glauben schon lange nicht mehr, was in unseren Zeitungen steht. Manche Blätter nehmen wir nur zur Hand, um das aktuelle Datum nachzuschlagen.«

Herr K., Unternehmer in Shanghai: »Wenn deutsche Zeitungen heute behaupten, morgen ginge die Sonne im Westen auf, könnte ich mir vorstellen, dass es die Hälfte der Deutschen glaubt. Wenn die chinesischen Zeitungen dasselbe behaupten, glaubt das kein Chinese. Das ist Chinas Chance. Wir sind kritisch. Wir machen unser Ding, egal was die da oben sagen. Zuerst kommt unsere Familie. Was die anderen von uns wollen, darüber denken wir erst viel später nach.«

Herr T., Diplomat aus Beijing: »Vielen deutschen Journalisten mangelt es an Objektivität, auch wenn sie das Gegenteil behaupten. Sie lieben es, zu zündeln. Das ist unmoralisch und verantwortungslos. Das zu sehen, ist enttäuschend für uns.«

Deutsche Meinungsmacher in China und ihre Berichte

»Ich kenne nur ganz wenige ausländische Journalisten in China, die in der Lage sind, eine chinesische Zeitung zu lesen«, sagt der Repräsentant eines deutschen Großunternehmens in China. Er selbst ist Chinese und spricht fließend Deutsch. »Sie lesen die englischsprachige ›China-Daily‹ und lassen sich von ihren chinesischen Dolmetschern Auszüge aus chinesischen Zeitungen übersetzen. Das muss man sich mal in vertrauteren Denkmustern vorstellen: Ein deutscher Journalist geht für mehrere Jahre nach New York und ist nicht in der Lage, eine Zeitung in englischer Sprache zu lesen. Das ist eigentlich nicht vorstellbar. In China ist das leider traurige Realität. Nun sagen einige, es sei sowieso überflüssig, chinesische Zeitungen zu lesen, da es in China keine Pressefreiheit gäbe. Dennoch gibt es auch in China Zeitungen, die immer wieder Skandale aufdecken. Das wissen auch die deutschen China-Forschungsinstitute, die bestimmte chinesische Zeitungen zu ihren wichtigsten Informationsquellen zählen. Hinzu kommt, dass sich die deutschen wie auch die meisten anderen ausländischen Journalisten gern in ihren eigenen Kreisen bewegen. Zwar haben sie ihre chinesischen Informanten, doch leben sie meist in einer Parallelwelt zur chinesischen Gesellschaft. Es sei denn, sie haben einen chinesischen Lebenspartner und durch ihn Zugang zu normalen chinesischen Kreisen.«

Frau C., Chemikerin in München: »Eine deutsche Journalistin schrieb 2008, dass Chinesen jetzt wieder aus Liebe heiraten dürften. So ein Unsinn! Da fragt sich der chinesische Leser, wo diese werte Dame während ihres langjährigen China-Aufenthaltes eigentlich ihre Augen und Ohren hatte. Entweder bewegte sie sich nur in den Kreisen der ausländischen Gemeinde oder sie formuliert ganz bewusst solche Behauptungen, um sich der allgemeinen China-Schelte anzuschließen. Zugegeben, es gab Zeiten in der Vergangenheit, in denen sich die Kommunistische Partei einmischte und manche Liebesheirat verhinderte, und in früheren Zeiten, das heißt, vor der Revolution von 1949, waren es meist die Eltern, die die Partnerwahl bestimmten, eine Tradition, die sich mancherorts auf dem Land bis heute bewahrt hat. Aber für das Gros der Chinesen sind diese Zeiten längst vorbei.«

Wir sind keine Nationalisten, wir sind Patrioten

Frau L., Kunststudentin in Hamburg: »Ständig erzählt man uns, was wir machen sollen. Dabei bekommt ihr eure EU doch auch nicht auf die Reihe, und da wollt ihr uns erzählen, wie man 1,3 Milliarden Menschen regieren soll? Es gibt keine Vorbilder für Länder wie China. Niemand hat je ein Fünftel der Menschheit regiert. Also zeigt nicht ständig mit dem Finger auf uns und sagt uns, was wir zu tun haben. Wir wissen, wo unsere Probleme liegen. Wir kennen sie besser, als ihr glaubt. Sie nehmen uns oft genug die Luft zum Atmen, und manchen von uns zittert das Herz beim Gedanken an unsere Heimat. Und auch in Menschenrechtsverletzungen wissen wir bestens Bescheid. Trotzdem habt ihr mit eurer Kritik während der Olympiade die Falschen getrof-

172

fen. Man kann solche Dinge nicht immer und überall einfordern. Wir haben genug an unserer Regierung, an unseren Behörden und Beamten zu kritisieren. Aber oft genug fühlen wir uns doch als eine Nation. Als Chinesen. Nicht als Untertanen der Kommunistischen Partei Chinas. Und wenn ihr uns dann als gelbe Spione verunglimpft, wie im »Spiegel« geschehen, und uns pauschal der Spionage bezichtigt, werden wir jungen Leute das ein Leben lang nicht vergessen. Im Übrigen: Ist Industriespionage den Deutschen eigentlich fremd? Ich glaube eher nicht.«

Das World Wide Web macht es möglich, dass man sich mit jedem zu jeder Zeit an jedem nur möglichen Ort auf der Welt austauschen kann. Davon machen die jungen Chinesen begeistert Gebrauch. Niemand von ihnen verfolgt die Nachrichten im Radio, im Fernsehen oder in der Presse. Die Jungen, aber auch viele Ältere, gehen ins Internet und kommunizieren mit der ganzen Welt. Zwar gibt es zahlreiche Versuche von staatlicher Seite, den Informationsfluss zu kontrollieren, aber es gibt fast ebenso viele Schlupflöcher. Das hat zur Folge, dass, wer immer sich um Informationen bemüht, diese auch bekommen kann. Die Chinesen lieben es, online zu sein. Beispielsweise übersteigt die Leserschaft von Online-Literatur bereits die Rate jener der gedruckten. Die größte Website für Online-Literatur hatte 2008 über zwei Millionen zahlende Leser pro Tag.

Fährt ein deutscher VW-Mitarbeiter mitten in Shanghai eine chinesische Radfahrerin über den Haufen, dann steht das wenige Minuten später im Netz, belegt mit Fotos von Handy-Kameras. Werden mit dem »Spiegel«-Titel »Die gelben Spione« Chinesen in Deutschland pauschal verurteilt und bekommt eine chinesische Mitarbeiterin der Deutschen Welle Schwierigkeiten, weil sie sich angeblich mehrmals zu positiv über China geäußert hat, dann wird darüber im Netz wochenlang heftig diskutiert. Was in Deutschland passiert, lesen interessierte Chinesen nur einen Moment später im Internet, ganz gleich, ob sie sich in Shanghai, Beijing, Frankfurt oder Berlin befinden.

»Noch vor wenigen Jahren war für uns junge Leute der Westen gleichbedeutend mit Freiheit und Demokratie. Doch das hat sich seit der westlichen Medienschelte, dem olympischen Fackellauf und dem Fall der Zhang Danhong, jener Mitarbeiterin der Deutschen Welle, geändert. Viele von uns haben plötzlich das Gefühl, dass doch nicht alles im Westen so rosig ist wie zuvor angenommen«, sagt Frau C., eine junge Künstlerin in Shanghai. »Mag sein, dass die Medien im Westen frei sind, wie immer behauptet wird, aber meiner Meinung nach sind sie käuflich. Sie verkaufen Nachrichten wie andere Immobilien, und verdienen damit ihr Geld. Deshalb bedienen sie auch die Interessen, die sie bei ihrem Publikum vermuten, und wenn bestimmte Meinungen im Trend liegen, dann werden diese eben bedient. Mit Wahrheitsfindung hat das aber nichts zu tun.«

Ohne das Internet hätte in China wohl niemand den Fall der Zhang Danhong mitbekommen. Doch plötzlich las man, dass eine chinesische Journalistin bei der Deutschen Welle ihren Job verlieren soll, weil sie sich zu positiv über China geäußert hat. Dabei unterschieden sich ihre Äußerungen kaum von den Feststellungen mancher deutschen Journalisten und Politiker. Die Schlussfolgerung für junge Chinesen: Sobald man sich als Chinese in Deutschland positiv über seine Heimat äußert und um Verständnis und Geduld wirbt, wird man als ein Werkzeug der Partei bezeichnet. Und sie fragen sich: Ist das die Meinungsfreiheit, auf die Deutschland so stolz ist?

Ein chinesischer Internet-Kommentar: »Die chinesische Jugend hat den Westen neu entdeckt. Sie hat festgestellt, dass ihr nicht so frei seid, wie ihr immer behauptet. Ihr werdet manipuliert, ohne es zu merken. Bei uns dienen die Medien der Partei, bei euch den Geschäftsinteressen der großen Medienkonzerne. Zwar dürft ihr eure Regierung und eure Politiker kritisieren, aber nicht gegen die Interessen der Medienkonzerne verstoßen.«

Wir Chinesen sind an allem schuld

Wenn die Preise für Bodenschätze und Nahrungsmittel steigen, ist schnell der Grund gefunden. Die Chinesen sind schuld. So stand es in der Zeitung. Die Preise steigen, weil sich die Chinesen satt essen wollen und deshalb so viele Nahrungsmittel verbrauchen. Die Ölpreise steigen, weil jeder Chinese unbedingt Auto fahren möchte. Aber ist es ein Privileg der westlichen Welt, sich satt zu essen und Auto zu fahren?

Ein Chinese ging in einen Hamburger Supermarkt, um Milch zu kaufen. Erst kurz zuvor waren die Milchpreise gestiegen. Wie es hieß, hätten dies Chinas große Importe von Milchpulver verursacht. Der Chinese wollte gerade nach einer Tüte Vollmilch greifen, als er hinter sich hörte: »Muss das sein?« Es war eine alte Dame, die sich über ihn entrüstete. »Müssen Sie unbedingt Milch trinken?«

»Wie bitte?«, fragte der Chinese erschrocken.

»Nur weil die Chinesen so viel Milch trinken, steigen bei uns die Milchpreise«, klärte ihn die Frau auf.

Der Chinese zögerte. Er wusste nicht recht, was er tun sollte, zumal er selbst gar keine Milch trank, sondern sie nur seiner Nichte, einer jungen Studentin, mitbringen wollte. Immerhin hatte ihm seine Schwester eingebläut, dass ihre Tochter täglich ein Glas Milch trinken müsse. Doch dem entrüsteten Blick der alten Dame hielt er nicht Stand. Er ließ die Milch stehen und verkrümelte sich.

Ein Blick zurück auf die Olympiade

Nicht nur viele junge, auch viele ältere Chinesen waren mit dem gewaltigen Aufwand, den die chinesische Regierung anlässlich der Olympischen Spiele betrieben hat, nicht einverstanden. Von allen Seiten hagelte es Kritik. Das Geld ließe sich sinnvoller investieren. Viele Beijinger waren zudem sauer über die angekündigten Einschränkungen während der Spiele. Man konnte nicht mehr jeden

Tag mit seinem Auto auf die Straße, es durfte nichts mehr gebaut und renoviert werden, der Reise- und selbst der Postverkehr waren eingeschränkt. Wen immer man fragte, niemand schien glücklich mit der Olympiade. Dann kam der Fackellauf einmal rund um die Welt, und die viele negative Resonanz und was daraufhin aus den freien Ländern wie Deutschland und Frankreich im Internet an Berichten zu lesen und an Bildern zu sehen war, erschreckte selbst die vormals größten Kritiker. Woher kam diese Aggressivität, die sich sogar gegen eine behinderte Sportlerin in ihrem Rollstuhl wandte? Verbunden mit der Tibet-Politik schien China am Pranger zu stehen. Und plötzlich wendete sich das Blatt: Ganz gleich wie groß die Kritik an der eigenen Führung zuvor gewesen war, bei dieser heftigen Kritik aus dem Ausland, die viele als übertrieben und diskriminierend empfanden, ergriffen die meisten Partei für ihr Land. Worum sich die Regierung zuvor so bemüht hatte, nämlich dass alle geschlossen hinter ihr stehen, hätte sie mit allem Geld dieser Welt nicht erreichen können. Aber die westliche Kritik hat es geschafft.

Frau Y., Unternehmerin in Berlin: »Ich habe mich die ganze Zeit gefragt, was die deutsche Medienschelte in Sachen Olympiade eigentlich sollte. Gönnt man uns die Olympiade nicht? Ist es schlecht für die Welt, wenn die Olympiade in China stattfindet? Dürfen nur Demokratien Olympische Spiele ausrichten? Dann hätte man uns die Spiele nicht geben dürfen. Also, was soll das? Ich fand das nicht sehr intelligent von den westlichen Journalisten. Die Olympiade wurde nicht nur für die Chinesen ausgerichtet, sondern für die Athleten der ganzen Welt. Wozu also dieses Herummeckern, wenn sich die chinesische Regierung ins Zeug legt und Spiele vom Feinsten organisieren möchte. Ist es nicht ganz natürlich, dass sich ein Land bei solcher Gelegenheit von seiner besten Seite zeigen möchte? Machen wir in unserem Privatleben nicht auch alles hübsch zurecht, wenn Besuch kommt? Was machen wir normalen Leute denn, wenn wir Gäste erwarten? Putzen wir nicht auch unser Haus, räumen vorher auf, und lassen alles verschwinden, was bisher herumlag? Wir wollen doch auch nicht, dass der Besuch die dunklen Flecken und Löcher sieht. Wie viel Arbeit und wie viel Mühe steckten hinter der Organisation, wieso kann man das nicht auch mal loben? Nach den Spielen hörte ich, wie sich Sportler über die strikten Sicherheitsvorkehrungen beschwerten. Da konnte ich nur noch lachen. Egal wie man's macht, es ist immer falsch. Wäre ein Anschlag verübt worden, hätte man wahrscheinlich über mangelnde Sicherheit lamentiert. Die Deutschen sind einfach an negative Nachrichten gewöhnt. Scheinbar sind die Einschaltquoten umso höher, je negativer die Berichte sind. Unerträglich fand ich die Kommentare von Frau Maischberger anlässlich der Eröffnungsfeier. Ihre Grundeinstellung gegenüber China war eindeutig negativ, und weil sie nicht viel über das Land wusste, erging sie sich in unqualifizierten negativen Anspielungen. Ich habe zum Schluss den Ton abgestellt. Was bezweckte sie damit? Wollte sie sich bei bestimmten Leuten einschmeicheln? Aber das gehört wahrscheinlich zur westlichen Medienkultur. Fürchterlich finde ich das. Allerdings muss ich zugeben, dass mir die chinesische Medienkultur auch nicht gefällt. In den chinesischen Nachrichten wird meist nur positiv berichtet. Es wird alles schöngeredet. Will man etwas über die unangenehmen Seiten wissen, muss man ins Internet gehen.«

Frau G., Lehrerin in Berlin: »Ich fand es sehr bedauerlich und peinlich zugleich, als die deutsche Mannschaft ins Olympia-Stadion einmarschierte und kein deutscher Politiker auf der Tribüne stand. So viele andere Mannschaften waren dort vorbeigezogen und hatten ihren politischen Vertretern zugewinkt. Nur die Deutschen guckten ins Leere. Angela Merkel war zu Hause geblieben, und Horst Köhler kam nur zur Abschlussveranstaltung. Viele Chinesen waren darüber sehr betroffen. Ich auch. Früher streckten die Chinesen immer die Daumen hoch, wenn von Deutschland die Rede war. Jetzt sind viele enttäuscht.

Die Franzosen waren schlauer. Die haben vorher auch gemeckert, sind schließlich aber doch gekommen. Ich denke, die Deutschen sind die schlechteren Diplomaten. China ist auf vielen Gebieten zu einem wichtigen Partner für Deutschland geworden. So geht man mit Partnern nicht um. Beziehungen müssen gepflegt und nicht strapaziert werden. Das ist im Alltag und erst recht in der Weltpolitik so. Amerikaner, Italiener, Spanier, Franzosen – alle haben sie ihre Vertreter geschickt. Nur ausgerechnet die Deutschen nicht. Sehr bedauerlich. Andererseits sollte man dem Ganzen nicht zu viel Bedeutung beimessen. Die Chinesen sind nicht nachtragend. Die meisten haben das wahrscheinlich längst vergessen. Aber insgesamt gesehen ist man Deutschen gegenüber jetzt empfindlicher geworden. Die Sympathie ist nicht mehr so uneingeschränkt wie früher.«

Man kann euch nichts recht machen

Auszüge aus einem Internet-Kommentar:

»Als wir der ›kranke Mann Asiens‹ waren, galten wir als Gelbe Gefahr.

Seit wir als nächste Supermacht gehandelt werden, gelten wir als Bedrohung.

Als wir uns von der Außenwelt abriegelten, erzwangt ihr mit Drogenschmuggel die Öffnung unseres Marktes.

Seit wir uns zum freien Handel bekennen, werft ihr uns vor, euch die Jobs zu stehlen.

Als unsere Bevölkerung eine Milliarde überschritt, hieß es entsetzt, wir würden den Planeten übernehmen.

Als wir die Familienplanung einführten, kritisiertet ihr dies als inhuman.«

Unsere Tür steht offen

Herr L., Schauspieler: »Mögen die westlichen Medien auch noch so viel herumlamentieren, die einzelnen Deutschen sind oft sehr nett. In jedem Volk gibt es gute und böse, interessierte und desinteressierte Menschen. Gibst du dich freundlich, wird man dir gegenüber auch freundlich sein. Einmal trat mein deutscher Freund in Deutschland vor großem Publikum auf. Er bat mich spontan auf die Bühne, um ein paar Worte an das Publikum zu richten. Es war ein trüber Tag gewesen. Ich trat also auf die Bühne und verkündete, dass ich ihre Stadt sehr mag, die Architektur, die vielen Bäume, nur eben das trübe Wetter nicht und dass ich mir wünschte, ihnen ein wenig Sonne aus dem heißen Shanghai mitbringen zu können. Nach ein paar weiteren netten Worten verließ ich die Bühne wieder. Am Schluss der Veranstaltung kamen mehrere Leute zu mir, und jeder erzählte mir etwas über China und über Shanghai. Der eine hatte einen Verwandten dort, ein anderer war erst kürzlich dorthin gereist und ein weiterer erzählte mir etwas von einem chinesischen Hund, den er besäße. Mir gefiel die Freundlichkeit der Leute. Aber so ist das. Gibst du etwas, bekommst du auch etwas zurück. Chinas Tür steht offen. Gegenseitiges Verständnis sollte nicht die Sache von Regierungen sein. Regierungen entscheiden über Krieg und Frieden. Verständnis und Freundschaft hingegen sind eine Sache zwischen einzelnen Menschen. Da ist jeder gefordert. Aber in dieser Hinsicht gibt es zwischen Deutschen und Chinesen noch immer zu wenig Austausch. Es bestehen unglaublich viele Vorurteile. Mir sagen die Deutschen oft, du siehst gar nicht aus wie ein Chinese. Du hast weder Schlitzaugen noch eine platte Nase. Da erwidere ich immer, du hast einfach nur zu wenig Chinesen gesehen. Fazit: Es gibt nicht nur dumme Chinesen, es gibt auch dumme Deutsche.«

Was mir wichtig ist

Herr W., Informatiker in Shanghai: »Nur wer Zugang ins Internet oder zu ausländischen Fernsehsendern hat, bekommt in China etwas mit von der Kritik aus dem Ausland. Gelegentlich wird darüber auch in der Presse berichtet. Aber wer liest heute noch Zeitung? Wir sind eine Internet-Nation geworden. Nach den USA ist China das Land mit den meisten Internet-Nutzern. All meine Informationen, hauptsächlich zur internationalen und innerchinesischen Wirtschaftslage, beziehe ich aus dem Internet. Ich verbringe täglich mehrere Stunden am Computer. Häufig bin ich dabei auf Artikel gestoßen, die von heftiger deutscher Kritik an unserem Land berichten. Da geht es um Demokratie, Pressefreiheit und Menschenrechte. Gut und schön, denke ich dann, aber von diesen Dingen verstehe ich nicht viel. Ich weiß nicht, wie es damit im Ausland steht. Ich war noch nie dort, und in China ist man ja relativ abgeschnitten von der Außenwelt. Ich habe also keine Vergleichsmöglichkeiten und kann da nicht mitreden. Trotzdem finde ich es nett, dass sich die Deutschen so viel Sorgen um uns machen. Die haben recht, denke ich dann und freue mich über wohlformulierte Artikel, obwohl ich finde, dass dies alles nicht viel mit mir zu tun hat. Das sind Probleme, die uns jungen Leuten nicht am Herzen liegen. Das ist Politik, und die ist uns egal. Hu Jintao, unser Staatspräsident, soll sich darum kümmern. Von Ideologien und schönen Theorien wollen wir nichts wissen. Uns interessiert viel mehr, wie wir mit dem Druck, den die Wirtschaftsreformen verursacht haben, fertig werden. Wir wollen wissen, wie man sich qualifiziert, um einen besseren Job zu bekommen, und wie man Geld verdient. Heute ist es in China doch so, dass sich jeder mit jedem vergleicht. Der Unterschied zwischen Arm und Reich ist immens. Überall gibt es Neid. Die Korruption blüht, in Behörden genauso wie in Krankenhäusern und Schulen. Viele Leute kommen durch Beziehungen hoch, andere, gut ausgebildete, denen es an Verbindungen mangelt, bleiben auf der Strecke. Es gibt viel Unmut in der Bevölkerung, und überall schimpft man auf die Regierung. Das sind die Dinge, die uns beschäftigen. Deshalb mache ich mir auch keine Gedanken über Demokratie und irgendwelche Menschenrechte. Ich kümmere mich ums Geldverdienen, ich will mir irgendwann mal eine Wohnung oder ein Haus kaufen und mir dann eine Frau suchen, und erst, wenn ich das alles habe, kümmere ich mich vielleicht auch um Demokratie und Menschenrechte.«

Von deutschem Schubladendenken

Das heutige Regierungssystem Chinas haben die Chinesen einem großen Deutschen zu verdanken, den die meisten Menschen in seiner Heimat gar nicht so sehr schätzen: Karl Marx. Was wäre ohne ihn aus China geworden?

Karl Marx, ein Deutscher! Allein das ist schon Grund genug für viele Chinesen, die Deutschen ganz sympathisch zu finden. Aber wieso machte China ausgerechnet einen Deutschen zum Retter der Nation? Ein kleiner Blick zurück in die Geschichte:

Seit dem siebzehnten Jahrhundert stand China unter Fremdherrschaft: die Mandschuren hatten das Land erobert und die Qing-Dynastie gegründet. Im neunzehnten Jahrhundert zwangen Briten und andere Westmächte mit Opium und Kanonen China zur Öffnung seines Marktes. Die Begehrlichkeiten der westlichen Ausländer ließen keinen Zweifel daran, dass das Land in einen halbkolonialen Zustand fallen und aufgeteilt würde. Im zwanzigsten Jahrhundert folgten japanische Besatzung und Bürgerkrieg, parallel dazu der wirtschaftliche Niedergang und bitterste Armut mit jährlich unzähligen Hungertoten. Nach den Protesten gegen den Versailler Vertrag 1919 formierte sich die geistige Elite des Landes an Universitäten, in Schulen und in christlichen Studiengruppen, vor allem Söhne und Töchter aus den führenden chinesischen Familien. Sie wollten dem Niedergang und dem

Zerfall des Landes nicht länger zusehen und suchten nach Wegen zu einer gerechteren Gesellschaft, in der es für jeden Menschen Arbeit, ein Dach über dem Kopf und genug zu essen gäbe, bei gleichzeitiger nationaler Eigenständigkeit. Viele dieser jungen Leute gingen zum Studium ins Ausland, nach Japan, in die USA und nach Europa, und sie stießen dort auf atemberaubende neue Ideen und Denkmodelle. In Russland war wenige Jahre zuvor die alte Zarenherrschaft hinweggefegt worden, und es hatte sich ein neues System etabliert, das zumindest von außen betrachtet Hoffnung auf eine bessere Gesellschaft machte. Dadurch fanden sie ihn, ihren neuen Messias: Karl Marx.

Nach der Revolution von 1949 war das »Neue China« geboren. Die jungen Leute konnten das Land ihrer Träume aufbauen. Doch schon ein paar Jahre später begannen Richtungskämpfe innerhalb der Partei mit politischen Bewegungen und Säuberungsaktionen, die Ende der sechziger Jahre in der Kulturrevolution gipfelten. Das Land wurde politisch und wirtschaftlich an den Abgrund manövriert. Dann, 1978, der Neuanfang: Nicht Klassenkampf, sondern Reformen sollten das Land retten. Deng Xiaoping setzte sich durch und war erfolgreich. China hat in den letzten dreißig Jahren gewaltige Fortschritte gemacht. Ein ungeheurer Wirtschaftsboom bescherte dem Land jährliche Wachstumsraten von regelmäßig um die zehn Prozent. Die Städte sind nicht mehr wiederzuerkennen. Die heutige Skyline des Shanghaier Stadtteils Pudong war 1990 noch nicht zu erahnen. Wer damals prophezeit hätte, wie sich der Lebensstandard mehrerer hundert Millionen Menschen innerhalb von zwanzig Jahren ändern würde, den hätte man ausgelacht. Die Voraussetzungen für diese Entwicklung schuf die Politik Deng Xiaopings, abgesegnet von der Kommunistischen Partei. Dass die chinesische Kommunistische Partei inzwischen stramme Kapitalisten als Mitglieder aufnimmt, ist nur einer von vielen Widersprüchen und unvereinbar mit den ursprünglichen Theorien des Karl Marx. Die chinesische Führung nennt sich zwar kommunistisch, in Wirklichkeit ist sie längst im herkömmlichen Sinne konfuzianisch zentralistisch. Mit den Ideen des Karl Marx ist man gescheitert und an den Rand des Abgrunds geraten. Nun muss ein neues System entwickelt werden, und wie das gemacht wird, hat Deng Xiaoping in seinen letzten Lebensjahren angedeutet: Über Steine tastend den Fluss überqueren. Niemand weiß so recht, in welche Richtung der Weg führt, und die Meinungen darüber unter den Chinesen innerhalb und außerhalb des Landes können unterschiedlicher gar nicht sein. In einem jedoch sind sich alle einig: Die nationale Einheit darf nicht aufs Spiel gesetzt werden. Nicht noch einmal darf China Spielball ausländischer Interessen werden. Die uralte Idee vom Einheitsstaat, entstanden in vorchristlichen Jahrtausenden, ist allen heilig, Konfuzianern ebenso wie Demokraten und Kommunisten.

Viele Chinesen, die in Deutschland leben, beklagen bei den Deutschen heute eine Art Schubladendenken: China – Menschenrechte – Tibet. Man hört es selbst in den Nachrichten. Zuerst wird vermeldet, welcher deutsche Politiker in China zu Gesprächen unterwegs ist, und gleich darauf folgt, dass der oder die Betreffende selbstverständlich die Menschenrechte ansprechen wird oder bereits angesprochen hat. Der deutsche Zuschauer lehnt sich zufrieden in seinen Sessel zurück. Nichts anderes interessiert. Wurde über die Menschenrechte gesprochen? Wenn ja, ist der Fall abgehakt, wenn nein, ebenfalls. Manche Chinesen haben den Eindruck, dass die Meldungen zu Gesprächen über die Menschenrechte denn auch im Wesentlichen für den deutschen Wähler bestimmt sind. Nach dem Motto: Seht ihr, ich habe mich für unsere Werte bei den chinesischen Betonköpfen stark gemacht. Wenn den deutschen Politikern tatsächlich so viel an den chinesischen Menschenrechten läge, würden sie in der Öffentlichkeit nicht diese Schwarzweißmalerei betreiben, sondern sich differenzierter mit dem Thema auseinandersetzen und es auch im historischen Zusammenhang sehen.

Wollen die Chinesen denn keine Sicherung ihrer Menschenrechte? Selbstverständlich wollen sie diese. »Aber auch unter

Freunden muss sich Lob und Tadel in der Waage halten«, sagt Herr K., Unternehmer in Shanghai. »Man kann China nicht immer nur kritisieren, sondern muss auch mal das Erreichte loben. Man muss die Dinge von beiden Seiten betrachten und auch mal akzeptieren, dass Prozesse langsam gehen. Aber was heißt bei uns langsam? Innerhalb von zwanzig Jahren haben wir, allein was die Gesetzgebung betrifft, ein völlig neues System geschaffen. Übrigens auch mit deutscher Hilfe. Aber viele dieser neuen Gesetze sind in den Köpfen der Leute noch nicht angekommen, auch nicht in den Köpfen der Politiker, der Beamten und der Polizisten. Die Rahmenbedingungen wurden radikal verändert, nur mit der Umsetzung hapert es noch. Das kostet Zeit. Natürlich kann man das kritisieren und darauf bestehen, dass alle Chinesen ab sofort die neuen Gesetze befolgen, aber das ist unrealistisch. Das gilt auch für die Umsetzung der Menschenrechte. Wenn ich eingesperrt würde, hätte ich es auch gern, wenn mein Rechtsanwalt sofort zur Stelle wäre. Aber es gibt Beamte, die das überhaupt nicht interessiert. Dennoch finde ich, dass es uns in dieser Hinsicht bereits ungleich besser geht als noch vor zwanzig Jahren. Das ist zwar nicht zufriedenstellend, aber so ist das eben, alles braucht seine Zeit.«

Zahlreiche in Deutschland ansässige Chinesen fühlen sich hin- und hergerissen. Fliegen sie nach China, sehen sie mit Unmut die oft nur schleppende Bewältigung der anstehenden Probleme, wie z.B. die Bekämpfung der Korruption. Dann kritisieren und schimpfen sie und gehen ihren Verwandten mit Sprüchen wie »In Deutschland ist alles besser« ziemlich auf die Nerven. Kaum zurück in Deutschland, beginnen sie, die chinesische Führung zu verteidigen. Warum? Weil die Kritik an China, mit der sie in Deutschland konfrontiert werden, in ihren Augen einseitig und ungerecht ist. »Die Deutschen sehen nur, was wir bis jetzt noch nicht geschafft haben, sie würdigen nicht die Erfolge, die wir bereits verbuchen konnten«, sagt eine in Hamburg lebende Journalistin.

»Die Deutschen teilen uns Chinesen in Dissidenten und Parteimitglieder ein«, beschwert sich der junge Herr C. in Berlin. »Scheinbar weiß man in Deutschland gar nicht, dass von den 1,3 Milliarden Chinesen nur eine kleine Minderheit in der Partei ist, keine sieben Prozent. Und dass die meisten Dissidenten, die heute in Deutschland leben, schon längst wieder nach China fahren und ihren Beschäftigungen nachgehen, weil sie einen deutschen Pass besitzen. Auch das nimmt keiner wahr.«

Sind wir gelbe Spione?

Wohl kein anderer Bericht in den deutschen Medien hat die Chinesen in Deutschland so getroffen wie der »Spiegel«-Titel »Die gelben Spione« vom August 2007. Damit haben die Deutschen in ihren Augen einmal mehr bewiesen, dass sie alle über einen Kamm scheren und dass sie die Chinesen und ihre Probleme voller Vorurteile betrachten. Was hat sie an dem Bericht so empört?

In Zusammenhang mit der sicher zu Recht beklagten Wirtschaftsspionage war von einer Art Volksarmee die Rede, einem Heer von Chinesen im Ausland, die in Wissenschaft und Wirtschaft arbeiten, zum Teil in leitender Stellung. Sie würden stehlen, kopieren und klauen, hieß es, wenn auch einschränkend hinzugefügt wurde, dass es sich wohl nur um eine kleine Minderheit handelt.

Wer sind diese Menschen, die das »Heer der Chinesen« bilden und die man hier verdächtigt? Diejenigen Chinesen, die heute in leitender Stellung im Ausland arbeiten, sind um die vierzig, fünfzig Jahre alt. Sie gehören jener Generation an, die in ihrer Kindheit die Kulturrevolution miterlebt hat. Diese Männer und Frauen haben mit eigenen Augen gesehen wie Eltern, Großeltern, Nachbarn, Lehrer und andere Erwachsene in ihrer Umgebung gedemütigt, geschlagen und in manchen Fällen sogar getötet wurden oder Selbstmord begingen. Sprechen die älteren Chinesen heute von den Schrecken der alten Gesellschaft vor 1949, von Hunger und Tod, von japanischer Besatzung, ausländischen Kriegsschiffen auf chinesischen Flüssen und der anschließenden kommunistischen Befreiung, und stellen sie dann die Verdienste der Partei heraus, hören die meisten der mittleren Generation nicht mehr zu. Sie haben ihre eigenen Erfahrungen gemacht. Die Schrecken, die sie erlebt haben, sind durch die Politik der Kommunistischen Partei verursacht worden. Kaum jemand ist unter ihnen, der nicht mindestens einen Fall in der Familie beklagen kann, der einer, wenn nicht sogar mehreren politischen Kampagnen zum Opfer gefallen ist. Als sich in den achtziger, neunziger Jahren die Möglichkeit bot, zum Studium ins Ausland zu gehen, schickten die Familien ihre Kinder hinaus, damit sie es einmal besser hätten als sie selbst, die ihre besten Jahre im Strudel der politischen Bewegungen vergeudet haben. Diese Kinder, heute in ihren Vierzigern und Fünfzigern, gehören zu jenem »Heer der Chinesen«, unter ihnen übrigens auch einige, die an der Bewegung des 4. Juni 1989 aktiv teilnahmen, sie zumindest unterstützt haben. Was sie damals forderten, war vor allem der Kampf gegen die inzwischen im ganzen Land grassierende Korruption.

Gerade dieser zahlenmäßig großen Gruppe, die zu den schärfsten Kritikern des chinesischen Partei- und Beamtenapparates gehört, unterstellt man nun, Spionage zu betreiben. Diese Menschen waren zum Studium nach Deutschland gekommen. Häufig hatten sie in China bereits ein Studium abgeschlossen. Sie gehören zur geistigen Elite ihres Landes, aber sie haben sich für ein Leben im Ausland entschieden, aus ganz persönlichen Gründen, die aber meist auf einen politischen Erfahrungshintergrund zurückgehen. Diese Leute haben in Deutschland geheiratet, haben ihre Familien gegründet und Häuser gebaut. Ihre Kinder sind in Deutschland geboren und aufgewachsen und fühlen sich als Deutsche. Sie betrachten Deutschland als ihre zweite Heimat, aber sie fühlen sich immer auch mit China verbunden, wohlgemerkt, nicht mit der Kommunistischen Partei, sondern mit dem Land ihrer Eltern und ihrer Ahnen. Es ist gerade diese Gruppe, die, wenn man sie denn richtig nutzen würde, den größten Beitrag zur deutsch-chinesischen Zusammenarbeit leisten könnte, sowohl auf wirtschaftlichem wie auch auf politischem Gebiet. Sie selbst weiß das, umso größer ist die Enttäuschung, dass man ihr mit so viel Misstrauen und Vorurteilen begegnet und dass man sie unter Generalverdacht stellt.

In dem Artikel wurde ein sogenannter Überläufer zitiert, der ehemals dritter Sekretär des chinesischen Konsulats in Sydney gewesen war. Er behauptet, dass jeder, der ins Ausland gelassen wird, ob Student oder Geschäftsmann, in der Schuld der Partei stünde und sich deshalb als Spitzel revanchieren würde. Was diesen »Überläufer« zu dieser Aussage veranlasst, ist für uns Autoren nicht ganz nachvollziehbar. Wir haben selbst mehrere Verwandte und Freunde ins Ausland geholt. Wir wissen, wie das Prozedere abläuft, und dass es eher heißen müsste: Jeder Student, jeder Geschäftsmann, der ins Ausland gelassen wird, steht in der Schuld der ausländischen Behörden, denn spätestens seit den neunziger Jahren, seit China seine Türen geöffnet hat und die Chinesen ins Ausland reisen können, hat das westliche Ausland vor dem Ansturm seine Türen nicht gerade geschlossen, aber immerhin angelehnt. Als Deng Xiaoping im Jahre 1979 während seines Besuches in den USA auf die mangelnde Reisefreiheit seiner Landsleute angesprochen wurde, insbesondere auf die Möglichkeit, in die USA zu kommen, soll er Präsident Carter geantwortet haben: »Wie viele Millionen wollen Sie denn haben?«

Die Empörung über den vorgenannten Artikel hätte nicht größer sein können. Es war nicht der vielbeschworene Patriotismus, der die Chinesen aufbrachte, sondern das Gefühl, ungerecht behandelt zu werden. Vertreter von Studenten und Wissenschaftlern versuchten juristisch gegen den »Spiegel« vorzugehen, zumindest eine Entschuldigung und Richtigstellung zu erwirken. Natürlich umsonst. Sie versammelten sich auch zu Demonstrationen, um ihrem Unmut Ausdruck zu verleihen. Wenn Chinesen jedoch in

Deutschland demonstrieren, heißt es sofort, dahinter würden die chinesische Regierung, die chinesische Botschaft oder zumindest linientreue Studentenvertreter stecken. Dass sie freiwillig und aus eigenem Antrieb demonstrieren, weil sie sich über Verunglimpfungen wie im Fall der »gelben Spione« empören, glaubt man ihnen nicht. In diesem Zusammenhang müsste man sich fragen, wie dann die Demonstrationen, die damals im Frühling 1989 in Hamburg und anderen deutschen Großstädten stattfanden, erklärt werden? Es waren Sympathiekundgebungen für die Studenten auf dem Platz des Himmlischen Friedens. Dahinter werden wohl kaum chinesische Behörden gesteckt haben. Junge Chinesen lassen sich nicht einschüchtern. Sie sagen ihre Meinung, auch im Westen und auch, wenn sie damit dem westlichen *mainstream* widersprechen.

Niemand stellt in Frage, dass es Produkt- und Markenpiraterie, Patentverletzungen, Wirtschaftsspionage und alles Weitere gibt, was in dem »Spiegel«-Artikel beklagt wurde. Die Empörung richtete sich gegen die pauschale Verurteilung. Schwarze Schafe gibt es immer und überall und Industriespionage ist auch der westlichen Welt nicht fremd. Wieso also stellt man eine ganze Generation unter Generalverdacht?

Seit entsprechende Berichte in den deutschen Medien erschienen und junge Chinesen pauschal zu Spionen erklärt wurden, hat sich für sie in deutschen Betrieben und Instituten vieles verändert. Für Studierende aus technischen Berufen ist es schwer geworden, einen Praktikumsplatz zu bekommen. Sie werden ausgegrenzt, denn man hat Angst, sie könnten irgendwelche Technik stehlen. Aber so lernen sie eben auch keine deutsche Technik kennen. Herr Y. aus Shanghai hat in Deutschland studiert und seit zwanzig Jahren nur in deutschen Betrieben gearbeitet. Heute vertritt er sehr erfolgreich ein deutsches Industrieunternehmen in China. »Dazu wäre ich nie in der Lage, wenn man mich früher genauso ausgegrenzt hätte, wie man es heute mit jungen chinesischen Studenten macht.«

Chinesische Mitarbeiter in deutschen Betrieben und Instituten wagen es kaum noch, Überstunden zu machen. Normalerweise nehmen sie es nicht so genau mit ihrer Arbeitszeit. Aus China ist man es gewöhnt, dass man länger am Arbeitsplatz bleibt. Manche Wissenschaftler kamen allein nach Deutschland und ließen ihre Familie in China zurück. Deshalb zog es mancher vor, länger im Büro zu bleiben, als abends allein in der Wohnung herumzusitzen. Auch das hat sich geändert. Denn wer länger bleibt, wird von deutschen Kollegen skeptisch beäugt. »Es ist doch klar, dass uns alle der Artikel über die gelben Spione verletzt hat. Seitdem mache ich keine Überstunden mehr, und samstags und sonntags gehe ich auch nicht mehr ins Institut, wie ich es früher manchmal getan habe, wenn viel zu tun war«, sagt Herr O., Professor in Berlin.

Herr Z. aus Berlin: »Kurz nach Erscheinen jenes Artikels saß ich in einem ICE mit meinem Laptop und tippte. Ein paar Leute um mich herum machten Bemerkungen, wie ich sie früher noch nie gehört hatte. In dessen Laptop würde ich auch mal gern meinen USB-Stick stecken, meinte einer. Was da wohl alles an Geheimnissen drin ist? Die Chinesen kopieren doch alles.« Mit diesem Beispiel erklärt Herr Z. den großen Einfluss, den solche und ähnliche Artikel auf die deutsche Bevölkerung haben. »Die Medien spielen eine große Rolle. Sie sollten sich ihrer Verantwortung bewusst sein. Aber auch die deutsche Regierung sollte sich darüber bewusst sein, wie stark ihre oft unfreundliche Haltung auf die Bevölkerung abfärbt.«

Die Chinesen erleben diesen Einfluss hautnah. Im Dezember 2008 war eine chinesische Delegation in Nürnberg unterwegs. Sie schaute sich den Weihnachtsmarkt an und war begeistert. Einige von ihnen bekamen Durst und gingen in einen Supermarkt, um Wasser zu kaufen. Vor ihnen an der Kasse hatte eine alte Deutsche gerade bezahlt und verstaute ihre Sachen in ihrer Einkaufstasche. Die nachfolgenden Chinesen wurden von der Kassiererin nett begrüßt. Da rief die alte Frau: »Die brauchen sie gar nicht so freundlich zu begrüßen. Die Chinesen klauen doch nur!«

Die Kassiererin: »Ich darf doch wohl meine Kunden freundlich begrüßen.«

Die Alte: »Informieren Sie sich lieber. Die sind nur hier, um unsere Technologie zu klauen. Fragen Sie mal rum. Dann werden sie es hören. Diebe sind es, allesamt.«

Keiner der Chinesen in Deutschland beklagt, dass Fälle von Know-how-Diebstahl und Industriespionage angeprangert werden. Aber sie finden es unverantwortlich, wenn mit dunklen Begriffen gespielt wird, wenn mit dem Begriff der »gelben Spione« auf die »gelbe Gefahr« angespielt wird und man damit alte Ängste heraufbeschwört und Hass schürt.

Kein gleiches Recht für alle

Der Fall der chinesischen Mitarbeiterin bei der Deutschen Welle machte es für viele Chinesen in Deutschland deutlich: Eine differenzierte Meinungsäußerung, zumal von einem Chinesen geäußert und dem allgemeinen Trend widersprechend, reicht, um in die Kritik zu geraten.

Es gibt wohl keinen aufgeschlossenen und politisch interessierten Chinesen in Deutschland, der ihren Namen nicht kennt, und dank des Internets ist sie auch in China eine vielzitierte Berühmtheit geworden: Zhang Danhong! Was hatte sie Schlimmes angestellt, dass man sie zeitweise vom Dienst suspendierte, dies aber zum Glück wieder rückgängig machte? Man verdächtigte sie der tendenziösen Berichterstattung im China-Programm der Deutschen Welle. Tendenziös hieß in ihrem Falle, dass sie im Sinne der Kommunistischen Partei Chinas berichtete. Sie hatte außerdem öffentlich erklärt, dass es China in den letzten dreißig Jahren gelungen sei, vierhundert Millionen Menschen aus der absoluten Armut zu holen. Dasselbe stand im Asienstrategiepapier der CDU/CSU-Bundestagsfraktion von 2007. Nur hatte Zhang erklärend hinzugefügt, dass die Kommunistische Partei Chinas damit mehr als jede andere politische Kraft auf der Welt

190

zur Verwirklichung des Artikels 3 der Allgemeinen Menschenrechtserklärung beigetragen hätte. Dieser Artikel 3 besagt, dass jeder das Recht hat auf Leben, Freiheit und Sicherheit der Person. Auch einige andere Äußerungen hatten den Zorn mancher deutscher Meinungsmacher erregt. So hatte sie beispielsweise an der allgemeinen Medienberichterstattung in Deutschland bemängelt, dass diese kaum auf Fortschritte in China blicke, sondern hauptsächlich über negative Dinge berichte. Sie wünschte sich mehr fundierte Hintergrundberichte.

Dass die Vorwürfe, die man ihr, hinsichtlich ihrer Arbeit beim Sender der Deutschen Welle, gemacht hat, jeder Grundlage entbehrten, ist inzwischen erwiesen. Für die Chinesen war der Fall dennoch eine Lehre: Auch in Deutschland gilt keineswegs gleiches Recht für alle. Worte eines Chinesen werden anders bewertet als die eines Deutschen, obwohl sie sich in ihrer Aussage gleichen. Die Autoren dieses Buches haben Ähnliches erlebt. Yu-Chien Kuan beklagte schon im August 2007 in einem offenen Brief die China-Schelte in den deutschen Medien und erntete dafür den hasserfüllten Brief eines Hamburger »China-Experten«. Kuan wisse anscheinend gar nicht, was für eine ausgezeichnete Berichterstattung wir hier in Deutschland hätten, und im Übrigen ziele er mit seiner Kritik nur darauf, sich bei den Regierenden in Beijing einzuschmeicheln, damit sie ihm anerkennend auf die Schulter klopfen und ihn mehrfach zum Essen einladen.

So kann der Dank aussehen, wenn man versucht, für mehr Verständnis zwischen Deutschen und Chinesen zu werben.

Frau S., Chinesin aus Kiel, meint dazu: »Ich habe schon in mehreren deutschen Betrieben gearbeitet und immer wieder festgestellt, dass es besser ist, in Fragen, die China betreffen, lieber den Mund zu halten. Denn wenn ich versuchte, negative Äußerungen zu relativieren, hieß es oft, ich wäre wohl ein Mitglied der Kommunistischen Partei. Das war ich jedoch nie gewesen, und werde es auch nie sein. Die Deutschen scheinen zu glauben, halb China wäre in der Partei. Sobald ich dann sage, ich wäre gar nicht in der Partei, unterstellt man mir, durch die chinesische Propaganda verblendet zu sein.

Während der Olympiade in Beijing wiesen mich manche meiner Kollegen darauf hin, dass sich die chinesische Regierung mit dem ganzen Aufwand nur schmücken wolle. Ich fragte sie dann zurück, ob sie nicht auch stolz wären, wenn die Olympiade in ihrem Land stattfände. Das wiesen sie strikt von sich und erzählten mir von der Olympiade 1936 in Berlin. Damit hätten sich die Nazis auch nur schmücken wollen, und überhaupt: unter Hitler hätte es ebenfalls diese Massenaufmärsche gegeben wie bei der Olympiade in Beijing, deshalb wäre es auch faschistisch, wenn in China die Massen in Bewegung gesetzt werden. Dabei sind die Menschenmassen doch das Einzige, woran wir in China wirklich reich sind. In Deutschland gibt es ja kaum noch Menschen auf der Straße. Da fällt es natürlich richtig auf, wenn mal ein paar Menschenmassen organisiert werden. In China ist das tägliche Realität. Warum soll man dann nicht auch bei einem solchen Eröffnungsprogramm damit arbeiten? Ich denke, dass man bei aller Kritik an der chinesischen Regierung sich einfach auch nur mal darüber freuen kann, wenn alles gut läuft. Warum muss immer alles mit erhobenem Zeigefinger bewertet werden?«

Streitfragen

Tibet – ein schwieriges Thema

»Eine unserer Stammkundinnen betrat unsere chinesische Apotheke«, erzählt Frau T. in Berlin. »Das war nach den Unruhen in Tibet im März 2008. Sie war sehr aufgebracht und hielt mir einen kleinen Vortrag über Tibet. Ich fragte sie, was das mit mir hier in Berlin zu tun habe. Sie sagte: ›Du bist Chinesin!‹

›Ich gehöre zur Han-Nationalität‹, sagte ich.

Davon hatte sie noch nie gehört.

›China ist ein Vielvölkerstaat‹, sagte ich. ›So wie es Tibeter gibt, gibt es eben auch Mongolen, Zhuang und Han und viele andere. Und wer im Moment in Tibet zu Schaden gekommen ist, sind Hui und Han. Über zwanzig Leute sind gestorben. Man hat sie ermordet, und man hat gebrandschatzt.‹ ›Ihr habt angefangen‹, rief sie erbost. ›Eure Regierung ist schuld.‹

›Das ist Ansichtssache‹, erwiderte ich. Daraufhin verließ sie wütend die Apotheke und kam nie wieder.«

Zur Tibet-Frage mag man stehen wie man will, auffallend ist jedoch, dass für die meisten Deutschen die chinesisch-tibetische Geschichte mit dem Einmarsch chinesischer Truppen 1950 beginnt. Für die Chinesen beginnt sie wesentlich früher, nämlich im siebten Jahrhundert, als Prinzessin Wencheng mit dem tibetischen König vermählt wurde. Hochzeitspolitik, wie sie in Europa gang und gäbe war, also auch damals schon in China.

Auch für die Briten beginnen die chinesisch-tibetischen Beziehungen früher. Sie drangen 1903/04 mit einer britisch-indischen Militärexpedition bis nach Lhasa vor. Die Russen waren ebenfalls zur Stelle, denn Tibet war reich an Bodenschätzen. Beide Länder, Großbritannien und Russland, verzichteten in einer gemeinsamen Erklärung auf den Bau von Bergwerken in Tibet und erkannten die chinesische Oberhoheit an.

Tibet erlebte seine Blütezeit während des siebten und neunten Jahrhunderts, als es den Königen der Yarlung-Dynastie gelang, durch bedeutende Gebietseroberungen ein mächtiges Königreich aufzubauen. Zu den eroberten Gebieten gehörten auch Teile Ostturkestans. Dadurch war das Land an die eurasischen Handelswege und damit an die Welt des europäischen Mittelalters angeschlossen. Die tibetischen Könige pflegten enge Kontakte zu ihren Nachbarkulturen China, Indien und Nepal. All diese Faktoren machten das Land zu einem Zentrum für Kultur und Wissenschaft. Nach dieser Blütezeit zerfiel das Imperium in einzelne rivalisierende Fürstentümer. Zwietracht entstand auch durch den Konflikt zwischen Anhängern der tibetischen schamanistischen Bon-Religion und des Buddhismus, der von Nepal und China nach Tibet eingedrungen war. Erst nachdem der Buddhismus viele Elemente aus der Bon-Religion und aus dem indischen Tantrismus aufgenommen hatte, konnte er sich nachhaltig in Tibet etablieren.

Im dreizehnten Jahrhundert schufen die Mongolen ihr Weltreich, das Tibet und China zu Bestandteilen ihrer mächtigen Yuan-Dynastie machte. Ihre Hauptstadt Khanbalik lag im Gebiet des heutigen Beijing. Staatsreligion wurde der Buddhismus tibetischer Prägung, der Lamaismus. Unter der mongolischen Herrschaft fanden die ehemals rivalisierenden tibetischen Fürstentümer zu einer Einigung zurück. Doch regierte nun kein König mehr das Land, sondern ein Abt der Saskya-Sekte. Aus der einstmals tibetischen Monarchie war eine Theokratie geworden. Da jener Abt zugleich Berater des Kaisers war, weilte er meist in der Hauptstadt Khanbalik.

Der Zerfall des Mongolenreiches führte auch in Tibet zu einer Zersplitterung des Gebietes und zu einem Machtkampf zwischen den führenden Eliten, den verschiedenen religiösen Sekten und Vertretern des Adels. Mit der Einführung des Reinkarnationssystems gelang es den lamaistischen Führern, ihren Einfluss zu stärken und ihre Konkurrenten, insbesondere den Adel, nachhaltig zu schwächen. Ihren Erfolg sicherten sie durch enge Kontakte zum chinesischen Kaiserhof ab, wohin sie regelmäßig Gesandtschaften schickten. 1644 eroberten die Mandschuren China und gründeten die Qing-Dynastie. Auch die Qing-Kaiser betrachteten Tibet als Teil ihres Reiches. Nach dem Untergang der Qing erklärte der 13. Dalai Lama 1912 Tibet für unabhängig. Die junge chinesische Republik erkannte diese Erklärung jedoch nicht an.

»In meiner Familie gibt es drei Meinungen zu Tibet«, sagt Frau C. »Meine Tochter plädiert für die Selbständigkeit Tibets. Sie wurde in Deutschland geboren, denkt wie eine Deutsche und informiert sich nur aus deutschen Medien. Für sie beginnen die tibetisch-chinesischen Beziehungen mit dem sogenannten Einmarsch der chinesischen Armee in Tibet. Mein Mann ist da ganz anderer Meinung. Für ihn beginnen die chinesisch-tibetischen Beziehungen wesentlich früher. Er sagt, dass auch das Ausland einst die chinesische Oberhoheit über Tibet anerkannt hatte. Damals stritten mehrere Länder um den Zugang zu den reichen Bodenschätzen Tibets. Es kam sogar zum Krieg zwischen Engländern und Russen auf chinesischem Boden, und nur mit Hilfe der chinesischen Soldaten konnten die Tibeter die Engländer zurückdrängen. In ihrem Vertrag von 1904 verpflichten sich beide Länder, von ihren Plänen abzusehen, in Tibet Bergwerke und Gruben anzulegen. Für meinen Mann steht es außer Frage, dass Tibet zu China gehört, allerdings meint er, dass im Laufe der Jahre zu viele Fehler gemacht wurden, sowohl auf Seiten der Regierung in Beijing und der lokalen Behörden in Tibet, als auch auf Seiten der Exil-Tibeter, die nicht unbedingt immer im Interesse der Tibeter im Inland handeln. Deswegen ist er unschlüssig. Wir wüssten zu wenig über die wahren Hintergründe, sagt er. Er würde Tibet lieber noch mehr Autonomie zugestehen. Für mich persönlich gibt es keinen Zweifel an der Frage, ob Tibet zu China gehört. Das ist eine historische Realität. Hat man die Leute in anderen Regionen denn gefragt, zu wem sie gehören wollen, etwa die Südtiroler, ob sie zu Italien gehören wollen oder die Basken zu Spanien? Was ist mit Nordirland? Meine Kollegen sprechen mich häufig auf Tibet an. Deshalb habe ich mir mal genauer die europäische Geschichte angeschaut und genügend Beispiele für ähnliche Streitfragen gefunden. Meine Kollegen meinen, dass sei etwas ganz anderes. Da bin ich aber anderer Meinung. Es ist alles Ansichtssache. Ich finde ebenfalls, dass die chinesische Regierung in der Tibet-Frage vieles falsch gemacht hat, aber das heißt nicht, dass wegen begangener Fehler das ganze Land auseinanderfallen muss. Wir sind ein Vielvölkerstaat. Es gibt über fünfzig nationale Minderheiten in unserem Land. Wenn wir erst einmal damit anfangen, jeder ethnischen Gruppe die Unabhängigkeit zuzugestehen, dann zerfällt unser Land in viele Teile, denn dann würden Uiguren, Mandschuren, Mongolen, aber vielleicht auch die reichen Han-Regionen im Osten sich vom übrigen armen Teil lösen wollen.

Im Grunde genommen ist alles nur eine Frage des Marketing. Die tibetische Exil-Regierung hat ein gutes Marketing, unsere Regierung in Beijing ein denkbar schlechtes. Das sieht man schon an der Reaktion der deutschen Medien. Wenn die Tibeter für die Unabhängigkeit demonstrieren, wird vorher so viel Wind gemacht, dass alle Medien sofort zur Stelle sind. Wenn wir hingegen für die Einheit Chinas demonstrieren, lässt sich kein einziger Journalist blicken.

Nicht nur das Marketing unserer chinesischen Regierung ist schlecht. Seit ich in Deutschland lebe, beobachte ich die chinesischen Diplomaten, die hier unser Land vertreten. Auch sie verstehen es nicht, mit dem Ausland umzugehen. Was sind das bloß für Leute! Die wenigsten verfügen über ein detailliertes Wissen zur deutschen Innenpolitik. Sie haben keine Ahnung, und sie wissen auch nicht, wie man sich auf internationalem Parkett bewegt. Sie wissen noch nicht einmal, wie man sich kleidet. Sie laden die Leute nur zum Essen ein und tauschen Meinungen aus, die man ebenso gut in der Volkszeitung nachlesen könnte. Am liebsten verbringen sie ihre Zeit mit den Besitzern von China-Restaurants, von denen sie sich auch gern einladen lassen. Kaum einer der Diplomaten benutzt die Kraft der Auslandschinesen, die seit vielen Jahren, manchmal seit Jahrzehnten in Deutschland leben. Sie könnten ihnen so viel über deutsche Wirtschaft, Politik und Kultur erzählen. Welcher chinesische Diplomat weiß zum Beispiel, was Hartz IV ist. Schon mal gehört? Kaum. Aber ich will nicht allein die chinesischen Diplomaten schlechtmachen.

Bei den deutschen Diplomaten in China ist es ganz ähnlich. Auch dort gibt es nur wenige, die sich von der uninformierten Masse abheben.«

Diplomaten über die deutsch-chinesischen Beziehungen

Nach 1949 standen zwei deutsche Staaten der Volksrepublik China mit Taiwan, das die Alleinvertretung für China beanspruchte, gegenüber. Die DDR erkannte die Volksrepublik nach ihrer Gründung sofort an. Die Bundesrepublik tat dies nicht. Bereits Ende Oktober 1949 äußerte die chinesische Führung in einem Glückwunschtelegramm zur Amtsübernahme von Bundespräsident Heuss und Bundeskanzler Adenauer den Wunsch nach baldiger Aufnahme diplomatischer Beziehungen. Dazu sollte es aber nicht kommen.

Die deutsch-chinesischen Beziehungen standen in den folgenden Jahren ganz im Schatten der Sowjetunion und der USA. Die Sowjetunion galt als Chinas großer Bruder, die DDR entsprechend als natürlicher deutscher Partner. Als sich die Beziehungen zur Sowjetunion ab 1959 verschlechterten, gerieten auch die Beziehungen zur DDR langsam in die Krise. China fühlte sich sowohl vom europäischen sozialistischen Block als auch von den westlichen Industriestaaten unter Führung der USA isoliert. Mit Beginn der siebziger Jahre erfolgte auf amerikanischer wie auf chinesischer Seite ein Umdenken in der Außenpolitik und infolgedessen eine Annäherung der beiden Staaten. Dadurch wurde es auch für die Bundesrepublik möglich, ihre Beziehungen zu China zu normalisieren. Im Oktober 1972 reiste der damalige Bundesaußenminister Walter Scheel in die Volksrepublik. In einer gemeinsamen Erklärung gaben beide Regierungen die Aufnahme diplomatischer Beziehungen bekannt. Noch im Dezember desselben Jahres konnten die Botschafter beider Länder ihre Arbeit aufnehmen.

Die folgenden Auszüge stammen aus Gesprächen mit chinesischen Diplomaten, die China in Deutschland als Generalkonsuln oder Botschafter vertreten haben. Die Gespräche fanden im Oktober 2008 in Beijing statt, wenige Monate nach der Olympiade, den Unruhen in Tibet und aufsehenerregender Berichterstattung über chinesische Wirtschaftsspionage, Produktpiraterie und Menschenrechtsverletzungen in den deutschen Medien.

Diplomat P.: »Bis heute verstehe ich nicht, was den Wandel in den deutsch-chinesischen Beziehungen ausgelöst hat. Ich habe die Deutschen immer sehr gemocht. Sonst hätte ich nicht ihre Sprache gelernt. Kant war ein Deutscher, Marx, Engels und Hegel auch. Ich dachte, die Deutschen wären ein Volk der Denker. Aber das mag früher einmal gewesen sein. Inzwischen habe ich den Eindruck, dass sie nicht mehr eigenständig denken können. Sie hinterfragen nicht, sie folgen blind ihrer Regierung. Schmidt, Kohl und Schröder waren China gegenüber freundlich eingestellt, also waren es die meisten Deutschen ebenfalls. Frau Merkel ist China gegenüber negativ eingestellt. Also sind es jetzt auch die meisten Deutschen. Die deutschen Medien sind ähnlich. Sie scheinen im Moment nur noch mit einer Stimme über China zu berichten, und die ist negativ. Und da die meisten Deutschen glauben, was in ihren Medien verbreitet wird, ist die allgemeine Stimmung gegenüber den Chinesen eher kritisch. Wo erscheinen heute noch fundierte Hintergrundberichte zu China? Ich habe lange keine mehr gesehen. Gelegentlich diskutiere ich mit Deutschen über China. Wenn sie dann etwas behaupten, was in meinen Augen nicht richtig ist, heißt es immer, das hätte aber in den Zeitungen gestanden. Dann müsse es auch stimmen. Sie sind an die Schreckensmeldungen aus der dritten Welt gewöhnt und können sich nicht vorstellen, was dort wirklich alles vorgeht. Kürzlich traf ich einen deutschen Geschäftsmann, der viel in China zu tun hat. Er sagte, wenn er sich in Deutschland positiv über China äußere, werde er sofort schief angesehen.«

Diplomat T.: »Ich frage mich immer, wieso gerade jetzt so viel Kritik über China laut wird und nicht viel früher, als die allgemeinen Verhältnisse noch viel schlechter waren. Trotz der vielen Probleme, die wir noch zu bewältigen haben, ist die Situation heute insgesamt gesehen doch wesentlich besser als früher. Nie zuvor ging es uns so gut und hatten wir so viel Freiheit. Auch was die Menschenrechte betrifft, ist die Situation ungleich besser als früher. Man sollte doch mal die heutige Zeit mit der um 1968 vergleichen. Wie sah es 1968 in China aus, und wie ist es heute? Das sind doch zwei verschiedene Welten.«

Diplomat W.: »Die Deutschen sind klug, fleißig, gründlich, arbeitsam und prinzipientreu. Vielen chinesischen Delegationen, die nach Deutschland kamen, habe ich gesagt, sie könnten von der deutschen Mentalität lernen. Aber die Deutschen übertreiben oft. Gerade, weil sie so klug, fleißig und gründlich sind, gehen sie davon aus, dass sie immer recht haben. Das macht sie überheblich. Aber wie kann es sein, dass jemand immer recht hat? Sie sind geradlinig, aber weil sie immer nur stur in eine Richtung schauen, verlieren sie den Überblick und bemerken nicht, was am Rand passiert. Sie sind in gewisser Weise richtig sendungsbewusst.«

Diplomat M.: »Am deutschen Wesen soll die Welt genesen.«

Diplomat P.: »Die Deutschen können richtig giftig werden, wenn man sie auf ihre Vergangenheit anspricht. Wenn man sich als Chinese mit einem Deutschen über das Dritte Reich unterhalten will, lässt einen der Deutsche schnell wissen, dass man als Chinese von Tuten und Blasen keine Ahnung hat. Erdreistet man sich dann auch noch zu behaupten, an Hitler könne nicht alles schlecht gewesen sein, sonst hätten ihn die Deutschen doch nicht zu ihrem Reichskanzler gewählt, hat man es sich fast völlig verscherzt. Dann werden die Deutschen richtig giftig, und man wird zur Rechenschaft gezogen.«

Diplomat M.: »Der deutsche Charakter belehrt gern, doch wer lässt sich immer gern belehren?«

Diplomat W.: »Wenn die Deutschen als Schulmeister auftreten, haben sie in China schon verloren. Von deutschen Politikern erwarte ich, dass sie sich entsprechend beraten lassen, bevor sie ins Ausland reisen. Zwischen Japanern, Amerikanern, Europäern und Chinesen gibt es Unterschiede, die man beachten sollte. Die Deutschen sollten wissen, dass wir sie immer als Freunde betrachtet haben. Sie haben viel zu unserem Aufbau beigetragen. Dafür sind wir ihnen dankbar. Dennoch treten einige von ihnen hier auf, als hätten sie es nicht nötig, sich auf eine andere Denkweise einzulassen. Wenn normale Menschen das nicht tun, ist das in Ordnung. Ein Politiker ist aber kein normaler Mensch. Er vertritt sein Land, und von seinem Auftreten ist es oft abhängig, was man hier über seine Landsleute denkt. Leider besitzen viele Deutsche nicht die Sensibilität, sich in andere Menschen hineinzuversetzen.«

Diplomat T.: »Wir haben uns gegenüber der deutschen Bundeskanzlerin, Frau Angela Merkel, immer wieder um eine freundliche Beziehung bemüht. So auch unser Ministerpräsident Wen. Aber es war alles umsonst. Da denke ich manchmal, dann lassen wir es doch lieber. Wir sind herzlich, und ihr zeigt uns eure kalte Schulter. Wozu also all diese Bemühungen? Wenn sich die Beziehungen zwischen Deutschland und China verschlechtern, ist das sehr bedauerlich für China, aber zu verschmerzen. Für Deutschland ist das sicher ein Verlust.

Ich vermute, dass Länder wie Deutschland Angst vor uns haben, weil sie glauben, dass wir reich und mächtig sind und eine starke Konkurrenz zu ihnen darstellen. Dabei sind wir gar nicht reich und mächtig. Wir tun nur so. Wir überschätzen uns selbst, nehmen überall an allem teil, zeigen uns in allen Teilen der Welt. Das ist ein Fehler. Ein zweiter Grund, weshalb sie uns ablehnen, ist, dass wir uns noch immer kommunistisch nennen. Früher waren die Deutschen zurückhaltend in ihrer Ablehnung gegenüber anderen Nationen. Das war eine Reaktion auf den verlorenen Krieg. Heute ist die Nachkriegsgeneration an der Macht, nicht nur in der Politik, sondern auch in den Medien. Viele von ihnen waren in ihrer Jugend links. Heute sind sie rechts. Sie sind enttäuscht von linken Ideen. In China regiert die Kommunistische Partei. Das akzeptieren sie nicht. Aber schaut euch doch diese Partei an. Wie oft hat sie seit ihrer Gründung ihre Richtung gewechselt und ihre Politik geändert. Ihre Repräsentanten, die Politiker, ihre Ziele und ihre Politik haben sich geändert. Ist das noch die Partei von 1921, ihrem Gründungsjahr, oder von 1949, dem Gründungsjahr der Volksrepublik China, oder von 1969, als die Kulturrevolution in China tobte? Man sollte also nicht nach dem Namen gehen, sondern nach dem, was geleistet wird, und ob das für das Land gut ist. Nehmen wir die aktuelle Wirtschaftskrise. Nur weil wir unseren Finanzmarkt nicht ganz geöffnet haben, was früher viele westliche Experten verlangten, sind wir heute nochmal glimpflich davon gekommen. Man darf nicht vergessen, dass wir nicht alles mitmachen können. Wir haben 1,3 Milliarden Menschen. Schon eine einzige Provinz in China ist größer als ein Land in Europa. Wir können das europäische System nicht übernehmen, sondern müssen uns entsprechend unseren eigenen Gegebenheiten entwickeln.«

Diplomat M.: »Manche deutsche Kritiker haben in dem, was sie an China beklagen, durchaus recht, aber sie legen deutsche Maßstäbe an. Das funktioniert nicht. In China gelten andere Maßstäbe. Allein die Provinz Henan ist so groß wie die Bundesrepublik Deutschland. Viele Deutsche meinen, dass sich China nach deutschem Vorbild ändern sollte. Wie kann das funktionieren? China hat seine eigenen Bedingungen. Ein solches Land braucht Zentralismus, sonst lassen sich sinnvolle Maßnahmen nicht an der Basis durchsetzen. Wir hören es doch allzu oft: Obwohl die chinesische Regierung sehr stark ist, besitzt sie keine volle Kontrolle über manche lokalen Behörden. Also herrscht mancherorts ein ziemliches Durcheinander. Wenn aber die lokalen Behörden nicht mitmachen, ist es am Ende die Bevölkerung, die leidet. Jedes Land ist anders und verlangt nach einem eigenen Weg. Man kann den westlichen nicht übertragen und verlangen, dass die asiatischen Länder es genauso machen wie die europäischen.«

Diplomat W.: »Die deutsche Demokratie ist kein Vorbild für mich, auch die amerikanische nicht. Singapur wäre eine Alternative.«

Diplomat T.: »Weil sozialistische Systeme wie das der Sowjetunion gescheitert sind, könnt ihr nicht sagen, dies beweise, dass euer System besser ist und wir es übernehmen sollten. Auch wir wollen Demokratie, aber das braucht Zeit. Nur wir Chinesen selbst können unsere Probleme lösen, lasst uns das allein machen, und lasst uns vor allem Zeit. Alles folgt seinen historischen Gegebenheiten. Vieles ist bei uns sehr kompliziert.«

Diplomat Y.: »Die Reformen haben viel gebracht, aber sie haben auch zu großen Problemen innerhalb der Gesellschaft geführt. Es ging alles zu schnell. Allein schon die Gehaltsunterschiede sind zu groß. Viele Menschen können sich die teuren Immobilien nicht leisten. Unsere Regierung versucht, auf die aktuellen Anforderungen und Probleme zu reagieren.«

Diplomat T.: »Die Deutschen scheinen uns nicht zu vertrauen, dass wir unsere Probleme allein lösen können. Sie urteilen nach ihren eigenen Vorstellungen und verlieren dadurch ihre Objektivität. Ihre Lösungsvorschläge wären durchaus anwendbar, wenn sie unsere Probleme in ihrem eigenen Land hätten. Aber es geht um China, und in China ist manches anders. Alle wissen, dass die Korruption heute eines unserer größten Probleme ist, aber wie lässt sich dies in einem Ein-Parteien-System abschaffen? Schaffen wir jedoch dieses System ab, droht ein Bürgerkrieg. Dann würde unser Land in verschiedene Teile zerfallen. Nun, das wäre wahrscheinlich sogar ganz im Sinne vieler Leute, die ein starkes China fürchten. Teile und herrsche! Das war schon immer eine beliebte Methode. Vor der Rückgabe Hongkongs haben viele Leute gesagt, Hongkong müsse unabhängig werden. Aber wie hätte das gehen sollen? Ohne China kann Hongkong nicht überleben. Hongkong hat immer von China gelebt und profitiert. Heute redet niemand mehr über eine Unabhängigkeit von Hongkong. Die Geschichte der letzten Jahrhunderte hat bewiesen, dass es uns nur dann gut geht, wenn wir ein geeintes, friedliches Land sind. Wir brauchen eine zentrale Führung. Wir sehen doch, was in dem kleinen Taiwan los ist. Die prügeln sich dort sogar im Parlament. Wir Chinesen sind so. Wir sind emotional und manchmal sehr unbeherrscht. Ohne starke Hand sind wir manchmal nicht regierbar.«

Diplomat M.: »China hat früher hauptsächlich Produkte der Leichtindustrie hergestellt. Heute stellen wir auch Güter aus dem Bereich der Hochtechnologie her. Wir drängen damit in Domänen vor, in denen die Deutschen führend sind. Darum reagieren sie auch so empfindlich. Sie fürchten, dass die Chinesen mit ihnen konkurrieren und Deutschland seine Führung als Exportweltmeister verliert.«

Diplomat W.: »Wovor haben die Deutschen Angst? Das verstehe ich einfach nicht. Dass ein Schüler seinen Lehrer übertrifft, ist nicht so einfach. Das braucht Zeit. Allein auf dem Gebiet der Lacke sind die Deutschen unübertroffen, und es gibt viele Bereiche, in denen sie führend sind. Die Deutschen sind schöpferisch und kreativ. Sie müssen mehr Selbstvertrauen haben. Sie sind normalerweise doch immer sehr kämpferisch. Sie haben sich in der Vergangenheit erfolgreich gegen Konkurrenten durchgesetzt, und sie werden es sicher auch in Zukunft tun. Die deutschen Marken sind berühmt und bei den Chinesen sehr beliebt. Sie begleiten uns durchs ganze Leben. Nehmen wir allein Bekleidung oder Autos, Batterien, Fußböden oder Möbel. Deutsche Industrieprodukte sind uns ein Begriff. Wir haben den Deutschen viel zu verdanken. Viele deutsche Experten kamen nach Beginn der Reformen zu uns nach China. Deutsches Know-how hat uns auf vielen Gebieten geholfen, sei es in der Industrie, in der Forst- oder Landwirtschaft. Nur beim Fußball war die deutsche Hilfe eine große Enttäuschung.«

Diplomat M.: »Ich denke, wer A sagt, muss auch B sagen. Wir haben unseren Markt für deutsche und andere westliche Produkte und Unternehmen geöffnet. Wir haben alles mitgemacht: die Reformen, den Eintritt in die WTO und die Globalisierung. Und jetzt plötzlich ziehen sie sich zurück.«

Diplomat P.: »Man wirft unserem Land Energiehunger vor und dass es an den Preissteigerungen für Rohstoffe schuld sei. Aber denkt auch mal jemand daran, dass wir diese Dinge brauchen, weil wir für euch produzieren? Wegen niedriger Produktionskosten ist es für viele westliche Firmen rentabler, in China fertigen zu lassen, um die Produkte dann auf ihrem heimischen Markt abzusetzen. Auch die Deutschen machen das. Ein großer Teil der in China ansässigen zweitausend deutschen Firmen lässt hier auf billige Weise produzieren und verkauft die Produkte dann in Deutschland. Den größten Teil des Gewinns, der auf diese Weise entsteht, stecken die Firmen natürlich selbst ein.

Auch Umweltverschmutzung werft ihr uns vor. Aber warum kommen denn so viele ausländische Pharma- und Chemiebetriebe zu uns? Weil sie vieles nicht mehr in ihren eigenen Ländern produzieren dürfen. Unter den Betrieben, die hier Wasser, Luft und Boden verseuchen, gibt es auch genügend deutsche. Warum schreiben eure Journalisten nicht, dass zu den chinesischen Umweltverschmutzern auch deutsche und andere internationale Betriebe gehören?«

Diplomat M.: »In den modernen chinesischen Kommunikationssystemen wird viel über Deutschland diskutiert. Heute sind 250 Millionen Chinesen online. Viele sind mit der deutschen Haltung unzufrieden. Es sind meist junge Leute, die sich mit diesem Thema befassen, Intellektuelle, also Mitglieder der geistigen Elite unseres Landes. Das wirkt sich nicht gut auf die deutsch-chinesischen Beziehungen aus. Es wird viel über ungerechte Kritik diskutiert, auch in Bezug auf Tibet. Die deutschen Medien schreiben viel darüber, aber sie wissen nur sehr wenig über die tibetische Geschichte. Eigentlich war der Dalai Lama früher der höchste Vertreter eines ziemlich menschenverachtenden Systems, und nun ist er plötzlich der Beschützer der Menschenrechte. Das ist doch recht erstaunlich. Ich denke, er hat zwei Gesichter, aber das versteht man im Westen nicht, weil die Leute zu wenig über die Geschichte wissen. Der durchschnittliche Lebensstandard der Tibeter in Tibet ist heute höher als je zuvor und auch höher als der der Han-Chinesen in den westlichen Gebieten wie Sichuan, Gansu und Guizhou. Tibet gehört verwaltungsmäßig seit einigen hundert Jahren zu China. Das ist nun mal so. Natürlich gibt es auch solche, die eigentlich nur eins wollen, nämlich Tibet und Taiwan von China zu trennen.«

Diplomat Y.: »Zwischen unseren beiden Ländern besteht kein Vertrauen mehr. Die Chinesen vertrauen den Deutschen nicht mehr. Ihr traut uns nicht zu, dass wir unseren Weg allein finden können. Wir glauben euch nicht, dass ihr es ehrlich mit uns meint. Von den vielen Problemen, die wir zu lösen haben, ist eins das Tibet-Problem, und wir haben das sehr deutlich gemacht. Frau Merkel hat uns mit ihrem Empfang des Dalai Lama im Kanzleramt vor den Kopf gestoßen.«

Diplomat P.: »Ich finde diesen allgemeinen Stimmungswechsel sehr bedauerlich. Wir haben Deutsch gelernt, haben als Diplomaten ein Leben lang für die deutsch-chinesischen Beziehungen gearbeitet. Wir mögen Deutschland, das Land liegt uns am Herzen. Das äußert sich schon in kleinen Dingen. Sehen wir beispielsweise einen Sportwettkampf zwischen Deutschland und England, halten wir selbstverständlich zu Deutschland. Deshalb trifft uns eure unfreundliche Haltung doppelt hart. Ich hoffe, dass sich die allgemeine Verstimmung irgendwann wieder legt.«

Zur Wirtschaft

Ende 1978 setzte sich Deng Xiaoping mit einem umfassenden Öffnungs- und Reformprogramm durch, das zu einem dramatischen Systemwechsel führte: von der Plan- zur sogenannten sozialistischen Marktwirtschaft chinesischer Prägung. Zu den wichtigsten Punkten seiner Politik gehörte die außenwirtschaftliche Öffnung des Landes, wodurch ein wahrer Strom ausländischer Investoren ins Land gelockt wurde. Die Reformen sind auch nach dreißig Jahren noch nicht abgeschlossen. China befindet sich noch immer im Umbau seiner ehemals auf den Agrarsektor konzentrierten Wirtschaft. Die größten Erfolge verzeichnete das Reformprogramm in den östlichen Küstenregionen, die auf eine exportorientierte Industrie und auf Dienstleistungen setzten. Die entlegenen Regionen im Landesinneren und in den Nordwest- und Südwestgebieten haben am Wirtschaftsboom nur beschränkt teil, weshalb China ungeachtet seines Aufstiegs zur viertgrößten Volkswirtschaft und drittgrößten Handelsnation der Welt noch immer als Schwellenland gilt.

»Made in Germany« – ein Schlager schon in den 30er Jahren des letzten Jahrhunderts

Warum fällt immer wieder das Wort »zuverlässig«, wenn man Chinesen nach Deutschen befragt? Weil sie deutsche Waren kennen und von den Waren auf die Menschen schließen. Hat man die Wahl zwischen einem chinesischen und einem deutschen Produkt und genug Geld in der Tasche – denn meist sind deutsche Waren teurer als chinesische – greifen die meisten Chinesen nach dem deutschen Produkt.

Deutsche Elektrogeräte, Fahrräder, Bleistifte, Medikamente, Farben und viele andere Produkte eroberten bereits vor siebzig Jahren die Herzen der betuchten chinesischen Verbraucher. Sie sind ihnen bis heute ein Begriff.

»Auf deutsche Produkte kannst du dich verlassen«, sagt Herr W., Informatiker in Shanghai. »Sie sind von gleichbleibend guter Qualität, schön im Design, ohne Schnörkel und Übertreibungen. Leider sind sie meist zu teuer, so dass man nicht so viel davon kaufen kann. Alle jungen Leute mögen Mercedes-Benz, obwohl der unerschwinglich für uns ist. Wenn ich Geld hätte, würde ich mir zunächst ein japanisches Auto kaufen. Das ist billiger als ein deutsches, und viele Extras werden dort serienmäßig eingebaut. Das ist bei deutschen Autos leider nicht der Fall. Sollte ich jedoch einmal reich werden, dann kaufe ich mir hundertprozentig einen Benz.«

Deutsch-chinesische Gemeinsamkeiten – Angst in Zeiten der Krise

Vor den Folgen der Krise auf dem amerikanischen Kapitalmarkt fühlten sich die Deutschen sicher, eingelullt von entsprechenden Versicherungen mancher Politiker und Wirtschaftsexperten, bis die Krise zu ihnen hinüberschwappte. Die Chinesen fühlten sich ebenso sicher vor der Krise wie einst die Deutschen. Jetzt müssen wir Chinesen dem Westen helfen, aus dem Schlamassel wieder herauszukommen, war in manchen chinesischen Zeitungen zu lesen. Inzwischen ist die Krise auch in China angekommen. Die Angst ist groß. Niemand will mehr Geld ausgeben. Der Immobilienmarkt, lange Zeit Motor für den innerchinesischen Wirtschaftsboom, ist ins Stottern geraten. Früher spekulierten nicht nur Profis mit dem An- und Verkauf von Eigentumswohnungen, sondern auch Hausfrauen und Rentnerinnen. Seit Wohnungen sich nicht mehr binnen Jahresfrist erheblich verteuern, sondern die Preise fallen, ist es aus mit den Gewinnen. Der potenzielle Interessent fragt sich: Warum soll ich die Wohnung heute kaufen, wenn ich sie in ein paar Monaten wesentlich billiger bekommen kann? Wer Geld hat, hält es zusammen. Inzwischen scheut man selbst kleine Ausgaben. Die Rosen zum Valentinstag gingen 2008 in Shanghai noch weg wie warme Semmeln, 2009 blieben sie liegen. Und der Besuch in einem luxuriösen Schönheits- oder Frisiersalon? Wird gestrichen. Man weiß ja nicht, was noch kommt. Pleitewelle hier wie dort. Und auch, was die Einschätzung der Zukunft angeht, ähneln sich die Aussagen. Die einen propagieren Weltuntergangsszenarien, jedenfalls für den chinesischen Markt, die anderen glauben, dass Chinas gute Zeiten erst noch anbrechen. Ein Yijing-Experte aus Beijing wollte es ganz genau wissen und befragte das alte Orakelbuch. Die gute Botschaft: Ab 2012 geht es wieder aufwärts.

Stimmen aus der Wirtschaft

Wir unterteilen die Länder der Europäischen Union in drei Kategorien. Deutschland und Frankreich stehen an der Spitze, gefolgt von Ländern wie Österreich und Spanien, zuunterst dann Länder wie Italien und Portugal. Länder des ehemaligen Ostblocks müssen erst noch beweisen, zu welcher Kategorie sie gehören. Die Deutschen bilden die Lokomotive der europäischen Wirtschaft. Sie sind die Nummer eins, aber leider sind sie zu langsam.

Die China-Experten in deutschen Vorstandsetagen

Herr G., Mitarbeiter in der China-Niederlassung eines deutschen Konzerns: »Unser Vorstandsvorsitzender ist ein bekannter China-Experte. Deshalb gibt er auch so viele Interviews und berichtet von seinen China-Erfahrungen. Er kann schon gar nicht mehr zählen, wie oft er in China war, denn er kommt fast jeden Monat für zwei Tage in die Niederlassung nach Shanghai. Seine Besuche laufen folgendermaßen ab: Selbstverständlich fliegt er Lufthansa erster Klasse. Nach Ankunft in Shanghai wird er in einer Nobelkarosse vom Flughafen abgeholt und ins Nobelhotel chauffiert, wo sämtliche Gespräche und Essen stattfinden. Dort hört er dann, was in den letzten vier Wochen im Unternehmen passiert und was insgesamt so alles los ist in China. Am nächsten Morgen nach dem Aufstehen tut er etwas für seine Fitness und joggt durch den Park der Hotelanlage, danach folgen weitere Gespräche und Essen, abends wird er wieder zum Flughafen chauffiert. Danach wartet er in der VIP-Lounge auf seinen Abflug in der ersten Klasse und kommt vier Wochen später wieder angerauscht. Unser Vorstandsvorsitzender? Ein wirklich erfahrener China-Experte.«

Ich weiß alles, ich war schon überall

Man trifft sie überall und vor allem auch in China: jene Leute, die alles wissen. »Ich war schon überall. Du brauchst mir über Chinesen nichts zu erzählen. Ich habe mit Russen, Nord- und Südamerikanern zusammengearbeitet und auch mit Polen. Also erzähl mir nichts.«

Der Durchschnittsdeutsche meint schon nach drei Monaten in China zu wissen, wie Land und Leute funktionieren. Der deutsche Boss weiß es schon nach einem Tag.

In der Niederlassung eines großen deutschen Pharmaunternehmens wurde der Boss aus der deutschen Zentrale erwartet. Der örtliche deutsche Mitarbeiter holte ihn mit dem Fahrer vom Flughafen ab. Auf dem Weg vom Flughafen ins Hotel schaute der Boss interessiert aus dem Fenster. An einer Ecke erinnerte ihn etwas an Mexiko, an der nächsten an Brasilien, beim Einchecken im Hotel kam ihm alles ein wenig amerikanisch vor, beim Blick aus dem Hotelfenster japanisch. Abends beim Essen im Hotel wusste er bereits über China Bescheid. Klar, er war ja auch der Boss. Wenn sich dann ein deutscher Mitarbeiter zu Wort meldet und behauptet, so wie Sie sich das vorstellen, läuft es hier gar nicht, wird er böse. Er lässt nur seine eigenen Vorstellungen und Vorurteile gelten.

In China verläuft das Leben nach eigenen Regeln. Die muss

man kennen, und wenn man sie nicht kennt, muss man sich beraten lassen, sonst scheitert man. Aber oft vertrauen die Vorgesetzten in den Mutterhäusern nicht einmal den eigenen Landsleuten, die vor Ort für das Unternehmen tätig sind. Lebt jemand schon lange in China, und ist er vielleicht sogar mit einer Chinesin verheiratet, kann es passieren, dass er als »befangen« gilt, als hätte er durch mehr Einblick in die chinesische Gesellschaft sein Urteilsvermögen verloren.

Von Stärken und Schwächen

Um ihre Ziele zu erreichen, glauben manche Deutsche, chinesischer sein zu müssen als die Chinesen, und behaupten, in China müsse man das so machen

Herr Y., Repräsentant eines großen deutschen Unternehmens in Shanghai, rät deutschen Geschäftsleuten, die nach China gehen, sich selbst treu zu bleiben, denn wie sehr sie sich auch bemühen, sie werden nie zu Chinesen werden. Sie sollten wissen, wie die Chinesen reagieren, aber sie sollten sich nicht verstellen und sie nachahmen. »Einem Deutschen wird es nie gelingen, in China dieselben Beziehungen zu knüpfen wie ein Chinese. Das heißt nicht, dass ein Deutscher nicht auch gute Beziehungen knüpfen kann. Sie sind nur eben anders. Mancher chinesische Geschäftsmann weiß inzwischen, wie die Deutschen sind. Er stellt sich darauf ein. Es ist also besser ehrlich zu bleiben, ein ehrlicher Deutscher mit allen seinen Ecken und Kanten, ein Quadratschädel eben, aber einer, den man einschätzen kann.«

Was wäre die Alternative? Sollten deutsche Unternehmen in China nur Chinesen einsetzen? »Das kann man so generell nicht sagen«, meint Herr Y. »Die Stärken der Deutschen beziehen sich auf Technologie und System, aber nicht auf den Verkauf. Deutsche eignen sich für alles, was mit internen Strukturen und Organisation, Administration und Finanzen zu tun hat. Da sind sie besser als die Chinesen. Chinesen treten oft zu bescheiden auf, setzen sich nicht durch, gehen um des lieben Friedens willen schnell Kompromisse ein. Die Deutschen nicht. Die gehen nie Kompromisse ein. Sie bleiben hart, deshalb eignen sie sich auch nicht für den Verkauf. Ihre Schwäche sind die zwischenmenschlichen Beziehungen. Da fehlt ihnen das Fingerspitzengefühl. Chinesen sind in dieser Hinsicht besser. Deshalb sind sie auch sehr gut für den Vertrieb und für das Marketing. Die Deutschen brauchen ein System, die Chinesen Flexibilität und Ambivalenz. Deshalb wäre es für jedes Unternehmen besser, die Schwächen von Deutschen und Chinesen auszugleichen, indem man sie ihren Stärken entsprechend einsetzt.

Die Gefahr bei den Deutschen lässt sich folgendermaßen ausdrücken: Das System ist gut, die Richtung stimmt, aber das Geschäft ist kaputt. Die Chinesen sind zwar nicht systemkonform, dafür aber gut im Geschäftemachen. Die Deutschen sagen, wir müssen bestimmte Regeln einhalten und können deshalb keine Kompromisse eingehen. Aber dann sind die Regeln falsch. Die Chinesen sagen, wir müssen uns der Situation anpassen, und entsprechend setzen sie ihre Pläne um. Wenn die Deutschen in China nicht zum Zuge kommen, schimpfen sie auf die Chinesen und auf das chinesische System. Aber es ist nicht das chinesische System, das Schuld ist, sondern die Haltung der Deutschen, mit der sie in China vorgehen.

Einmal schickte ich einen meiner deutschen Mitarbeiter in den Norden Chinas, um die dortige Niederlassung zu führen. Der Deutsche meldete schon nach wenigen Tagen, dass sein wichtigster chinesischer Mitarbeiter vor Ort am besten entlassen werden sollte, weil dieser keine Ahnung habe. Ich beschloss, abzuwarten, denn ich kannte den chinesischen Mitarbeiter. Nach einigen Monaten fragte ich nach. Da meldete der deutsche Niederlassungsleiter, dass der betreffende Chinese zunehmend besser würde. Ich war zufrieden, doch war mir klar, dass der betreffende Chinese eigentlich gleich geblieben und nur der deutsche Mitarbeiter zunehmend besser geworden war, beziehungsweise inzwischen mehr

211

Durchblick hatte. Das Problem: Nur weil sich ein Chinese nicht äußert oder zu bescheiden ist, meint der Deutsche, dieser habe keine Ahnung. Der Chinese denkt, der Deutsche ist ein Gesandter des deutschen Hauses und ordnet sich ganz selbstverständlich unter. Darum ist eine der wichtigsten Aufgaben im Umgang mit chinesischen Mitarbeitern, sie dazu zu bringen, sich zu artikulieren. Wenn chinesische Mitarbeiter zu mir kommen und mich fragen, wie sie in einem bestimmten Fall vorgehen sollen, sage ich ihnen, es sei ihr Job, das Problem zu lösen. Ich hätte nicht vor, ihre Arbeit zu machen. Sie könnten Vorschläge ausarbeiten und sie mir vortragen. Dann könnten wir gemeinsam entscheiden. Ich ermuntere sie stets dazu, zu versuchen selbständig zu arbeiten und Verantwortung zu übernehmen.«

Gegenüber Deutschen setzt man sich mit Argumenten durch, gegenüber Chinesen mit der Hierarchie. Ein Chinese denkt, du bist der Boss, also mache ich, was du sagst. Wenn ein Chinese als Führungskraft deutsche Mitarbeiter unter sich hat, muss er sie durch Argumente überzeugen, während die chinesischen Mitarbeiter ihn allein durch seine Position akzeptieren. Deutsche sind es gewöhnt, sich mit Argumenten durchzusetzen, Chinesen nur aufgrund ihres Amtes und ihrer Position.

Die Schwierigkeit für eine chinesische Führungskraft ist es, die nötige Eloquenz zu besitzen, sich gegenüber den deutschen Mitarbeitern durchzusetzen. Das ist nicht einfach. Im Grunde genommen muss er besser auf Deutsch argumentieren können als ein Deutscher, denn die Deutschen sind es noch nicht gewöhnt, ausländische Vorgesetzte zu haben, selbst in Zeiten der Globalisierung nicht.

»Die Deutschen sind rückständig, was ihre Geschäfte in China betrifft, weil sie immer auf deutsche Führungskräfte setzen«, sagt Herr G. aus Hamburg. »Ein Deutscher blickt aber oft gar nicht durch in China. Ebenso groß sind die Schwierigkeiten, die Chinesen in Deutschland haben. Auch sie scheitern meist, wenn sie sich nur auf eigene chinesische Kräfte verlassen und keine deutschen zu Hilfe rufen. Amerikaner sind da wesentlich experimentierfreudiger. Sie setzen viel mehr chinesische Kräfte ein.«

Wer global agiert, sollte auch in seiner Unternehmensstruktur global aufgestellt sein

»Die Deutschen sind sehr ungenügend auf die Globalisierung vorbereitet«, sagt Herr Y. in Shanghai. »Sie verstehen nicht, dass es sich dabei um ein Geben und Nehmen handelt. Es ist für die Deutschen völlig selbstverständlich, dass deutsche Unternehmen in China investieren und sich an chinesischen Firmen beteiligen oder eigene aufbauen. Umgekehrt erhebt sich in Deutschland ein großes Geschrei, wenn chinesische Firmen dort investieren wollen. Dafür gibt es mehrere Beispiele. Dabei ist es doch chinesisches Geld, das sie einsetzen.«

Die Angst vor Technologiediebstahl

Herr Y., Shanghai: »Die Qualität der deutschen Technologie ist einzigartig. Deshalb haben die Deutschen auch ständig Angst um sie. Sie fürchten, dass wir Chinesen sie ihnen stehlen. Aber Technologien verändern sich und entwickeln sich weiter. Man kann sie nicht in Schubladen stecken und glauben, dort seien sie sicher aufgehoben. In der Schublade sind sie nichts mehr wert. Jede Technologie ist kopierbar. Die Deutschen haben es nach dem Zweiten Weltkrieg auch nicht so genau genommen und vieles aus den USA kopiert. Jeder, der in den sechziger Jahren studiert hat, wird sich noch an die vielen Raubdrucke von Fachliteratur erinnern. Raubdruck ist heute in Deutschland kein Thema mehr, in China hingegen noch immer.

Wie viele Technologien wurden auch unter den westlichen Industrieländern kopiert und Patente gestohlen? Es gibt genügend Geschichten darüber. Bis in die sechziger Jahre hinein war

Patentpiraterie gang und gäbe. Da waren auch die Deutschen keine Ausnahme. Erst mit dem Ausbau des Patentwesens in den siebziger Jahren hat sich dies geändert. Die gesetzlichen Strukturen wachsen mit der Entwicklung von Industrie und Handel. So ein Prozess dauert Jahre, in Europa genauso wie in Asien. Ich bin sicher, dass Technologiediebstahl in fünfzehn Jahren für China kein Thema mehr ist. Auch dort werden die gesetzlichen Strukturen geschaffen und sich durchsetzen, denn die Chinesen werden selber merken, wie wichtig es ist, das eigene Know-how zu schützen. Das kann man heute vielen Chinesen noch nicht klarmachen. Wie sollte man das auch, in einem Land, in dem das Pro-Kopf-Einkommen weit weniger als ein Zehntel dessen beträgt, was in Deutschland normal ist.«

Die Angst vor dem Ideenklau ist eine Folge der Globalisierung. Dabei sind die Deutschen die eigentlichen Profiteure der Globalisierung. Ihre Exportindustrie hat phantastische Gewinne gemacht. Auch in China. Da störte es die Deutschen und auch die anderen westlichen Industrienationen nicht, dass man jahrelang auf chinesischen Straßen nur ausländische Autos und am Himmel nur ausländische Flugzeuge sah, in den Fabrikhallen nur ausländische Produktionsanlagen und in den Häusern ausländische Elektroartikel. Die einheimische Industrie lag am Boden, die Staatsbetriebe gingen in Konkurs. Ohne den Zwang zu Joint-Ventures und zu Know-how-Transfer wäre China nicht so schnell auf die Beine gekommen, hätte dann aber auch nicht so viel aus dem Westen importieren können. Also haben beide Seiten profitiert.

Die Deutschen sind von sich überzeugt

Herr T., als Diplomingenieur für ein großes deutsches Unternehmen in China und Japan tätig: »Im direkten Kontakt mit den chinesischen Kunden geben sich die meisten Deutschen sachlich und gerade heraus. Sie wissen, dass sie gut sind und von der Sache viel verstehen. Deshalb legen sie gern ihre Karten auf den Tisch und sagen: Das haben wir zu bieten. Also, kommen wir ins Geschäft. Der Kunde wird als Partner begriffen. Man berät ihn, konzipiert einen Plan für ihn, der genau auf seinen Bedarf zugeschnitten ist, und anschließend versucht man ihn von der Richtigkeit des Vorschlags zu überzeugen, denn schließlich hat man ja reichlich Erfahrung. Der chinesische Kunde fragt sich, wieso der deutsche Firmenvertreter alles besser zu wissen meint, und ist nicht unbedingt glücklich darüber. Den Deutschen wiederum fällt es schwer, sich auf die chinesische Unentschlossenheit einzulassen. Sie versteifen sich auf Überzeugungsarbeit und hören wenig auf die Wünsche des Kunden, weil sie zugegebenermaßen manchmal unrealistisch sind. Die japanischen Konkurrenten gehen ganz anders vor. Für sie ist der Kunde König. Was er will und sagt, wird gemacht. Sie richten sich ganz nach dessen Wünschen. Hauptsache, die Chemie stimmt. Sie bieten darüber hinaus noch allerlei umsonst an, zum Beispiel den Service. Das gefällt den Chinesen. Die Deutschen lassen ihn sich bezahlen, denn Service ist Leistung. Warum soll Leistung nicht bezahlt werden?, fragen sie und stellen sich stur. In Deutschland funktioniert das, in China nicht unbedingt. Was dabei herauskommt ist, dass die Chinesen gern bei den Japanern kaufen, weil ihnen deren Art angenehmer ist. Im Endeffekt sind sie aber nicht unbedingt glücklich mit den japanischen Produktlösungen. Die deutsche Lösung wäre besser gewesen. Das wissen sie, aber sie kommen mit der deutschen Art nicht zurecht.«

Mein Mann, der Boss

Frau S. aus Beijing: »Nachdem wir geheiratet hatten, begleitete ich meinen deutschen Mann als Dolmetscherin zu allen wichtigen Verhandlungen mit chinesischen Partnern und Behörden. Als Elektroingenieurin verstand ich oft mehr von den technischen

Dingen als die anderen Verhandlungspartner. Ich wusste bald alles über die Materie. Da Frauen in China ihren eigenen Nachnamen behalten, merkten die wenigsten, dass wir verheiratet waren. Oft baten die chinesischen Verhandlungspartner meinen Mann sogar, mich als Dolmetscherin mitzubringen, weil sie merkten, dass die Gespräche dann besser liefen. Das waren vor allem die Kontakte in der tiefen Provinz. Dort kam man mit der deutschen Art meines Mannes ganz besonders schlecht zurecht. Aber sie brauchten ihn, weil die Produkte, die er verkaufte, für den Bau von Hochhäusern unverzichtbar waren.

Als wir uns kennenlernten, war er bereits über ein Jahr in China. Er war enttäuscht von den Chinesen, weil er einfach nicht mit ihnen zurechtkam. Andererseits lehnte er es ab, ein wenig Chinesisch zu lernen. Dafür habe er keine Zeit, sagte er. Er hatte große Schwierigkeiten und stand unter immensem Druck, auch von Seiten des deutschen Mutterhauses. Anfangs beklagte er sich bei mir, dass die Chinesen nur etwas vom Schnapstrinken verstünden, aber nicht übers Geschäft reden wollten. Er war eben ein typischer Deutscher, kam immer gleich ohne Umschweife auf den Punkt und sah nicht ein, warum er mit Chinesen anders verfahren sollte als mit Amerikanern oder Europäern. Er wurde ungeduldig, wenn er merkte, dass sie in Wirklichkeit etwas anderes meinten, als sie sagten. Als Dolmetscherin nahm ich seinen Worten oft die Schärfe und griff vermittelnd ein. Wenn er sagte, jemand hätte dies und das zu befolgen, formulierte ich vermittelnd und bat den Betreffenden lieber um Unterstützung und Zusammenarbeit. Ich half meinem Mann, alle Schwierigkeiten zu überwinden, dolmetschte bei technischen Gesprächen ebenso wie bei Verhandlungen mit Politikern und hohen Beamten. Sein erster Vertrag für seine Tätigkeit in China lief über fünf Jahre. Anfangs hatte er vorgehabt, den Vertrag nicht zu verlängern. Doch mit meiner Hilfe wurden daraus vierzehn Jahre. Er lernte, erst die Freundschaft zu suchen und dann ins Geschäft zu kommen. Er lernte auch, die Leute nicht immer direkt anzugehen. Die deutsche Methode mit ihrer unverblümten, direkten Art ist falsch, denn so arbeiten die Leute nicht mit dir zusammen. Das hat er bald eingesehen. Manche deutsche Kollegen wunderten sich, wie er es so lange in China aushalten konnte. Andere meinten, er sei schon wie ein Chinese, was nicht als Lob gemeint war, und was ihn dann auch immer geärgert hat.«

Von Japanern und Deutschen

Frau N., Tianjin: »Es ist einfach, mit Japanern, aber schwer, mit Deutschen zu verhandeln. Dafür erfüllen die Deutschen in der Regel ihre Verträge. Die Japaner nicht unbedingt. Wir haben einige gebrauchte Fabrikanlagen in Deutschland gekauft und konnten sicher sein, dass alles Drum und Dran samt Lagerbeständen nach China verschifft wurde. Die Japaner hingegen überraschten uns bei ähnlichen Geschäften oft mit Extrakosten.«

Der Plan ist das Ziel – ein deutsches Phänomen

Frau C., Mitarbeiterin in einer deutschen Niederlassung in Kanton: »Die Ausarbeitung von Strategiepapieren ist eine Lieblingsbeschäftigung deutscher Vorgesetzter. Manchmal hat man das Gefühl, die alten Zeiten chinesischer Planwirtschaft hätten in deutschen Unternehmen Einzug gehalten. Da gibt es kurzfristige und langfristige Pläne, Fünf-Jahres- und Zehn-Jahres-Pläne. Das Erstaunliche dabei ist, dass sich diese Vorgesetzten bei ihrer ganzen Planerei weniger ergebnisorientiert als vielmehr prozessorientiert zeigen. Das Planen selbst fasziniert sie. Sie planen sozusagen um des Planens willen. Genau wie man von Reisenden oft hört, dass der Weg das Ziel sei, so verhält es sich bei der deutschen Planungswut: Das Planen selbst ist das Ziel. Sie verlieren sich in ihren Plänen, erfreuen sich an Statistiken und Schaubildern und entfernen sich in ihren Gedanken meilenweit von der Realität. Damit schafft man aber keine Effizienz. Im Gegenteil.

Kaum heißt es, ein neues Strategiepapier sei zu erstellen, müssen wir alle mit ran. Dann sind wir chinesischen Mitarbeiter wochenlang mit nichts anderem beschäftigt, als Daten und Fakten zusammenzutragen. Als unser Vorgesetzter beim letzten Mal dann endlich sein neues Strategiepapier präsentierte, strahlte er nur so vor Genugtuung, als hätte er etwas ganz Phantastisches geschaffen. Dabei war es doch nicht mehr als nur ein Plan. Dumm war, dass wir Chinesen die neue Strategie nicht begriffen. Alles erschien uns viel zu kompliziert und wenig praktikabel, aber keiner wagte, den Mund aufzumachen und die Bedenken offen auszusprechen. Denn schließlich war er nicht irgendwer, sondern unser Vorgesetzter, ein kluger Mann aus Deutschland. Da wollten wir uns natürlich nicht blamieren. Vielleicht waren wir wirklich nur zu dumm, um das alles zu begreifen. Zwar hatte jeder von uns ein Universitätsstudium hinter sich, aber einem ausländischen Experten traut man immer mehr zu. Dann kam es zu einem Conference Call mit unseren amerikanischen Partnern. Unser Vorgesetzter stellte den Leuten seine neue Strategie vor. Wir Chinesen trauten unseren Ohren nicht, als wir hörten, wie die Amerikaner reagierten. Sie hatten dieselben Bedenken wie wir, nur waren sie nicht so höflich und platzten gleich mit ihrer Meinung heraus. Das sei alles wenig praktikabel und deshalb sinnlos. Nun hatte unser Vorgesetzter aber wochenlang über dem Plan gebrütet und war deshalb von seiner Richtigkeit überzeugt. Mit vielen Worten erklärte er seine neue Strategie, bis es den Amerikanern zu bunt wurde. ›Sie haben zu entscheiden‹, sagten sie. ›Wenn Sie sagen, so wird's gemacht, dann machen wir das eben so, auch wenn wir nicht derselben Meinung sind.‹ Natürlich ignorierte unser Vorgesetzter die Kritik. Sie passte nicht in sein Konzept. Umso erstaunlicher war es dann, später festzustellen, dass das Strategiepapier sang- und klanglos in der Versenkung verschwand. Niemand sprach mehr davon, auch nicht unser Vorgesetzter.«

Herr Y., Shanghai: »In der Tat planen die Deutschen sehr gerne, weil Pläne die Intelligenz und das Wissen des Planenden widerspiegeln. Doch die Umsetzung solcher Pläne sollte man dann doch lieber den Chinesen überlassen und damit auch das Recht, sie an die realen Gegebenheiten anzupassen.

Wollen Deutsche in den chinesischen Markt einsteigen, stellen sie zunächst einen Plan auf, wie sie vorgehen wollen. Wenn Chinesen auf dem deutschen Markt Fuß fassen wollen, schicken sie einfach zwei Leute rüber, um herauszufinden, ob das machbar ist. Sie wissen nicht unbedingt, was genau sie erreichen wollen. Sie sagen: Mal gucken, was wird.

Wenn ich als Chinese in unserem deutschen Unternehmen etwas vorschlagen möchte, muss auch ich zunächst einen Plan aufstellen, um ihn dann dem deutschen Vorstand vorzulegen. Mit einem chinesischen Vorstand bräuchte ich nur ein detailliertes Gespräch zu führen.«

Die Deutschen halten sich für die Besten

Frau Y., beschäftigt bei einem deutschen Unternehmen in Shanghai: »Die Deutschen halten sich für die Besten. Wir finden jedoch, dass sie nur noch von dem guten Ruf und den Errungenschaften ihrer Väter leben. Ihre Patente laufen aus, und ihre Technologien veralten. Nur ihre Selbsteinschätzung ändert sich nicht. Sie meinen, sie seien immer noch die Besten, aber das sind sie schon lange nicht mehr. Wir Chinesen wissen das, nur die Deutschen selbst haben es noch nicht begriffen. Andere Nationen stellen längst ebenso gute Qualität her, und sie entwickeln wesentlich schneller neue Produkte. Die Deutschen reagieren viel zu langsam. Sie kleben an ihren alten Modellen und denken sich höchstens kleine Verbesserungen aus. Ein Beispiel sind die Handys. Die Deutschen haben in der Vergangenheit viel zu langsam auf die Anforderungen des Marktes reagiert. Sie sagen, Qualität sei das Wichtigste. Aber wer behält sein Handy heutzutage noch fünf Jahre, wo doch alle sechs Monate eine Innovation auf den Markt kommt, und sich die jungen Leute immer nach dem Neuesten orientieren? Das mag idiotisch sein und überflüssig, aber es ist doch einfach so. Das kann man doch nicht ignorieren.«

Deutsche Kollegen

Normalerweise kommen deutsche Mitarbeiter für vier Jahre nach China. In den ersten beiden Jahren sind sie meist sehr freundlich zu ihren chinesischen Kollegen, weil sie Hilfe brauchen. Dann finden sie jeden »great«. Im dritten Jahr sind viele genervt und werden arrogant. Im vierten verstehen sie langsam, wie es in China läuft, aber dann kehren sie nach Hause zurück, und es geht mit einem neuen deutschen Mitarbeiter von vorne los.

Herr T.: »Deutsche Kollegen sind in der Regel sehr offen. Nach einem Monat kennt man sich. Deshalb finde ich es trotz der kulturellen Unterschiede sehr angenehm, mit Deutschen zusammenzuarbeiten. Man braucht nicht lange zu überlegen, was der andere womöglich denken könnte. Wie er sich gibt, so ist er. Er verbirgt nichts.«

Manche deutsche Autoren unterstellen chinesischen Geschäftsleuten, dass sie nach den Kriegslisten des Sunzi und den 36 Strategemen der Kriegskunst handeln. Einer der Bosse der deutschen Autostadt nahe Shanghai findet das amüsant. »Ich sehe es meinen deutschen Verhandlungspartnern immer an ihren Gesichtern an, wenn sie mich stirnrunzelnd zu analysieren versuchen, mir irgendwelche Kriegslisten andichten wollen und um ihre Entscheidungen ringen. Du lieber Himmel, denke ich dann immer, nun kommt endlich raus aus euren Startlöchern und setzt euch in Trab. Sonst rennen wir Chinesen euch davon und machen unser

Ding mit einem anderen. Wir sind nicht so kompliziert, wie ihr denkt.«

»Deutsche Experten erzählen mir immer wieder, wie unsere chinesische Wirtschaft einzuschätzen ist«, sagte Herr W., Journalist in Shenzhen. »Und meist liegen sie falsch, denn sie urteilen nach westlichen Kriterien. Doch westliche Kriterien gelten nicht unbedingt für China. Hier herrschen in vielerlei Hinsicht andere Gesetze.«

Von Soldaten und Bauern

Herr H., Fabrikant in Shanghai: »Deutsche Geschäftsleute wirken auf mich international sehr erfahren. Sie sind in der Regel sehr freundlich, aber manchmal auch aggressiv. Sie gehen mit großem Ernst an die Arbeit, sind deshalb längst nicht so locker wie die Amerikaner oder so entspannt wie die Franzosen. Sie haben ihre feste Meinung, von der sie nicht abrücken und von der sie dich unbedingt überzeugen wollen. Manche übertreiben dabei ein wenig, und man hat das Gefühl, sie wollten dich ganz für sich einnehmen. Deutsche sind wie ein Laufwerk. Alles funktioniert gut und läuft wie am Schnürchen. Das mag an der preußischen Disziplin liegen. Die Deutschen gehorchen und ordnen sich unter. Sie sind gute Soldaten. Die Chinesen sind Bauern. Sie sind unendlich fleißig, aber undiszipliniert und als Soldaten nur schlecht geeignet. Deshalb wird China auch nie wie ein gutes Laufwerk funktionieren.«

China als Chance und als Zumutung

Herr Q., chinesischer Investmentbanker aus den USA: »Ich komme viel herum und treffe die verschiedensten Leute. Dabei fallen mir die Deutschen immer wieder besonders positiv auf. Sie sind weit gereist und international erfahren. Ihre Unternehmen sind Weltunternehmen: Siemens, Allianz, Daimler oder BASF.

221

Jeder kennt diese Namen. Es sind immer die Besten, die von den Unternehmen nach China geschickt werden, und diese Leute begreifen es ganz offensichtlich als Chance, sich hier zu profilieren. Ich habe gelegentlich auch mit Spaniern zu tun. Die wirken auf mich, verglichen mit den Deutschen, unglaublich provinziell. Zwar meinen sie, die Welt zu verstehen und immer recht zu haben, aber in Wirklichkeit haben sie keine Ahnung. Die Deutschen sind da ganz anders. Sie sind weltgewandt, professionell und phantastisch ausgebildet. Die Chinesen wissen, dass die Deutschen ihre besten Leute schicken, und deshalb begegnen sie ihnen mit Respekt. Die amerikanischen Unternehmen schicken nur die zweite Wahl nach China. Meist sind das Leute, die irgendwelche, meist private Probleme haben. Wer als Amerikaner ins Ausland geht, will nach Europa, und wenn schon nach Asien, dann höchstens nach Singapur, Tokio oder Hongkong. China betrachten sie nicht als Chance, sondern eher als Zumutung.«

Geschäftliches und Privates

Die Deutschen bleiben unpersönlich und kühl. Für uns Chinesen ist es wichtig, eine persönliche Beziehung aufzubauen. Wir wollen den Menschen kennenlernen, mit dem wir es zu tun haben. Wir trennen nicht so scharf zwischen Privatem und Geschäftlichem. Wir Chinesen sagen, lass uns erst einmal zusammen sitzen und essen, damit wir uns besser kennenlernen.

Überstunden

Die Deutschen machen nach der offiziellen Arbeitszeit Feierabend. Die Chinesen bleiben, um ihrem Chef zu zeigen, wie fleißig sie sind. Ein chinesischer Chef sieht es nämlich nicht gern, wenn seine Mitarbeiter um Punkt fünf oder wann immer sie Dienstschluss haben, sofort ihren Arbeitsplatz verlassen. Dann kommt er leicht auf die Idee, dass der Betreffende nicht genug zu tun hat. Deutsche sind da anders. Die strengen sich an und schaffen ihre Arbeit in der vereinbarten Zeit. Chinesen arbeiten oft einen Tick langsamer, weil sie davon ausgehen, dass sie sowieso Überstunden machen. Chinesische Chefs gehen ganz automatisch davon aus, dass ihre Leute ihnen auch nach Dienstschluss noch zur Verfügung stehen, und sind sie selbst nicht mehr im Büro, rufen sie sie per Handy an. Ist der Chef ein Deutscher, verändert sich die Haltung zu den Überstunden, dann geht auch ein Chinese pünktlich nach Hause und hat es plötzlich furchtbar eilig.

Wenn der Boss ein Deutscher ist

Frau L. in Beijing: »Als chinesischer Mitarbeiter in einer deutschen Firma hast du nicht viel zu sagen, wenn dein Vorgesetzter ein Deutscher ist. Deutsche Vorgesetzte wissen immer alles besser. Sie hören dir auch kaum zu. Häufig misstrauen sie dir sogar. Deshalb hast du auch wenig Chancen, eine den Deutschen vergleichbare Karriere in ihren Unternehmen zu machen. Die Amerikaner sind da viel offener. Für sie ist es egal, ob du Chinese, Europäer oder Amerikaner bist. Für sie zählt nur die Leistung.«

Frau Z. aus Hamburg: »Als Chinese in einem deutschen Betrieb zur Führungskraft aufzusteigen ist schwer. Das schafft man nur, wenn man viel besser ist als die deutschen Mitbewerber. Außerdem muss man die deutsche Sprache sehr gut beherrschen.«

Dem kann Herr L. aus Shanghai nicht zustimmen: »Viele Chinesen behaupten, man könne in Deutschland nicht so schnell in einem Betrieb aufsteigen wie beispielsweise in den USA. Da habe ich ganz andere Erfahrungen gemacht. Ich kenne viele Chinesen, die ähnlich alt und ähnlich gut ausgebildet sind wie ich, in den USA jedoch nur selten über den Posten eines Projektleiters hinauskamen. Da war ich als Leiter einer großen Abteilung und schließlich einer Repräsentanz in China wesentlich erfolgreicher.

Man muss als Chinese in einem deutschen Betrieb jedoch wesentlich mehr Geduld und Fingerspitzengefühl aufbringen, als es ein Deutscher an dieser Stelle tun müsste.«

Frau T., Berlin: »Es ist schwer, sich als Frau und Ausländerin in einem deutschen Betrieb hochzuarbeiten, wenn man sprachlich mit den deutschen Kollegen nicht mithalten kann. Fachlich bin ich genauso gut qualifiziert wie die anderen, aber wenn es darum geht, Herausforderungen anzunehmen, passe ich oft. Fordert mich mein Chef zum Beispiel auf, für unsere Abteilung die Präsentation unserer Arbeit zu übernehmen, scheue ich mich davor. Ich war schon über zwanzig, als ich nach Deutschland kam. Mein Deutsch ist nicht einwandfrei. Das ist mir peinlich. Meine ehemaligen Kommilitonen in China sind längst alle in erstklassigen Führungspositionen tätig. Einer ist sogar Bürgermeister einer großen Stadt geworden. Andere sind als Selbständige sehr erfolgreich. Nur ich sitze noch immer auf meinem kleinen Posten. Sie fordern mich auf, zurückzukommen. Mit meinen Qualifikationen hätte ich in China ganz andere Chancen, säße womöglich längst im Vorstand eines großen Unternehmens. Das stimmt, und ich bin deshalb sehr unzufrieden und ständig am Überlegen, ob ich den Sprung zurück nach China nicht doch wagen sollte. Meine deutschen Freunde haben dafür kein Verständnis. Du hast doch hier einen tollen Job. Warum bist du nicht zufrieden, fragen sie mich. Eigentlich haben sie recht. Aber das bisher Erreichte ist mir eben nicht genug. Ich könnte und will mehr leisten, fühle mich aber in Deutschland in meinen Möglichkeiten eingeschränkt. Aber darf ich nur an mich denken? Was ist mit meiner Tochter, die hier geboren und aufgewachsen ist? Sie hält sich für eine Deutsche, fühlt sich pudelwohl in Berlin und hat viele Freunde. Sie will jetzt nicht nach China gehen, höchstens später mal, während des Studiums. In zwei Jahren macht sie Abitur. Sie ist sehr gut in der Schule, eine der Besten ihres Jahrganges. Auf einer chinesischen Schule in Beijing käme sie allein wegen der vielen Schriftzeichen nicht mit. Kann ich ihr zumuten, nur ihrer karrierebewussten Mutter zuliebe hier alle Zelte abzubrechen?«

Von illoyalen chinesischen Mitarbeitern

Immer wieder hört man, dass die Loyalität chinesischer Mitarbeiter gegenüber dem deutschen Unternehmen begrenzt ist. Sie lassen sich abwerben, manche gründen auch ihr eigenes Unternehmen und lassen dabei einige Kunden mitgehen. Aber ist das ein chinesisches Problem? Während des IT-Booms kam es häufig vor, dass man Mitarbeitern anderer Firmen dreißig Prozent mehr Gehalt bot. Kann man es ihnen dann verdenken, wenn sie gehen? Wie ist eigentlich die Konkurrenzklausel in deutsche Verträge gekommen? Doch wohl nur deshalb, weil sich deutsche Mitarbeiter selbständig machten und zu Konkurrenten wurden. Empfehlenswerte Therapie für potenziell illoyale Mitarbeiter: attraktive Bezahlung, Weiterbildungsmaßnahmen und Aufstiegsmöglichkeiten.

Raubkopien – ein Fluch für ausländische Filmproduzenten, ein Segen für den chinesischen Film

Herr Z. aus Hongkong ist im Filmgeschäft tätig. An der Berlinale und auch an anderen internationalen Filmfestspielen nimmt er regelmäßig teil. »Die Chinesen sind filmbegeistert, und dank der vielen Raubkopien kennen sie sich inzwischen auch bei ausländischen Filmen bestens aus. Es gibt wohl keinen erfolgreichen ausländischen Film, der nicht als Kopie in China erhältlich ist. Das ist bedauerlich für die einen und ein Segen für die anderen. Chinas junge Nachwuchsregisseure haben alle Filme gesehen, die auf dem internationalen Markt wichtig sind. Oft meint man im Ausland, man müsse unseren jungen Leuten hilfreich unter die Arme greifen. Aber das ist nicht mehr nötig. Sie haben viel gelernt, und sie wissen inzwischen ganz genau, wo's langgeht. Um in China anspruchsvolle Filme drehen zu können, muss man mit allen Wassern gewaschen sein. Die offizielle Politik möchte die Filmindustrie in den Dienst der Propaganda stellen. Das machen viele Filmemacher nicht mehr mit. Sie wollen Kunst schaffen, anspruchsvolle Kunst.«

Von deutsch-chinesischer Liebe

Vorurteile

Wird eine Chinesin Partnerin eines Deutschen, denken manche Deutsche: Die will ja nur aus China raus. Oder: Die will ja nur in Deutschland bleiben. Vor zehn, zwanzig Jahren war dieses Denken noch wesentlich verbreiteter als heute. Die Bedingungen in China haben sich so weit verbessert, dass der Westen an Attraktivität verloren hat und viele gemischte Paare lieber in China leben als in Deutschland. Trotzdem musste sich erst kürzlich eine chinesische Studentin von einem deutschen Kommilitonen an der Universität Osnabrück sagen lassen: »Ihr Chinesinnen wollt doch alle einen deutschen Mann heiraten, damit ihr hierbleiben könnt.« Daraufhin fragte sie ihn: »Mache ich auf dich denn diesen Eindruck?« Da errötete er und musste klein beigeben. Sie sei eben eine Ausnahme. Die Studentin war trotzdem sauer über dieses Vorurteil.

Der Anblick einer Chinesin mit einem westlichen Partner bereitet manchem chinesischen Mann ein unangenehmes Gefühl: Eine von uns in den Armen einer Langnase! Muss das sein? Ist hingegen ein Chinese Partner einer westlichen Frau, erntet er bei den gleichen Leuten anerkennende Bewunderung, aber manchmal auch Skepsis. »Als Chinese eine deutsche Frau heiraten? In den seltensten Fällen geht das gut«, weiß der Shanghaier, Herr X., zu berichten. Er ist Unternehmer und lebt seit fünfzehn Jahren in Berlin. »Die deutschen Frauen tun zu wenig im Haushalt. Da muss man als chinesischer Mann ständig mit anpacken.« Außerdem seien die deutschen Frauen in Sachen Sex viel freizügiger als die Chinesinnen. Als chinesischer Ehemann werde man da schnell eifersüchtig.

Auch Herr L. aus Beijing ist skeptisch: »Die chinesischen Männer sind Machos. Das weiß doch jeder. Mit Ausnahme der Männer aus Shanghai verkloppen die meisten anderen sogar ihre Frauen, wenn sie nicht richtig spuren. Der Mann ist eben der Herr im Haus. So ist das nun mal. Da braucht man gar nicht drüber zu reden. In Shandong dürfen die Frauen zu Hause noch nicht mal mit am Esstisch sitzen. Die Töchter auch nicht. Die essen in der Küche. Wie kann ein chinesischer Mann da mit einer Deutschen fertigwerden! Allein schon verbal ist er ihr doch völlig unterlegen. Die deutschen Frauen wollen immer über alles diskutieren. Wir sind da viel zurückhaltender. Nein, mit einer deutschen Frau, das geht wirklich nicht.«

Herr M. aus Shanghai gibt der Ehe mit einer deutschen Frau nur dann eine Chance, wenn das Paar Deutschland verlässt und nach China geht. »In der deutschen Gesellschaft sind die Frauen zu frei.« (Kleine Anmerkung: Natürlich ist keiner der drei Männer mit einer deutschen Frau verheiratet.)

Über die Freiheit, die sich deutsche Frauen nehmen, wusste schon 1980 der Germanistikprofessor Herr Z., aus Beijing zu berichten und versetzte damit seine Hamburger Zuhörer in großes Erstaunen. Deutsche Ehefrauen wären jederzeit zu einem Seitensprung bereit, behauptete er. Die deutschen Ehemänner unter den Zuhörern schauten verwirrt, die jungen Damen verwundert, bis ein älterer deutscher Professor ihn fragte, wie er denn darauf käme. Er sei doch erst seit wenigen Tagen und darüber hinaus zum ersten Mal in der Bundesrepublik. Hätte er denn in dieser kurzen Zeit schon einschlägige Erfahrungen gemacht? Aber nein, das hatte er nicht. Stattdessen war er ein eifriger Leser moderner westdeutscher Literatur gewesen, und darin stünde so manches, das ihm die Augen geöffnet habe.

Ob der chinesische Partner aus der Volksrepublik China oder aus Taiwan kommt, macht für manche Deutsche einen großen Unterschied. Volksrepublik China? Dann ist der oder die Betreffende wahrscheinlich Mitglied der Kommunistischen Partei, zumindest ist sie oder er indoktriniert. Als Deutscher weiß man so etwas. In Berlin erzählte ein frohgemuter deutscher Bräutigam seinem Vorgesetzten, dass er in Kürze eine Chinesin aus Beijing heiraten werde. Darauf fragte ihn dieser, was seine Braut denn vom Massaker auf dem Platz des Himmlischen Friedens hielte. Der Mann war über diese Frage zwar entrüstet, gab sie aber trotzdem an seine junge Verlobte weiter. Diese ließ seinem Vorgesetzten daraufhin eine Gegenfrage ausrichten. Was er, als ehemaliger Ossi, denn vom Schießbefehl an der Berliner Mauer hielte. Der Vorgesetzte pfiff vielsagend durch die Zähne. »Meine Güte«, meinte er. »Ihre Zukünftige hat aber Haare auf den Zähnen. Das mit der Hochzeit würde ich mir lieber nochmal überlegen.«

Frau S. aus Beijing: »Als mein Mann während einer Party mit europäischen und amerikanischen Freunden und Kollegen unsere Verlobung bekanntgab, schien die eine Hälfte der Gäste schockiert, die andere Hälfte positiv überrascht. Ich war damals 32 Jahre alt, nach chinesischen Maßstäben fast schon ein spätes Mädchen, doch für europäische Augen sah ich wie eine Abiturientin aus. Eine deutsche Frau wandte sich lautstark und empört vor den versammelten Gästen an meinen Verlobten: ›Du bist schon fünfzig Jahre alt, erfolgreich und vermögend und dennoch in Sachen Liebe ein blindes Huhn.‹ Für die Skeptiker lag der Fall klar: Eine hübsche kleine Chinesin hat sich einen reichen Ausländer geschnappt, um aus China rauszukommen. Ich will nicht verhehlen, dass viele Chinesen ähnlich dachten. Damals, Mitte der achtziger Jahre, fielen gemischte Paare in Beijing noch auf. Gingen wir beispielsweise zusammen zum Einkaufen und gab mir mein Mann sein Portemonnaie, damit ich bezahlte, sammelten sich regelmäßig Neugierige um uns und kommentierten, was sie sahen. Sehr freundlich waren ihre Kommentare nicht. Für diese Leute war ich einfach ein schlaues Ding, das sich einen reichen Ausländer geangelt hatte. Wenn ich an die achtziger Jahre in China denke, bekomme ich noch heute eine Gänsehaut. Damals ließ man keine normalen Chinesen in die großen internationalen Hotels. Sie wurden vom Wachpersonal an den Eingängen schroff abgewiesen. Das kann man sich heute gar nicht mehr vorstellen. Ich war einmal mit meinem Mann abends um halb neun in der Lobby des Sheraton in Shanghai verabredet, aber man ließ mich nicht hinein. Ich hatte meinen Pass vergessen und auch kein entsprechendes Papier dabei, das mich als Frau eines Ausländers auswies. Handys gab es noch nicht. Geschlagene dreißig Minuten stritt ich mich mit den Wächtern herum, während Ausländer und privilegierte Chinesen an mir vorbei ein- und ausgingen. Es nützte nichts. Man ließ mich nicht hinein. Zufällig kam ein Mitarbeiter meines Mannes vorbei. Er war entsetzt, als er mich dort tränenüberströmt stehen sah. Ein Wort von ihm, und schon konnte ich eintreten. Mein Mann ließ daraufhin den Geschäftsführer rufen und stauchte ihn ordentlich zusammen. Trotz vieler Entschuldigungen wurde schnell klar, dass der Fehler bei mir gelegen hatte. Ich hätte mich nicht als Ehefrau eines Ausländers ›aufspielen‹ dürfen, sondern mich als Sekretärin oder Dolmetscherin ausgeben müssen. Dann hätten sie mich vielleicht durchgelassen. Gut, dass diese Zeiten vorbei sind.

Was meine Landsleute damals von mir dachten, war mir egal. Mir war nur wichtig, die Herzen der skeptischen Freunde und Kollegen meines Mannes zu gewinnen. Von ihnen wollte ich akzeptiert werden. Sie sollten ihre Meinung über mich ändern. Ich wollte ihnen zeigen, was alles in mir steckte. Ich gab mir drei Jahre, in denen ich alles lernen wollte, was die deutsche Kultur ausmachte, auf die sie so stolz waren. Vor allem wollte ich Deutsch lernen.

Meine Eltern hielten mich für verrückt. Du kommst aus bester Akademikerfamilie, hast studiert und bist in deinem Beruf erfolgreich, und jetzt willst du so einen alten Mann heiraten, zudem einen Ausländer, der auch noch geschieden ist? Etwas Schlimmeres hätte ich ihnen gar nicht zumuten können. ›Die Deutschen hatten einen Hitler‹, rief meine Mutter, ›erinnere dich bitte, was sie mit den Juden gemacht haben, umgebracht haben sie sie, und mit den Chinesen gingen sie während der Kolonialzeit auch nicht viel besser um. Über die Massaker, die sie anlässlich des Boxer-Aufstandes verübt haben, spricht heute niemand mehr. Aber sie sind geschehen. Du darfst diesen Deutschen auf keinen Fall heiraten. Wie kannst du aus Liebe alles, was dir bisher wichtig und heilig war, opfern?‹ Meine Mutter rief mich täglich an, wollte mich immer wieder aufs neue davon überzeugen, dass ich in mein Unglück rannte. Der Druck war immens. Doch ich setzte mich durch und heiratete ihn. Wir gingen zunächst für ein Jahr nach Deutschland. Dort lernte ich intensiv Deutsch. Noch wichtiger war, dass ich mich zwang, meine Zurückhaltung abzulegen. In Deutschland musst du aggressiv sein, aus dir herauskommen. Das gefällt den Leuten. Ich nahm intensiv am kulturellen Leben teil, besuchte Konzerte, Opern- und Theateraufführungen. Ich verstehe recht viel von Musik. Seit meiner Kindheit spiele ich Geige, mein Bruder Cello, meine Mutter Klavier. Es war bei uns zu Hause üblich, zu musizieren. Selbst in der dunklen Zeit der Kulturrevolution haben wir heimlich klassische europäische Musik gehört. Die Bekannten meines Mannes waren bass erstaunt, wenn wir auf klassische Musik zu sprechen kamen: Oh, Sie kennen ›unseren‹ Beethoven und ›unseren‹ Bach?, hieß es dann. Wie diese Frage schon klang! Wahrscheinlich dachten sie, ich sei ohne Kultur und ohne Ausbildung. Selbstverständlich kenne ich euren Bach und euren Beethoven, erwiderte ich ironisch und führte bei Gelegenheit weitere mir vertraute Komponisten und deren Werke an. Ich bemerkte schnell, dass ich mich auf diesem Gebiet wesentlich besser auskannte als die meisten von ihnen, was ich dann auch genüsslich ausspielte.

Ich suchte schließlich sogar ganz bewusst die Freundschaft jener

Deutschen, die sich zu der unhöflichen Bemerkung hatte hinreißen lassen. Ich dachte, wenn ich ihre Freundschaft erringe, dann sind mir auch die übrigen Skeptiker sicher. Sie hat sich später unter Tränen bei mir entschuldigt. Sie sei so furchtbar unfreundlich gewesen, während ich ihr immer nur mit Freundschaft begegnet wäre. Heute gehört sie zu meinen besten deutschen Freundinnen. Dennoch kann ich ihre Bemerkung nie vergessen.

Drei Jahre hatte ich mir gegeben, um von den Skeptikern akzeptiert zu werden. Schon nach zwei Jahren hatte ich mein Ziel erreicht. Ich bin zufrieden. Ich trage ihnen ihre Vorurteile nicht nach. In dieser Hinsicht bin ich ganz konfuzianisch. Eines habe ich allerdings gelernt: Wir Chinesen sind immer so stolz auf unsere 5000-jährige Kultur. Aber in der Tat wissen wir nur sehr wenig über sie und noch weniger über fremde Kulturen. Geht man ins Ausland, muss man etwas von seiner eigenen Kultur verstehen und sie zu repräsentieren wissen. Man muss sich aber auch auf die fremde Kultur einlassen, sonst ist man unsicher, wenn man sich im deutschen Kreis bewegt. Das ist meiner Meinung nach der Grund, warum viele Chinesen im deutschen Kreis so zurückhaltend und im chinesischen so lebhaft sind. Sie sind unsicher. Sie wissen zu wenig über ihre eigene Kultur und Geschichte und auch zu wenig über die deutsche Kultur. Ich möchte, dass die Deutschen an unserer Kultur interessiert sind und dass wir sie ihnen vermitteln können. Aber das bedeutet, dass man fleißig ist und bereit ist, unentwegt zu lernen.«

Eine deutsch-chinesische Ehe – kann das gutgehen?

Probleme gibt es in jeder Ehe, warum nicht auch in einer deutsch-chinesischen Beziehung? Nur haben deutsch-chinesische Paare nicht unbedingt dieselben Probleme wie rein deutsche. Die Herkunft aus zwei unterschiedlichen Kulturkreisen kann einerseits sehr inspirierend wirken, andererseits aber auch Quell vieler Probleme und Missverständnisse sein. Die enge Bindung des chinesischen Partners an seine Familie, unterschiedliche Erwartungen an das Leben, an Karriere und finanzielle Entwicklung, Anspruchshaltung gegenüber den Kindern, das allein bietet viel Zündstoff.

Der Geheimtipp eines gemischten Paares, das seit nahezu vierzig Jahren gemeinsam durchs Leben geht: Man sollte gegenüber der anderen Kultur aufgeschlossen und tolerant sein, sich intensiv mit ihr beschäftigen und, wenn möglich, auch die Sprache lernen.

Ein deutscher Handwerker aus Norddeutschland stellt nach 26 Jahren Ehe mit seiner chinesischen Frau fest: »Mei zu treffen war das Beste, was mir im Leben passiert ist. Ich würde sie immer wieder heiraten, im nächsten Leben und im übernächsten auch. Sie hat mich verändert, hat meinem Leben eine gewisse Leichtigkeit gegeben. Ich sehe die Dinge nicht mehr so eng und pessimistisch wie früher. Sie hat vor allem meine Beziehung zu meiner eigenen Familie verändert. Früher habe ich mit meiner jüngeren, einzigen Schwester einmal im Jahr telefoniert. Was hat man sich mit einer Schwester auch schon zu erzählen, dachte ich immer. Aber dann fuhr ich nach China, lernte die Familie meiner Frau kennen, den engen Zusammenhalt. Der Großteil der Familie lebt in China, einige Verwandte sind jedoch in die USA gegangen. Aber ganz gleich wo sie stecken, sie stehen in stetem Telefonkontakt mit Mei. Das finde ich toll. Ich telefoniere jetzt einmal wöchentlich mit meiner Schwester. Wir haben ein nettes Verhältnis, und ich sehe sie auch viel häufiger als früher. Dafür hat Mei gesorgt.«

Die weitverzweigte Familie des Herrn B. aus Frankfurt, ein deutscher Sozialarbeiter, mutet recht international an: »In meiner Familie sind unter uns Geschwistern vier mit ausländischen Ehepartnern glücklich geworden. Ein Schwager kommt aus England, einer aus Schweden, eine Schwägerin aus dem Iran und meine Frau aus China. Nur meine Schwester musste unbedingt einen Deutschen heiraten, und prompt ging die Ehe schief.«

Die Chinesin Frau C. aus Berlin versteht sich auch nach vielen Jahren Ehe sehr gut mit ihrem deutschen Mann. »Ich lebe gern in Deutschland. Ich mag die direkte Art der Deutschen, sie liegt mir, und sie ist mir inzwischen lieber als das komplizierte indirekte Hin und Her in China. Außerdem ist das Klima in Deutschland nahezu perfekt. Anders als in China sind die Sommer nicht zu heiß und die Winter nicht zu kalt. Die deutschen Städte leiden unter keiner so großen Luftverschmutzung wie die chinesischen. Ich habe mich wirklich sehr gut in Deutschland eingelebt. Manchmal fragen mich Deutsche, ob ich nicht nach China zurückkehren möchte und ob ich nicht Heimweh hätte. Das habe ich nicht. Mein Zuhause ist dort, wo mein Mann ist. Deutschland ist meine zweite Heimat. Doch trotz meines harmonischen Lebens mit meinem Mann brauche ich den engen Kontakt zu meinen chinesischen Freunden, denn es gibt Dinge, über die ich mit ihm nicht reden kann und die er nicht versteht. Da macht sich dann eben doch der unterschiedliche kulturelle Hintergrund bemerkbar.«

Deutsch-chinesische Affären

Es gab so manche deutsch-chinesische Romanze. Die berühmteste ist die zwischen einem deutschen General und der Konkubine eines chinesischen Gesandten. In Deutschland hat man den Fall längst vergessen, in China spricht man noch heute von der Affäre. Die schöne Sai Jinghua, ursprünglich eine Kurtisane, begleitete den Gesandten Hong Jun als seine Konkubine nach Europa, wo er das chinesische Kaiserreich von 1887 bis 1891 zunächst in Berlin und später in St. Petersburg vertrat. Ganz Berlin soll seinerzeit von dieser schönen Frau gesprochen und Alfred Graf von Waldersee soll sich sogar in sie verliebt haben. Im Jahre 1900 führte Waldersee als Generalfeldmarschall den Rachefeldzug des internationalen Expeditionscorps gegen den Boxeraufstand an. Angeblich ist es Sai Jinghuas Einfluss zu verdanken, dass er Beijing nicht zerstörte. Die Liebe zwischen der schönen Chinesin und dem barschen General beschäftigte in China Schriftsteller, Dramaturgen und Filmregisseure. Der Schriftsteller Zeng Pu (1871–1936) machte aus dieser Geschichte einen mitreißenden Liebesroman, der 1930 beim chinesischen Publikum überaus erfolgreich war und in dem zum ersten Mal in der chinesischen Romanliteratur die Deutschen ausführlich dargestellt wurden, selbstverständlich nur von ihrer besten Seite, nämlich vornehm, gebildet und ritterlich. Selbst der alte Haudegen Graf Waldersee wurde zum galanten Gentleman. Auch in Deutschland erschien unter dem Titel *Die Lieblingsfrau seiner Exzellenz* ein Roman über die schöne Konkubine. Allerdings wurde darin die Affäre mit Waldersee weitgehend ausgespart. Wohl zu Recht, denn inzwischen fanden Wissenschaftler heraus, dass an der schönen Liebesgeschichte nicht viel Wahres dran ist. Eigentlich schade!

Wirkliche Affären gab es trotzdem, unter anderem auch welche, die auf dem Standesamt endeten. Auch unter den ersten chinesischen Diplomaten in Deutschland gab es einen, der eine deutsche Frau heiratete, was allerdings nicht im Sinne seines Heimatlandes war und für einige Verärgerung sorgte.

In den zwanziger und dreißiger Jahren des zwanzigsten Jahrhunderts setzte ein kleiner Heiratsboom ein, als zahlreiche chinesische Studenten in Berlin und anderen Universitätsstädten mit deutschen Mädchen anbandelten und mit ihnen nach China zurückkehrten.

Unter den Nazis konnte ein kleiner Flirt mit einem Chinesen reichen, um von der Gestapo befragt, wenn nicht gar abgeholt zu werden.

Ein zweiter Boom in Sachen deutsch-chinesischer Beziehungen setzte mit den neunziger Jahren ein, und der ist bis jetzt auch noch nicht vorüber, was doch eigentlich eine schöne Sache ist.

Was Chinesinnen über deutsche Männer denken:

Die deutschen Männer sind flott, gut gebaut, groß, und oft haben sie wunderschöne blaue Augen. Sie kleiden sich auch viel besser als chinesische Männer und sehen in der Regel sehr gepflegt aus. Frauen gegenüber benehmen sie sich sehr höflich. Sie sind hilfsbereit, helfen dir in den Mantel und halten dir die Tür auf. »Ich kenne nur wenige chinesische Männer, die das tun, und wenn, dann haben sie das im Ausland gelernt«, sagt Frau W. in Beijing. »Chinesische Männer sind nicht annähernd so attraktiv wie die deutschen, und oft haben sie einen komischen Gang und riechen muffig. Deutsche Männer machen gern Komplimente. Trotzdem sind sie nicht sehr charmant, sondern eher ziemlich trocken und oft auch schüchtern. In dieser Hinsicht unterscheiden sie sich nur wenig von chinesischen Männern.«

»Ich bin total enttäuscht von deutschen Männern«, sagt die Künstlerin M. in Berlin. »Die meisten wirken auf mich wie kastriert. Einfach geschlechtslos. Schlappschwänze. Sie kämpfen nicht um dich, setzen nicht alles in Bewegung, um dich zu erobern. Sie verhalten sich völlig unmännlich und zeigen kaum Manieren. Vielleicht sind sie einfach zu bequem oder sie denken, dass die Frauen inzwischen so emanzipiert sind, dass sie den Part des Eroberns übernehmen sollten. Sie lassen die Frauen auch alles allein schleppen, nehmen ihnen nicht die schwere Tasche oder den Rucksack ab. Aber natürlich gibt es auch Ausnahmen wie beispielsweise meinen Karl.«

Einen deutschen Mann zu heiraten, ist nicht die schlechteste Idee, denn sie sind daran gewöhnt, dass Frauen etwas zu sagen haben. Sie sind auch sehr familienorientiert und helfen im Haushalt. »Deutsche Männer heiraten eine Frau, selbst wenn diese bereits ein Kind von einem anderen Mann hat. Das finde ich toll«, sagt Frau L., Studentin in Hamburg. »Bei chinesischen Männern findet man diese Akzeptanz nur selten. Die lehnen ein fremdes Kind meist ab. Ein Kind von einem anderen Mann ist wahrscheinlich unter ihrer Würde.«

»Die deutschen Männer, die ich bisher traf, waren hauptsächlich Sinologen und Künstler«, erzählt die Schriftstellerin C. aus Shanghai. »Sie wirkten auf mich sehr unkompliziert, sehr offen und direkt. Anfangs waren sie jedoch sehr zurückhaltend. Das legte sich erst nach mehreren Treffen und nachdem man sich besser kennengelernt hatte. Auf jeden Fall war es immer sehr angenehm, mit ihnen zu sprechen.«

Frau A., Brokerin in Shanghai: »Nach meinem Studium fing ich bei einer Firma an, die viele Kontakte zu deutschen Unternehmen unterhielt. Einmal kamen zwei deutsche Ingenieure zu Besuch. Sie sahen gut aus und waren erstaunlich groß, jedenfalls größer als jeder chinesische Mitarbeiter in unserem Betrieb. Die Shanghaier sind in der Regel sowieso nicht sehr groß. Die Deutschen waren nicht nur groß, sie waren auch muskulös und insgesamt gut gebaut. Da fiel es mir zum ersten Mal auf, dass auch Männer attraktive Figuren haben können. Ich meine, so mit breiten Schultern und schmalen Hüften. Von da an wusste ich: So einen will ich haben. Einen Deutschen. Leider sprach ich kein Deutsch und auch nur wenig Englisch. Aber ich dachte, das kann man ja ändern. Ein deutscher Sprachkurs und schon ist die Sache geritzt. Also lächelte ich sie an, und sie lächelten sogar zurück. Aber mehr passierte nicht. Was hätte auch passieren sollen, wo sie doch ständig in Begleitung von Dolmetschern von einem Termin zum anderen jagten. Ich konnte ihnen höchstens mal einen Tee servieren. Und dann reisten sie auch schon ab.

Seitdem schwärmte ich für deutsche Männer. Ich war ganz verrückt nach ihnen. Ich informierte mich übers Internet, wie deutsche Männer denn so sind. Zuverlässig und treu seien sie, erfuhr ich. So etwas Ähnliches hatte ich schon vermutet, und das bestärkte mich in meinem Entschluss, mir einen Deutschen zu angeln.

Wenig später traf erneut deutscher Geschäftsbesuch ein. Ein junger Mann, groß und schlank, genau wie ich ihn mir vorgestellt hatte. Er blieb auch nicht für wenige Tage, sondern für ganze zwei Monate. Das ist er, dachte ich, aber direkt ansprechen mochte ich ihn dann doch nicht. Ich sprach nämlich immer noch kein Wort Deutsch. Leider hatte ich die Situation nicht ganz im Griff, und schon kam mir eine Kollegin in die Quere. Sie schnappte ihn mir vor der Nase weg. Wahrscheinlich verstand sie es, charmanter zu lächeln, vielleicht sprach sie auch besser Englisch als ich. Auf jeden Fall platzte ich vor Wut und schwor mir, dass mir so etwas nicht noch einmal passieren würde. Also wartete ich auf die nächste Gelegenheit, aber die ergab sich leider nicht. Schließlich verließ ich das Unternehmen.

Inzwischen hatte es sich unter meinen Freunden und Bekannten herumgesprochen, dass ich einen deutschen Mann suche. Eines Tages meinte ein Bekannter, er könnte mir da jemanden vorstellen. Zwar sei der Mann kein Deutscher, aber immerhin hätte er vier Jahre in Deutschland studiert und wäre dadurch so gut wie ein halber Deutscher. Also gingen wir zu dritt essen. Schon auf den ersten Blick war ich enttäuscht. Der Mann sah aus wie ein Kauz, war wesentlich älter als ich und zudem noch verheiratet. Außerdem war er unglaublich nervös. Kaum saß er am Tisch, wackelte er auch schon mit seinen Beinen. Er konnte sie einfach nicht still halten. Legte er dann noch den Arm auf den Tisch, übertrug sich die Zappelei, und alles fing an zu beben. Das brachte mich schier zur Verzweiflung. Außerdem rauchte er wie ein Schlot. Ich habe nichts gegen Raucher. Was mich nur wahnsinnig störte war, dass er die Zigaretten ständig am Aschenbecher abstreifte, kaum dass sich ein wenig Asche gebildet hatte. Dadurch waren auch seine Hände immer in Bewegung. Ich fand ihn unerträglich und war nicht interessiert. Dann erwähnte ich beiläufig, dass ich mit einem geschäftlichen Fall in Nanjing Probleme hätte. Er hörte sich die Sache an und meinte, er könne mir helfen. Das tat er dann auch, und zwar genauso zuverlässig und gut, wie ich es eigentlich nur einem Deutschen zugetraut hätte. Da dachte ich: Der ist gar nicht mal so schlecht. Auch wenn er wie ein Chinese aussieht, aber was er im Kopf hat, das ist schon richtig deutsch. Von da an trafen wir uns regelmäßig, und langsam verliebte ich mich in ihn. Nicht lange, da ließ er sich scheiden, so dass wir heiraten konnten. Wenn ich heute mit anderen über ihn spreche, nenne ich ihn immer *women jia de deguoren*, »der Deutsche in unserer Familie«.

Was chinesische Männer über deutsche Frauen denken:

Herr M. aus Shanghai hat gehört, dass deutsche Frauen einen Mann aus Liebe heiraten und nicht aus Berechnung. Das findet er toll. Am liebsten würde er seinen Koffer packen und sofort nach Deutschland aufbrechen. M. hat ein Problem. Er ist bereits 27 Jahre alt und hat noch immer keine feste Freundin. Als er dies kürzlich seinem Kollegen gestand, wollte dieser ihm anfangs nicht glauben, denn M. ist nett und sieht gut aus.

»Mach dir keine Sorgen«, meinte ein Kollege, »ich werde dir eine Freundin besorgen.«

M. freute sich schon, bis der Kollege fragte: »Was hast du denn zu bieten? Eine Eigentumswohnung?«

»Nein.«

»Ein Auto?«

»Nein.«

»Einen reichen Vater?«

»Auch nicht.«

»Noch nicht einmal ein dickes Bankkonto?«

Als M. erneut den Kopf schüttelte, verlor der Kollege seinen Optimismus. »Dann kann ich dir auch nicht helfen.«

Herr O. in Hongkong hat großen Respekt vor deutschen Frauen, weil sie – wie man im Chinesischen sagt – »Bitternis essen« könnten, das heißt, sie stehen Schwierigkeiten durch und tun alles, um ihre Familie zu schützen. Wenn es sein muss, folgen sie ihrem Mann in die entlegensten Gebiete. Sie halten zu ihm und stehen das durch.

Was Chinesinnen über deutsche Frauen denken:

Die meisten deutschen Frauen pflegen sich längst nicht so, wie es ihren finanziellen Möglichkeiten eigentlich angemessen wäre. Sie schminken sich wenig, viele überhaupt nicht. Ihre Frisuren sind schlicht, ihre Kleidung ist einfallslos. Man sieht kaum hübsche Frauen in Deutschland. Viele wirken sogar ziemlich ungepflegt. Zwar haben sie meist bessere Figuren als wir Chinesinnen, aber es mangelt ihnen an Grazie und an Charme. Sie wirken oft sehr spröde und männlich. Die meisten tragen auch nur Hosen und praktische flache Treter. Wann sieht man schon mal eine Deutsche in schicken hochhackigen Schuhen und einem aufregenden Kleid? Sie bevorzugen gedeckte Farben, dunkelblau, schwarz, grau, einfach einfallslos. Zwar mag die Kleidung qualitativ hochwertig sein, aber es fehlt ihr an Pfiff. Oft kleidet sich die Deutsche einfach nur sportlich. Raffiniert geschnittene weibliche Kleidung findet man in Deutschland kaum.

Dagegen putzen sich die Chinesinnen unheimlich gern heraus. Sie legen im Vergleich zu den deutschen Frauen wesentlich mehr Wert auf ihr Äußeres. Dafür haben die Deutschen ein starkes Selbstbewusstsein. Das ist ihr natürlicher Schmuck, auch ihre Freundlichkeit und ihre persönliche Stärke gehören dazu.

Die Schriftstellerin H. aus Kanton hat unter den bekannten deutschen Schauspielerinnen kaum bildhübsche Frauen gefunden, dafür aber viele mit einer interessanten Ausstrahlung. In China gebe es nur wenige bekannte Schauspielerinnen, die eine ähnlich interessante Ausstrahlung hätten.

»Nachdem ich nun schon viele Jahre in Deutschland lebe, habe ich den Eindruck, dass die deutschen Frauen zu den fleißigsten der Welt gehören«, sagt Frau C., Unternehmerin in Berlin. »Sie sind die perfekten Hausfrauen. Sie halten ihr Reich blitzblank sauber. In dieser Beziehung reichen wir Chinesinnen nicht an sie heran, ganz gleich wie lange wir schon in Deutschland leben. Was den Haushalt betrifft, sind wir wesentlich nachlässiger. Dafür verstehen wir etwas vom Geldverdienen. Schaut man sich unter den

Chinesinnen in Deutschland um, kann man nur staunen, was die alles neben Haushalt und Kindern auf die Beine stellen. Die meisten verdienen ihr eigenes Geld, ganz gleich wie wohlhabend ihr Mann ist. Ihnen ist die Selbständigkeit wichtig. Wir wurden in dem Glauben erzogen, dass Mann und Frau gleichberechtigt sind. Das gilt auch in finanziellen Dingen. Man merkt es sofort: Wenn chinesische Frauen von ihren deutschen Männern finanziell abhängig sind, geben sie sich sehr knauserig und drehen jeden Cent zweimal um. Verdienen sie ihr eigenes Geld, sind sie sehr großzügig.«

Was Chinesen über deutsche Männer denken:
Die deutschen Männer seien äußerst hochnäsig, hielt der Mitarbeiter der chinesischen Gesandtschaft, Qian Depei, 1903 in seinen Aufzeichnungen fest. Ganz besonders arrogant seien die jungen Offiziere, weil sie vermutlich viel Geld verdienten. Deshalb seien die hübschen jungen Mädchen aus den reichen Familien auch ganz wild darauf, sich mit ihnen zu verheiraten.

»Ich halte nicht viel davon, wenn deutsche Männer sich mit einer Chinesin verheiraten«, sagt Herr O. aus Hongkong. »Ich habe manch deutsch-chinesische Ehe in Hongkong und Singapur auseinandergehen sehen. Vermutlich gehen mehr als die Hälfte solcher Ehen in die Brüche, und meiner Meinung nach liegt das meist an dem mangelnden Respekt des deutschen Mannes vor der Kultur seiner chinesischen Frau.«

»Ich halte mich mit Schwimmen fit«, sagt Herr W., der Künstler. »Ob in Shanghai oder in Hamburg, ich gehe regelmäßig ins Schwimmbad. In Hamburg habe ich beobachtet, dass ganz besonders an den Wochenenden junge Väter mit ihren Kindern zum Schwimmen gehen. Manchmal ist es richtig rührend, zu sehen, wie viel Spaß sie miteinander haben. So etwas sieht man in China ganz selten. Dort sind es entweder die Mütter oder die Kindermädchen, die die Kleinen ins Schwimmbad bringen. Die Väter haben für so etwas kaum Zeit. Sie müssen an ihre Karriere und ans Geldverdienen denken oder daran, wie sie ihrem Kind noch mehr Wissen beibringen können, damit es in einen besseren Kindergarten oder in eine bessere Schule gehen kann. Welcher chinesische Vater findet heute noch Zeit, an einem normalen Wochenende mit seinem Kind einen halben Tag lang einfach nur zu spielen? Ich glaube, das sind nicht viele. Das finde ich sehr schade.«

»Ja, mit den Kindern spielen, das tun die deutschen Väter«, pflichtet Herr L. aus Berlin seinem Landsmann bei. »Aber welcher deutsche Vater sorgt dafür, dass sein Kind in der Schule anständige Noten bekommt, und beaufsichtigt deshalb täglich seine Schularbeiten? Da sind wir chinesischen Väter ganz anders. Wir wollen, dass unsere Kinder Abitur machen und studieren. Wir sind sehr anspruchsvoll, aber auch bereit, dafür die notwendige Zeit zu opfern.«

Ehe auf Probe? Nur ungern!

Deutsche Männer in China finden schnell Anschluss, und wird es etwas Festes, stellt sich die Frage, ob man nicht zusammenziehen sollte. Vor nicht allzu langer Zeit wäre dies ausgeschlossen gewesen und möglicherweise mit einer Ausweisung des deutschen Mannes geahndet worden. Heutzutage leben viele junge Städter in gemeinsamen Wohnungen, ohne verheiratet zu sein. Geht es jedoch um einen ausländischen Mann, sei das etwas anderes, meinen viele Chinesinnen, und legen in so einem Fall Wert darauf, mit ihrem Lebensgefährten verheiratet zu sein. Das gibt ihnen Sicherheit, auch in gesellschaftlicher Hinsicht.

»Deutsche Männer sind Heiratsmuffel«, klagt Frau Q. aus Shanghai. »Die wollen mit einer Frau zusammenleben, sind aber nicht bereit, sie zu heiraten. Dafür finden sie tausend Ausreden.

Was soll das? Für eine Chinesin bedeutet das: Sobald er China verlässt, lässt er sie sitzen.«

Natürlich gibt es auch Ausnahmen. Frau Y., etwa, Dolmetscherin aus Beijing: »Die deutschen Männer sind längst nicht so mutig wie wir jungen Chinesinnen. Die haben Angst vor uns. Sie glauben, kaum dass sie mit uns unter einem Dach leben, ziehen wir sie auch schon vor den Traualtar. Aber wer will denn heute noch heiraten?«

Die 25-jährige M. ist da ganz anderer Meinung. Sie hat schon nach zwei Monaten mit ihrem deutschen Freund Schluss gemacht. »Er hat mit mir gespielt wie mit einer Schachfigur«, sagt sie. An einer Heirat sei er nicht interessiert, hätte er ihr klipp und klar erklärt und sie trotzdem umworben. Das verstand sie nicht. »Ist es denn nicht normal, dass ich mit fünfundzwanzig Jahren einen Partner zum Heiraten suche?«, fragt sie. »Sein Verhalten hat mir gezeigt, dass ich in seinem Herzen keinen Platz einnehme.«

Wenn der Auserwählte ein Deutscher ist

Die Begeisterung über deutsch-chinesische Eheschließungen hält sich manchmal durchaus in Grenzen. Eine Standesbeamtin in Shenyang warf zunächst einen prüfenden Blick auf den deutschen, nicht mehr ganz jungen Bräutigam, immerhin einen respektablen Studienrat, und fragte dann die chinesische Braut, ob sie noch bei Trost sei. Die Braut schluckte und übersetzte die Frage brav ins Deutsche. Da schluckte auch der Bräutigam und meinte, sie könne es sich ja schnell nochmal überlegen. Das wollte die Braut aber nicht. »Findest du denn keinen chinesischen Mann?«, fragte die Standesbeamtin. »Den habe ich schon gehabt«, erwiderte die Braut wahrheitsgemäß, »und keine guten Erfahrungen gemacht.« »Na dann«, seufzte die Standesbeamtin achselzuckend und erledigte den bürokratischen Teil der Trauung. Hinterher spendierte sie den beiden noch ein Stück Melone, denn inzwischen fand sie den deutschen Mann doch ganz sympathisch. Immerhin hatte er ihre Bemerkung mit Humor geschluckt.

»Mein Vater war enttäuscht, als ich ihm meinen zukünftigen Mann, einen Deutschen, vorstellte«, erzählt Frau L. in Shanghai. »Dabei störte ihn weniger, dass er ein Ausländer war. Im Gegenteil. Er fand ihn sogar recht nett und erkannte in ihm sofort den ehrlichen, aufrechten Mann. Was ihn störte, war mein Entschluss, seinetwegen meine Karriere aufzugeben. Ich hatte in China und in Deutschland studiert und in Beijing eine beachtliche Laufbahn begonnen. Da mein Auserwählter Unternehmer mit Sitz in Shanghai und immer viel auf Reisen war, entschied ich mich, ihm nach Shanghai zu folgen. Das hätte mein Vater noch gebilligt, hätte ich dort meine Karriere fortgesetzt. Doch mein Mann und ich wollten Kinder und eine Familie gründen, und deshalb gab ich meine Karriere auf. Das konnte mein Vater nicht verstehen. Er war in seinem Beruf sehr erfolgreich gewesen und hatte mit großem Ehrgeiz meine Ausbildung gefördert. Und nun gab ich alles für einen Mann auf, und dann noch für einen Ausländer? Es dauerte lange, bis er mir diesen Entschluss verziehen hat.«

Lust und Frust mit deutschen Lebens- und Ehepartnern

Behauptet nicht jeder Chinese, die Deutschen seien zurückhaltend, ernst und ordentlich? Frau L. aus Wuhan hatte das oft gehört und auch geglaubt. Darum freute sie sich, als sie einen Deutschen kennenlernte. Nicht lange, da heiratete sie ihn und musste feststellen, dass es wie überall Ausnahmen gibt. »Entweder habe ich einen ganz untypischen Deutschen erwischt, oder es gibt den typischen Deutschen gar nicht.« Ihr Exemplar ist nämlich ein Hans-Dampf-in-allen-Gassen und ziemlich unordentlich. »Was gäbe ich drum, wenn er nur ein wenig mehr von einem echten Deutschen hätte.«

Chinesische Frauen wickeln ihren Mann gern um den Finger, auch den deutschen Ehemann. Da gibt es Tricks und Methoden, den Mann in die gewünschte Richtung zu manövrieren, ohne dass er es merkt. Oder aber er denkt, eine bestimmte Entscheidung sei auf seinem eigenen Mist gewachsen. »Die deutsche Ehefrau ist da ganz anders«, weiß Herr Y. aus eigener Erfahrung. »Die deutsche Frau will die Debatte. Da ist nichts mit Charmeattacke, da zählen nur Argumente.«

Frau W. aus Berlin: »Wir Chinesen verlieren auch in romantischen Situationen nicht unseren Sinn fürs Praktische. Manchen Deutschen mag das abstoßen. Mein Mann hatte das entsprechende Schlüsselerlebnis mit mir gleich am Anfang unserer Beziehung. Wir saßen am Lietzensee verliebt auf einer Bank. Die Sonne schien, es war ein wunderschöner Frühlingsnachmittag, und wir hatten uns gerade zum ersten Mal geküsst. Wir waren glücklich. Da zeigte er auf ein Entenpaar, das sich in Ufernähe vergnügte. ›Sind die nicht süß?‹, fragte er. Das fand ich auch und betrachtete sie einen Augenblick lang versonnen. Doch dann rutschte mir die wohl unpassendste Bemerkung heraus, die man in so einer Situation machen kann. ›Die schmecken bestimmt gut‹, sagte ich. Meinen mangelnden Sinn für Romantik wirft er mir heute noch vor. Einmal unternahmen wir eine Wattwanderung mit einigen chinesischen Freunden. Das war in der Nähe von Neuwerk. Mein Mann war ganz begeistert. Er stammt von dort und wollte uns die Schönheit des Watts zeigen. Wir Chinesen bemerkten schnell, dass sich um die Holzstäbe, die den Weg markierten, Krebse gesammelt hatten. Mein Mann war entsetzt, als wir anfingen, die schönsten Exemplare einzusammeln. Wir hatten ein Apartment mit Küche gemietet, wo man die Krebse wunderbar zubereiten konnte. Während mein Mann also herumzeterte, dass dies gegen den Naturschutz verstoße und überhaupt strikt verboten sei, sammelten wir fleißig vierzig bis fünfzig Stück ein. Die Männchen ließen wir laufen, es gab ja genug, und außerdem schmecken die Weibchen wesentlich besser. Mein Mann wollte die Wanderung fortsetzen und wurde ziemlich unwirsch, als wir es plötzlich eilig hatten, in unser Apartment zurückzukehren. Mit uns könne man wirklich nichts Vernünftiges unternehmen, schimpfte er. Uns war die Wattwanderung inzwischen egal. Wir hatten doch schon genug gesehen. Uns lockte vielmehr das köstliche Krebsfleisch.«

Frau W. in Beijing hat den deutsch-chinesischen Heiratsmarkt über die letzten Jahre genau beobachtet. Sie weiß Bescheid. »Es gibt drei Typen von deutschen Männern, die in China chinesische Frauen heiraten: Die weitaus größte Gruppe besteht aus Männern, die zu Hause in Deutschland keine passende deutsche Frau gefunden haben, weil sie doof aussehen, irgendeinen Tick oder wirtschaftliche Probleme haben. Dann gibt es jene, die sich den beschwerlichen Weg ins Chinageschäft gern von einer Chinesin ebnen lassen. Und dann ist da noch die klitzekleine Gruppe von Männern, die an unserer Kultur interessiert ist und unser Land mag. Das sind dann die idealen Ehemänner. Nur leider gibt es von denen zu wenig. Die meisten anderen Paare leben auf Dauer mehr neben- als miteinander. Jeder lebt für sich, der Mann macht dies, die Frau das. Sie verfolgen verschiedene Ziele und verstehen nicht viel voneinander.«

Frau B. aus München erzählt: »Ich habe gern viele Leute um mich herum und lade sie auch gern zu mir nach Hause ein. Meinem deutschen Mann gefällt das nicht. Es stört ihn. Er will seine Ruhe haben und arbeiten. Er verbringt schon die meiste Zeit des Tages an der Universität, aber das reicht ihm nicht. Kommt er nach Hause, arbeitet er weiter. Er ist ein Arbeitstier. Da kann man einfach nichts machen.«

Frau C., Auslandschinesin aus den Philippinen, fürchtet inzwischen die Feiertage, weil dann immer Krisenstimmung angesagt ist. »Dann beneide ich meine Schwestern, die mit chinesischen Männern verheiratet sind und nicht wie ich mit einem Deutschen. Bei uns ist es beispielsweise Weihnachten Tradition, dass sich die Großfamilie an einem schönen Urlaubsort auf den Philippinen trifft: meine Schwestern, unsere Männer, die Kinder, einige Tanten und Onkel, Cousinen und Cousins und natürlich meine Mutter. Man kann sich gar nicht vorstellen, was das für ein Spaß ist. Wir wohnen alle zusammen in einer großzügigen Anlage und von morgens bis abends reden, lachen und essen wir. Mein lieber Mann wird jedoch schon am zweiten Tag unruhig. Er zieht sich dann zurück, will mit mir allein etwas unternehmen, sich die Gegend und irgendwelche Sehenswürdigkeiten ansehen oder einfach zum Tauchen gehen. Wie kann das sein? Ich kann doch nicht zu meiner Familie sagen, bleibt ihr anderen mal schön hier, ich bin heute den ganzen Tag mit meinem Mann unterwegs. Dann hätten wir doch gar nicht zu kommen brauchen. Meine chinesischen Schwager würden nie auf so eine Idee kommen. Die fügen sich in die Großfamilie ein und nehmen Rücksicht. Sie machen alles mit, obwohl es sicher auch für sie manchmal langweilig ist.«

Eines der schwierigsten Probleme für die Chinesin S. war es, sich an die Pünktlichkeit ihres deutschen Mannes zu gewöhnen. Selbst nach zwanzig Jahren arbeitet sie bei Verabredungen immer noch mit plus minus dreißig Minuten. »Für mich war die Zeit immer wie ein Gummiband, das man wunderbar in die Länge ziehen kann.« Als sich die beiden zum ersten Mal verabredeten, war er pünktlich zur vereinbarten Zeit am Treffpunkt. Nach einer halben Stunde war sie immer noch nicht da. Da ging er. Als sie mit einer ganzen Stunde Verspätung endlich eintraf und von ihm weit und breit nichts zu sehen war, fand sie es schockierend, dass er nicht auf sie gewartet hatte.

Wer hat die Hosen an?

Asiatinnen gelten in Deutschland in der Regel als sanftmütig, besonders wenn sie dem Buddhismus anhängen. Das mag der Grund sein, warum es so vielen Chinesinnen gelungen ist, sich einen deutschen Mann zu angeln. Chinesische Männer lachen sich da ins Fäustchen, denn sie wissen es besser. In vielen chinesischen Familien haben nämlich die Frauen die Hosen an, dagegen konnte auch die seit zweitausend Jahren geltende Lehre des Konfuzius nichts ausrichten. China ist reich an Pantoffelhelden. Ob es deshalb so wenige chinesische Männer geschafft haben, eine deutsche Frau zu erobern? Wie auch immer. Tatsache ist, dass wesentlich mehr Chinesinnen mit deutschen Männern verheiratet sind, als deutsche Frauen mit Chinesen.

Die Chinesin soll die Hose anhaben? Das glaubt die Kosmetikerin und Masseurin S. aus einem Bergdorf in Jiangxi noch lange nicht. Sie hat in Shanghai ihren festen Kundenstamm, und zu dem gehören eine ganze Reihe berufstätiger chinesischer Frauen, die mit deutschen Männern verheiratet sind. »Wenn die Männer auf Reisen sind, rufen mich meine Kundinnen regelmäßig ins Haus, manche fast täglich, um sich nach Feierabend verwöhnen zu lassen. Sind die Männer jedoch in Shanghai, ist damit Schluss. Dann haben sie für eine Behandlung keine Zeit mehr, weil die Wohnung tipptopp aufgeräumt sein und das Essen pünktlich auf dem Tisch stehen muss. Dabei erledigt ihr Personal doch solche Arbeiten. Trotzdem: Ein deutscher Ehemann sei recht konservativ, hat man mir erzählt. Da muss Ordnung herrschen, und da gehört es sich nicht, mit Bademantel und Gesichtsmaske herumzulaufen, wenn der Mann nach Hause kommt. Chinesische Ehemänner sind da viel toleranter.«

Deutsch-chinesische Wortgefechte

In einer Fremdsprache ist es leicht, sich im Ton zu vergreifen, weil das Gefühl für die Schärfe eines Ausdrucks fehlt. Frau L. in Hamburg verstand die Welt nicht mehr, als ihr deutscher Mann unvermittelt aus dem Zimmer rannte. Du lieber Himmel! Was war denn nun los? »Wir hatten uns gerade so schön gestritten, und ich hatte Bernd fast da, wo ich ihn haben wollte, da springt er unvermittelt auf und schreit: ›Wie kannst du so etwas sagen?‹ Ich war völlig verdattert. Was hatte ich denn Schlimmes gesagt? Ich war mir keiner Schuld bewusst. ›Ich hasse dich‹, hatte ich gesagt, zugegeben, gleich mehrere Male war mir das rausgerutscht. Na und? So etwas darf man doch nicht ernst nehmen. Das klingt doch fast wie ›Ich liebe dich‹.«

»Wenn wir mit unserem deutschen Freundeskreis zusammenkommen und die Männer anfangen, über Politik zu diskutieren, dauert es nicht lange und sie sind beim Thema China angelangt«, sagt Frau C. in Berlin. »Dann mische ich sofort mit und gerate regelmäßig mit meinem Mann aneinander. Doch ich streite mich nicht, ich diskutiere. Für meinen Mann und seine Freunde vertrete ich den Standpunkt der chinesischen Regierung, was Unsinn ist. Ich habe meinen eigenen Kopf und bilde mir meine eigene Meinung. Dabei habe ich gemerkt, dass ich die Deutschen am besten überzeugen kann, wenn ich sie mit Zitaten ihrer eigenen Landsleute bombardiere. Früher habe ich oft chinesische Quellen zu Rate gezogen und erntete dann nur Spott. Ich wäre indoktriniert, hieß es. Inzwischen lese ich deutsche Bücher und gehe nächtelang ins Internet, um mir Informationen zusammenzusuchen. Das Buch von Helmut Schmidt *Nachbar China* habe ich gleich mehrmals gelesen. Hervorragend! Das habe ich meinem Mann sofort unter die Nase gehalten. ›Lies mal, sagte ich, der Schmidt versteht etwas von China, im Gegensatz zu dir.‹ Mein Mann ist inzwischen vorsichtig geworden. Wenn sich deutsche Freunde mit mir anlegen, warnt er sie immer: ›Passt bloß auf, meine Frau ist besser informiert als ihr alle zusammen.‹ Wahrscheinlich sahen seine Freunde früher immer nur das kleine Dummchen in mir. Das hat sich gründlich geändert. Inzwischen wissen sie, dass ich mich in einen Tiger verwandeln und scharfsinnig argumentieren kann. Das gefällt mir, und ich glaube, meinem Mann auch.«

»Meine Frau ist Deutsche, und sie ist Buddhistin«, erzählt Herr C. in Berlin. »Sie bekennt sich zum tibetischen Buddhismus. Den Dalai Lama verehrt sie sehr. Wann immer er nach Deutschland kommt, versucht sie an seinen Veranstaltungen teilzunehmen. Wir haben uns längst abgewöhnt, über Tibet zu sprechen, weil wir dann immer in Streit geraten. Aber manchmal lässt es sich eben einfach nicht vermeiden. Einmal sahen wir gemeinsam Nachrichten, und plötzlich kam ein Bericht über die Unruhen in Tibet. Wir sahen, wie chinesische Polizisten auf tibetische Demonstranten einschlugen. Meine Frau war empört, ich auch, aber nicht aus demselben Grund wie sie. ›Das sind gar keine chinesischen Polizisten‹, rief ich. ›Ich weiß doch, wie unsere Polizeiuniformen aussehen, und deshalb weiß ich auch, dass diese Filmaufnahmen nicht aus Tibet stammen können.‹ Sie ging sofort an die Decke. ›Nie gibst du zu, was ihr Chinesen in Tibet anrichtet‹, rief sie. Ich sollte endlich meinen han-chinesischen Chauvinismus ablegen. Das ließ ich nicht auf mir sitzen und gab kräftig Kontra. Unser Sohn hörte sich unseren Streit eine Weile an, dann ging er ins Bett. Am nächsten Tag beim Frühstück sagte er: ›Papa hat recht gehabt. Der Fernsehsender hat zugegeben, dass die Filmaufnahmen aus Nepal stammten.‹

Zwischen meiner Frau und mir besteht inzwischen ein Abkommen: Über Politik wird nicht mehr gesprochen.«

Viele Chinesen sind sportbesessen, und selbstverständlich feuern sie ihre eigenen Mannschaften an, genau wie die Deutschen. Das führte das Ehepaar Y. während der Olympiade in Beijing fast zum Scheidungsanwalt. Die deutschen Basketballer spielten gegen die chinesischen. Im Fernsehen lief der Kampf um den Sieg, und drei Meter vom Bildschirm entfernt auf dem Sofa der Kampf zwischen Ehepaar Y., die beide mit ihren Mannschaften mitfieberten und sich die Haare rauften.

Das ist meine Sache!

Deutsche Ehemänner verteidigen ihre Freiräume. Manche wollen sogar ihre alten Freundschaften pflegen, ohne ihre Frau daran zu beteiligen. Die meisten chinesischen Ehefrauen finden ein solches Verhalten ziemlich merkwürdig, und sie sehen es überhaupt nicht gern, wenn ihr deutscher Mann gelegentlich seine eigenen Wege geht. Schließlich ist man verheiratet, und das bedeutet, dass man eng verbunden ist und alles vom Partner weiß. Außerdem erwarten chinesische Ehefrauen ihrerseits auch keine solchen Freiräume.

Frau F. sagt: »Nie käme mein Mann auf die Idee, meine Briefe, E-Mails oder SMS zu lesen. Das nervt mich, denn ich selbst finde es völlig normal, seine Briefe, E-Mails und SMS zu lesen. In chinesischen Familien sind die Bindungen viel fester als in deutschen. Da wahrt man keine Distanz und keine Privatsphäre und keiner sagt: Das ist meine Sache, das geht dich nichts an. Alles, was den Partner betrifft, geht auch den anderen etwas an. Schließlich ist man doch verheiratet. Was also soll das Gerede der deutschen Männer von Freiräumen, die sie angeblich auch ihren Frauen gewähren, obwohl wir sie doch gar nicht beanspruchen.«

Frau F. ist berufstätig. Häufig muss sie Termine wahrnehmen und sich mit männlichen Geschäftspartnern zum Essen treffen. »Stell dir vor, mein Mann findet es völlig normal, dass ich mich abends mit ihm fremden Männern zum Essen treffe. Er zeigt kein bisschen Eifersucht. Das ist doch nicht normal. Ein chinesischer Mann hätte nie ein solches Vertrauen.«

Deutsche Männer lassen sich ungern sagen, was sie zu tun haben

»Ich sage meinem Mann gern, was er tun soll«, sagt Frau W. »Aber das mag er überhaupt nicht. Ist es zum Beispiel im Winter kalt draußen, dann sage ich zu ihm, er soll sich wärmer anziehen. Das weiß ich, meint er dann genervt. Er will solche Ratschläge nicht hören. Dabei zeigen sie doch nur meine Liebe.«

Wenig Platz auf großem Raum

Die Deutschen brauchen viel Raum für sich. Den brauchen sie, um sich zurückzuziehen oder anders ausgedrückt: um sich zu schützen. Sie schließen die Türen hinter sich. Sie wollen allein sein und nichts von den anderen hören. Sie brauchen diese Distanz. Sie werden nervös, wenn man zu eng beieinander wohnt. Wir Chinesen sind Enge gewöhnt. Sie macht uns nichts aus. Auch mangelnde Privatsphäre können wir akzeptieren. Deutsche können das nicht. Selbst zu zweit in einer großen Vier-Zimmer-Wohnung ist es manchem Deutschen noch zu eng. Kommt dann noch ein Verwandter aus China für einige Zeit zu Besuch, ist die Katastrophe perfekt.

Von Eltern, Schwiegereltern und anderen Verwandten

Frau H. folgte 1961 ihrem deutschen Mann von Beijing in die DDR. »Wir zogen zunächst zu meiner Schwiegermutter in die Provinz. Ich sprach nur wenig Deutsch, dafür aber fließend Französisch und Englisch. Meine Schwiegermutter konnte nur Deutsch. Über meine Sprachschwierigkeiten half sie mir hinweg, indem sie immer besonders laut und langsam mit mir sprach. Meine beruflichen Qualifikationen interessierten sie nicht. Ihre ersten Fragen bezogen sich hauptsächlich darauf, ob ich waschen, bügeln, kochen, putzen und singen könnte. Das war ihr ganz besonders wichtig. Singen konnte ich, alles andere nicht. Damit war ich für sie völlig unbedarft, und sie setzte alles daran, aus mir eine tüchtige Hausfrau zu machen. Ich lernte also deutsch kochen und backen und vor allem putzen. Jede Woche einmal auf die Knie, und dann hieß es: Fußböden schrubben. Ich lernte natürlich auch, an Sonntagen bessere Kleidung anzulegen und nachmittags einen Spaziergang zu machen. Sonntags gab es immer Kaffee und Kuchen, und danach wurde Canasta gespielt. Jeder Sonntag verlief in etwa nach demselben Muster. Innerhalb eines Jahres lernte ich alles, was deutsche Hausfrauen ausmacht, und ich muss sagen, dass ich seitdem größte Hochachtung vor ihnen habe. Deutsche Hausfrauen sind tüchtig und klagen nicht. Ich kam mit meiner Schwiegermutter sehr gut aus, weil ich sie respektierte, wie es bei uns in China Brauch ist und mich ihr völlig unterordnete. Trotzdem war ich froh, als wir nach einem Jahr aus der Provinz nach Berlin zogen und eine eigene Wohnung beziehen konnten. In Berlin fand ich dann auch ganz schnell eine Arbeit als Dozentin. Meine Lehrtätigkeit hat mir immer sehr viel Spaß gebracht, und deshalb bin ich auch heute noch, mit über siebzig Jahren in meinem Beruf tätig.«

Für Frau W. war es schwierig, sich an die deutschen Familienbeziehungen zu gewöhnen. »Meine Schwiegereltern haben sich nach fast dreißig Jahren Ehe scheiden lassen. Das fand ich unbegreiflich. Wenn man so lange miteinander durchs Leben gegangen ist und nun vor dem letzten Lebensabschnitt steht, wie kann man sich dann noch scheiden lassen? Aber ich stand mit meiner Betroffenheit allein. Weder mein Mann noch seine Geschwister unternahmen etwas, um die Ehe der Eltern zu retten. Sie hätten sich auseinandergelebt und nichts mehr zu sagen, meinten sie. Das fand ich unglaublich. Ich hätte Himmel und Hölle in Bewegung gesetzt, um sie wieder zusammenzubringen. Wir Chinesen haben ein sehr enges Verhältnis zu unseren Eltern und Verwandten. Egal was ist, wir sind sofort da, wenn wir glauben, dass jemand Hilfe braucht oder dass unsere Anwesenheit nützen könnte. Da bedarf es keiner Worte. Das ist eine Sache des Gefühls. Da wird überhaupt nicht lange nachgefragt. Einmal hatte mein Schwiegervater einen Unfall. Wir erfuhren davon. Sowohl meine Schwägerin als auch mein Mann riefen bei ihm an und fragten, ob er Hilfe brauche. Er verneinte dies, und damit war der Fall für seine Kinder erledigt. Sie gingen nicht zu ihm. Ich habe mich darüber fürchterlich aufgeregt, jedoch bei allen Beteiligten nur Kopfschütteln geerntet, selbst bei meinem Schwiegervater. Das stört mich an den Deutschen: ihre Einstellung zur Familie. Die einzelnen Familienmitglieder fühlen sich einander einfach nicht so eng verbunden.«

Frau S. aus Beijing erzählt über ihren deutschen Mann: »Als wir uns entschlossen hatten zu heiraten, sagte K., er habe eine Bedingung: Ich sollte aufhören zu arbeiten. Ich war durch mein Universitätsstudium hervorragend ausgebildet, hatte Elektrotechnik studiert und übte einen interessanten, aber anstrengenden Job aus, der mich oft bis in die Abendstunden an den Arbeitsplatz fesselte. Außerdem war meine Generation so erzogen worden, dass Mann und Frau selbstverständlich beide zu arbeiten hätten. Wie konnte da nur einer arbeiten, während der andere zu Hause blieb? Mein Mann verdiente hervorragend, allerdings war seine Arbeit aufreibend und setzte ihn unter erheblichen Druck. Doch weil er der Chef war, konnte er seine Zeit besser einteilen. Wenn er abends heimkam, wollte er sein schönes Zuhause mit einer ausgeglichenen Ehefrau genießen. Es fiel mir schwer, auf diese Bedingung einzugehen.

Ich erwiderte, ich hätte ebenfalls eine Bedingung. Das überraschte ihn. Damit hatte er nicht gerechnet. Ich möchte, dass du für meine Familie sorgst, sagte ich. Ich bin die älteste unter meinen Geschwistern. Wie soll ich die Familie unterstützen, wenn ich kein eigenes Geld verdiene? K. war nicht gerade begeistert. Ein Kollege hatte kurz vorher ebenfalls eine Chinesin geheiratet und mit einem Mal fünfzehn Leute am Hals. Er fragte ein wenig kleinlaut, wie groß meine Familie denn sei und für wen er alles zu sorgen hätte. Meine jüngere Schwester wollte damals in den USA ein Aufbaustudium machen, ihr Mann ebenfalls. Die beiden brauchten unbedingt einen Bürgen und außerdem auch ein wenig finanzielle Unterstützung, zumindest so lange, bis sie sich durch Nebenjobs allein versorgen konnten. Ohne meine Unterstützung würde ihr Geld nicht reichen. Außerdem besserte ich die Rente meiner Eltern regelmäßig mit einem kleinen Betrag auf. K. war sofort einverstanden. Ohne mit der Wimper zu zucken, drückte er mir zweitausend Dollar in die Hand, als ersten Vorschuss für meine Schwester, sagte er. Weitere Zahlungen folgten. Er unterstützte meine ganze Familie, wann immer es nötig war. Wir sind jetzt über zwanzig Jahre verheiratet. Mein Mann ist längst in Rente gegangen, und wir leben in Deutschland. Meine Schwester und mein Schwager sind nach erfolgreichem Aufbaustudium nach China zurückgekehrt. Heute geht es ihnen finanziell besser, als es uns jemals gegangen ist. Ohne das Studium in den USA und ohne die Hilfe meines Mannes wäre das aber nicht möglich gewesen, und dafür sind sie ihm ewig dankbar. Inzwischen genießt er es, Mitglied einer so großen chinesischen Familie zu sein. Als kürzlich mein Neffe heiraten wollte, war es selbstverständlich für meinen Mann, nach Beijing zu fliegen und mit allen gemeinsam zu feiern.

An unsere Abmachung habe ich mich übrigens nicht lange gehalten. Nur die ersten fünf Jahre blieb ich zu Hause, allerdings habe ich in dieser Zeit meinen Mann mit Übersetzungen unterstützt.

Manchmal kamen Chefs aus dem Mutterhaus nach China und brachten ihre Frauen mit. Dann war es meine Aufgabe, sie zu unterhalten. Ich entwickelte schon bald einen fast missionarischen Eifer, sie mit unserer alten Kultur bekannt zu machen. Das war mir sehr wichtig. Ich sagte, ihr Deutschen habt euren Goethe, wir Chinesen haben unseren Du Fu und Li Bai. Die lernt ihr aber nicht kennen, wenn ihr nur im Hotel esst, euch die chinesische

Mauer anschaut und den Rest der Zeit zum Einkaufen geht. Ich brachte sie in Teehäuser und führte sie in die chinesische Teekultur ein. Anfangs lehnten sie es ab, grünen Tee ohne Zucker zu trinken. Der sei lasch und schmecke nach nichts. Später liebten sie ihn. Ich habe mir bei jedem Besuch etwas Neues ausgedacht. Einmal führte ich eine solche Gruppe in die Peking-Oper. Zuerst meinten sie, dass dies nichts als verrückte Musik sei, eine Beleidigung für die Ohren. Aber dann erklärte ich ihnen die Bedeutung, führte sie ein in die Geheimnisse der chinesischen Oper. Jedes Mal dachte ich mir ein Programm zur alten chinesischen Kultur aus, und der Erfolg war immer groß. Die Leute sind interessiert. Man muss es ihnen nur anbieten. Nebenbei bemerkt, auch ich lernte durch diese Programme meine eigene Kultur besser kennen.

Wir waren bereits fünf Jahre verheiratet, als ich mich mit meiner eigenen Firma selbständig machte. So konnte ich meine Zeit besser einteilen. Obwohl mein Mann viel Geld verdiente, war es mir immer wichtig, mein eigenes Einkommen zu haben. Wir sind so erzogen worden. Eine Frau darf nicht von ihrem Mann abhängig sein. Sie muss selbst für sich sorgen können.«

Für die Chinesen waren die Kinder, insbesondere die Söhne, immer eine Art Lebens- bzw. Rentenversicherung. Die Tradition sah vor, dass sich die Kinder um ihre alten Eltern kümmern. Daran hat sich auch heute nichts geändert. Reicht die Rente nicht aus, stehen die Kinder in der Pflicht. Selbst wenn die Eltern keine Not leiden, stecken Söhne und Töchter ihnen gern etwas zu. Wie kann eine Chinesin dies ihrem deutschen Ehemann klarmachen? Verdient sie ihr eigenes Geld, wird sie ihn nicht lange fragen. Verdient sie nichts, weil sie stattdessen die Kinder betreut, ist Krach vorprogrammiert. Was gehen mich deine Eltern an?, fragt mancher deutsche Ehemann.

»Mein deutscher Mann macht alles mit, wenn wir nach China fahren«, erzählt Frau T. »Er ist da wirklich ganz unkompliziert. Ich bin Nordchinesin und komme vom Land. In meinem Dorf schläft man noch auf einem sogenannten *kang*, einem Ofenbett. Darauf schlafen alle gemeinsam. Mein Mann kennt da keine Scheu und legt sich, ohne mit der Wimper zu zucken, dazu. Da die Winter bitterkalt sind, nehmen wir es mit der Körperwäsche nicht so genau. Tägliches Duschen? Völlig ausgeschlossen. Selbst das macht ihm nichts aus. Das finde ich toll. Ich habe damit wesentlich mehr Probleme, weil ich mich längst an das bequeme Leben in Deutschland gewöhnt habe. Einmal die Woche weichen wir deshalb für eine Nacht in ein Hotel aus, wo es fließend heißes Wasser gibt und man sich vernünftig baden kann. Das muss sein, und das nimmt uns in der Familie auch keiner übel. Eigentlich würde ich meinen Eltern gern eine moderne Wohnung in der nächstgelegenen Kreisstadt kaufen. Die sind gar nicht teuer. Für vierzigtausend Euro würde man schon etwas Schönes bekommen. Aber leider spielt mein Mann in dieser Beziehung nicht mit. Er sagt, wir hätten selbst ja auch keine eigene Wohnung. Wieso sollten wir dann deinen Eltern eine kaufen? Selbst einen richtigen Urlaub würden wir uns nie leisten, weil wir immer zur Familie nach China fahren. Meine Eltern erwarten eigentlich von mir, dass ich ihnen eine solche Wohnung kaufe, denn ich bin die Einzige unter meinen Geschwistern, die dazu finanziell in der Lage wäre. Aber mein Mann ist auf diesem Ohr leider taub.«

Frau W. aus Berlin ist auf das deutsche Faible für das Politisieren nicht gut zu sprechen: »Als aufgeschlossene Chinesin wirst du natürlich auch in einer deutschen Familie sofort mit der chinesischen Politik konfrontiert. Meine Schwägerin hatte es sich zur Gewohnheit gemacht, Artikel aus deutschen Zeitungen und Zeitschriften für mich auszuschneiden und zu sammeln. In diesen Artikeln ging es selbstverständlich nur um Menschenrechtsverstöße in China, um die Tibetfrage und andere Probleme. Kaum trafen wir uns zu den regelmäßigen Familienfeiern, sei es zu Weihnachten oder zu einem Geburtstag, überreichte sie mir auch schon mit vorwurfsvoller Miene ihre Artikelsammlung. Klar, dass unter all den Artikeln kein einziger wohlwollend über China berichtete. Im Chinesischen sagen wir: Deine Mutter hat Geburtstag, und du sagst: dein Klo stinkt. Was sollte das mit den Artikeln? Ich sollte sie dann auch möglichst sofort lesen, weil sie anschließend mit mir darüber diskutieren wollte. Obwohl mir das auf die Nerven ging, machte ich es einige Male mit. Doch leider vertrat ich dann immer eine andere Meinung, als ihr lieb war, so dass sie mich jedes Mal scharf angriff und versuchte, mich von ihrem ›Way of Life‹ zu überzeugen. Einmal wurde es mir dann aber doch zu viel. Da sagte ich: Ich werde ab sofort sämtliche Artikel über die Nazizeit, über Hitler, die Judenverfolgung und die Neonazis sammeln. Dazu hätte ich nämlich auch diverse Fragen. Von Stund an war Ruhe. Ich bekam keine weiteren Artikelsammlungen. Sie hatte es endlich begriffen.«

Frau Z. aus Hamburg: »Die Familie meines deutschen Freundes hat mich zwar freundlich aufgenommen, aber sie ist China gegenüber absolut negativ eingestellt und machte daraus leider auch keinen Hehl. Obwohl ich selbst vieles an China kritisiere, hat mich diese Grundeinstellung sehr verletzt. Wie kommen sie dazu, so über mein Land herzuziehen. Ich ziehe vor ihnen doch auch nicht über Deutschland her, obwohl es da auch einiges zu kritisieren gäbe. Es ist wie verhext. Sobald ich auftauche, fühlen sie sich genötigt, über China zu sprechen. Wenn ihnen nichts entsprechend Negatives einfällt, ziehen sie alles Mögliche ins Lächerliche. Einer ihrer Freunde war kürzlich in China gewesen und hat nur Absonderliches fotografiert, wie zum Beispiel einen Markt für Heilkräuter und Medizin, wo auch allerlei getrocknetes Getier wie Seepferdchen und Skorpione angeboten wurden. Davon erzählten sie mir natürlich und auch davon, dass angeblich alle Chinesen Hunde, Würmer und allerlei anderes Getier essen. Mein Freund schweigt zu solchem Unsinn. Er sagt, ich soll das Gerede seiner Eltern ignorieren. Das kann ich aber nicht. Stattdessen fordere ich ihn immer wieder auf, von seinen eigenen Eindrücken zu erzählen. Er hat mich nämlich einmal nach China zu meiner Mutter begleitet, und ich hatte das Gefühl, dass er sich bei ihr sehr wohlgefühlt hat. Aber viel gibt er dann nicht von sich. Ich denke, dass unsere Beziehung nicht von Dauer sein wird. Schade, denn eigentlich ist er ein netter Mann, aber man heiratet ja nicht nur einen Mann, sondern eine ganze Familie, und mit seiner möchte ich eigentlich nichts zu tun haben.«

»Ich bin mehrmals mit meinem deutschen Schwiegervater politisch aneinandergeraten«, sagt Herr Z. »Er ist sehr konservativ, hat ein Leben lang in der Bundeswehr gedient und denkt in anderen Kategorien als ich. Er hat seine festen Feindbilder. Für ihn sind die Chinesen rot, Kommunisten eben, und somit eine Bedrohung, schon immer gewesen und auch künftig. Der Kalte Krieg ist für ihn noch nicht vorbei. Ich bin leider nicht der Mann, der bei solchen Sprüchen seinen Mund hält. Ich habe es viele Male versucht, ihn zu einem Perspektivwechsel zu ermuntern, sich einmal auf die chinesische Sicht der Dinge einzulassen. Ohne Erfolg. Inzwischen sprechen wir nicht mehr miteinander.«

Die Sparsamkeit meiner Eltern bringt meinen Mann auf die Palme

»China ist ein armes Land, auch wenn Beijing und die anderen boomenden Städte einen gegenteiligen Eindruck vermitteln. Viele der heute wohlhabenden Chinesen kennen die Armut noch aus eigener Erfahrung, so wie ich, die ich 1960 geboren wurde«, erzählt Frau G. »Mein Mann ist in Deutschland im Wohlstand aufgewachsen. Er kann es nicht verstehen, wenn meine Eltern in Beijing jeden Fen zweimal umdrehen, obwohl sie eine hohe Rente beziehen und wir ihnen eine Eigentumswohnung gekauft haben. Niemals würden sie ein Taxi nehmen. Immer fahren sie mit öffentlichen Verkehrsmitteln, mit Bus, U-Bahn und bis vor kurzem sogar mit dem Fahrrad, obwohl sie schon gebrechlich sind.

Mein Mann ärgert sich darüber. Er sagt, sie wären geizig. Aber das stimmt nicht. Dahinter steckt nur eine andere Einstellung.«

Chinesische Schwiegersöhne fassen mit an

Frau Z. aus Hamburg: »Als ich meine Mutter in China besuchte, nahm ich meinen deutschen Freund mit, um ihr einen möglichen Schwiegersohn vorzustellen. Wir wohnten zwei Wochen bei ihr. Leider machte er sich im Haushalt kaum nützlich und wenn, dann nur nach meiner ausdrücklichen Aufforderung. Ansonsten wartete er immer brav ab, dass er bedient wurde. Das hinterließ bei meiner Mutter keinen guten Eindruck. Ein guter chinesischer Schwiegersohn sieht, was zu tun ist und verwöhnt seine Schwiegermutter.«

Wenn die Ehe in die Brüche geht

Die meisten deutschen Ehefrauen legen ihren Mädchennamen ab, wenn sie heiraten. Dass die meisten den Namen ihres Mannes auch nach der Scheidung weiterhin tragen, hätten die emanzipierten Chinesinnen von ihren deutschen Schwestern nicht erwartet. In China behalten die Frauen auch nach der Hochzeit ihren Mädchennamen.

Das Berufsleben in China ist anstrengend, besonders, wenn man in der freien Wirtschaft tätig ist. Man steht unter starkem Erfolgsdruck, muss nach Feierabend oder an den Wochenenden Überstunden machen. Wenn chinesische Männer dann plötzlich zu Geld kommen, steigt vielen der Reichtum zu Kopf, und sie suchen sich eine Freundin, vor allem dann, wenn sie vorher schon mit ihrer Ehefrau unzufrieden waren. Manche Frau lässt sich das nicht bieten und verlangt die Scheidung. Oft merkt der Mann zu spät, dass seine Ex-Frau eigentlich sehr nett und er mit ihr ganz glücklich war.

Frau C. aus Berlin: »Viele Chinesinnen unterschätzen, wie wichtig das Gespräch mit dem Ehemann ist, ganz gleich ob er Deutscher oder Chinese ist. Haben sie einen wohlhabenden Mann erwischt, legen sie sich auf die faule Haut. Sie spielen die Taitai, die Dame, und kommandieren Dienstmädchen und Chauffeur herum. Je höher der Mann aufsteigt, desto höher werden die Ansprüche seiner Frau. Für sie gibt es nur noch Tennis, Mayong-Spiel, Immobilien und Shopping. Kommt der Mann abends nach Hause, gibt es keine gemeinsamen Themen. Sind die Kinder schließlich aus dem Haus, hält den Mann nichts mehr, und er sucht sich eine passendere Frau. Das habe ich häufig erlebt. Heute fragen mich meine chinesischen Freundinnen oft, wie ich es geschafft habe, über zwanzig Jahre mit meinem Mann glücklich verheiratet zu sein. Ganz einfach, sage ich. Man muss etwas für die Ehe tun. Ich bin spätestens um halb sechs zu Hause. Mein Mann trifft erst gegen sieben ein. Dann verbringen wir gemeinsam den Abend, wir essen und reden, oder wir unternehmen etwas, und sei es nur ein Spaziergang.«

Kindererziehung

In China hat man schon immer auf eine gute Ausbildung gesetzt. Bildung bringt Chancen. Das hat schon Konfuzius gepredigt, und wer es sich leisten kann, ermöglicht seinen Kindern den besten Unterricht. Auch in armen Familien kratzt man jeden Pfennig zusammen, um dem Nachwuchs durch Bildung eine bessere Zukunft zu sichern.

In Fragen der Kindererziehung gibt es zwischen Deutschen und Chinesen große Unterschiede. Chinesische Eltern verlangen von ihrem Nachwuchs wesentlich mehr, als es deutsche Eltern tun. »Über den Daumen gepeilt kann man sagen, dass unter den chinesischen Kindern in Berlin acht von zehn ein Instrument spielen«, berichtet Herr T. in Berlin, »entweder Klavier, Geige oder Flöte. Und wenn es darum geht, das Kind für ein Jahr zum Schüleraustausch ins Ausland zu schicken, dann sind die chinesischen Eltern selbstverständlich auch dabei. Meine Tochter lernte neben Klavier auch noch Gitarre, und zum Ballett- und Reitunterricht ging sie auch, nebenbei besuchte sie jeden Sonntag noch die chinesische Schule, um die chinesische Sprache nicht nur sprechen, sondern auch schreiben zu lernen. Manche Klassenkameraden fragten sie gelegentlich, wann sie denn mal Freizeit hätte. Davon hatte sie immer noch mehr als genug. Sie war daran gewöhnt, viel zu lernen und beschwerte sich nicht. Das Lernen fiel ihr leicht. Heute ist sie mir dankbar, dass ich ihr so viele Möglichkeiten geboten habe. Viele chinesische Akademikerfamilien verfahren mit ihren Kindern ähnlich. Deutsche Eltern kümmern sich meist zu wenig um die Freizeit ihrer Kinder. Sie geben ihnen zu viel Freiheit. Ich denke, dass die sinnvolle Nutzung der Freizeit gut geplant werden muss. Ein Kind muss Spaß an zusätzlichem Unterricht haben und darf ihn nicht als Belastung empfinden.«

Deutsche Schulbildung? Das reicht nicht!

Frau R. lebte früher in Deutschland. Sie erinnert sich: »Als ich meine Tochter in den deutschen Kindergarten brachte, ging ich davon aus, dass sie dort ganz viel lernen und nicht nur beschäftigt würde. Ich finde es wichtig, dass man von klein auf lernt, viel zu lernen. Wie kann man sonst in der heutigen Welt überleben? Dabei meine ich eher das spielerische und nicht das erzwungene Lernen, das Lernen durch Singen, Tanzen und Musizieren. In China bieten die Kindergärten in dieser Hinsicht ein wesentlich vielfältigeres Programm als in Deutschland. Als ich bei einem Elternabend darauf hinwies und Verbesserungsvorschläge machte, kamen sofort komische Bemerkungen. Man warf mir Aktionismus und unnötigen Ehrgeiz vor. Ich überfordere mein Kind. Jemand fragte mich, ob die Kinder in China denn schon im Kindergarten den Universitätsabschluss machten. Welch dumme Bemerkung. Ich habe dann später lieber meinen Mund gehalten und gedacht, dass es in der Grundschule besser würde. Das war allerdings ein Irrtum. Die Grundschule bot nur vormittags Unterricht, ab mittags war die Schule leer. Welch eine Verschwendung von gut nutzbarem Raum. Ich machte natürlich wieder meinen Mund auf, aber dann hieß es sofort, man habe kein Personal, um die Kinder in den Räumen zu beschäftigen. Gut, meinte ich, dann können wir Eltern doch etwas organisieren. Aber das wurde aus verschiedenen Gründen abgelehnt. Wieder sprachen die Leute von Überforderung der Kinder, und ich fragte mich, wieso für sie das Lernen so negativ besetzt ist und immer als Belastung empfunden wird. Das Lernen gehört doch zum täglichen Leben. Es ist ein gutes Training für das Gehirn, und es kann sehr viel Spaß bringen. Wieso also wehrt man sich gegen das Lernen in der Freizeit? Ich bin schon Ende vierzig und ich lerne immer noch, und ich habe hier in Hongkong viele Schüler im selben Alter oder sogar älter als ich, die privat zu mir kommen, um etwas zu lernen. Sie lernen von mir klassischen Gesang. Sie gehen nicht einfach in irgendeinen Chor, sondern sie wollen von der Pike auf klassischen Gesang lernen, einfach so, obwohl sie keine entsprechende Vorbildung oder berufliche Ambitionen haben. Sie lernen aus reiner Freude, und davon gibt es viele. Ich bin ständig ausgebucht. Meine Tochter geht jetzt in eine internationale Schule, und obwohl es keine chinesische ist, läuft hier vieles genauso, wie ich es mir in Deutschland immer erhofft hatte. Die Kinder werden vom Schulbus abgeholt und wieder nach Hause gebracht. Ich bin dadurch entlastet und spare Zeit. In Deutschland musste ich mein Kind ständig hin- und herchauffieren. Aber hier bietet die Schule selbst in den Ferien ein interessantes Angebot, an dem die Kinder teilnehmen können, wenn die Eltern keine Zeit haben, mit ihnen Urlaub zu machen. Ich finde es als berufstätige Mutter sehr beruhigend zu wissen, dass mein Kind sinnvoll beschäftigt wird.«

Deutsche Kinder werden viel früher zur Selbständigkeit erzogen als chinesische. Chinesische Eltern umsorgen ihre Kinder und nehmen ihnen am liebsten jede Entscheidung ab. Mit achtzehn sind die deutschen Kinder flügge und ziehen aus. »Damit sind die deutschen Eltern fein raus«, sagt Herr P. aus Beijing. »Deutsche Väter können sich zurücklehnen und sagen: Alles bestens! Prost! In China geht der Stress mit dem Kind bereits im Alter von drei, vier Jahren los, wenn man es in einen Kindergarten schicken will. Da fragt man sich dann, welcher der richtige ist, und ob er das Kind entsprechend gut auf die Schule vorbereitet. Danach geht es weiter. Gute Schule, gute Universität. Um alles kümmern sich die Eltern. Doch damit nicht genug. Hat das Kind endlich einen guten Job, wird das Thema Heirat in Angriff genommen. Der Stress hört einfach nicht auf. Sie kaufen ihrem Kind eine Wohnung, damit es heiraten kann, und kümmern sich um das Enkelkind. Ob sich das fleißig umsorgte Kind später auch um uns alte Eltern kümmern wird? Die Zukunft wird es zeigen.«

»Ich finde, dass deutsche Kinder schlecht erzogen sind. Zumindest werden sie nicht zu Höflichkeit angehalten«, beklagt Frau C. in Hamburg. »Wenn ich deutsche Kinder in der U-Bahn sehe, verkrümle ich mich lieber immer. Deutsche Kinder lernen nicht, Rücksicht zu nehmen. Sie sind laut und unkontrolliert in ihren Bewegungen, auch wenn das gar nicht böse gemeint ist. Trotzdem muss man aufpassen, dass man keinen Tritt abbekommt.«

Elternversammlungen in Deutschland
In Deutschland fürchten die Lehrer die Eltern, in China fürchten die Eltern die Lehrer. »Ihr solltet mal zu einer deutschen Elternversammlung gehen«, rät Herr M. in Berlin seinen chine-

sischen Freunden. »Ihr fühlt euch echt an die Kritikversammlungen während der Kulturrevolution erinnert. Die Lehrer werden von der versammelten Elternschaft genauso heruntergeputzt wie die Intellektuellen damals von den Roten Garden. Sie sitzen mit gesenktem Kopf an ihrem Tisch und wagen kaum hochzuschauen. Das sollten sich heute mal die Eltern in China erlauben. Da wagt keiner aufzumucken. Dort sind es nämlich die Lehrer, die die Eltern herunterputzen. ›He, Sie da, Ihr Sohn hat mal wieder Mist gebaut! Passen Sie bloß auf! Wenn er sich nicht bessert, fliegt er von der Schule.‹ Da ducken sich die Eltern und lassen die Strafpredigt kommentarlos über sich ergehen.«

Frau R. in Hongkong, früher in Deutschland: »Ich wusste doch, dass meine Tochter sehr gute Zensuren bekam und keine Probleme in der Schule hatte. Deswegen brauchte ich also nicht zur Elternversammlung zu gehen. Ich wollte viel lieber vom Lehrer wissen, wie meine Tochter mit den anderen Schülern auskam. Ob sie von den anderen akzeptiert wurde, was es für menschliche Probleme in der Klasse gab. Aber das interessierte weder den Lehrer noch die anderen Eltern. Was ich eigentlich immer nur hörte, waren Klagen über zu viele Hausaufgaben. Das fand ich nun überhaupt nicht. Im Gegenteil. Ich fand, sie bekamen zu wenig auf. Später kam ich dahinter, dass die Eltern ihren Kindern oft bei den Hausaufgaben helfen mussten und sie dabei zu viel Zeit opfern mussten.

Wenn in Deutschland ein Kind gut in der Schule ist, sind alle zufrieden. In China konkurrieren wir viel mehr miteinander. Wir wollen nicht einfach nur gut sein, sondern am liebsten auf die ersten Plätze kommen. Das geht ganz automatisch und wird nicht nur von Lehrern und Eltern gesteuert. Auch die Kinder finden es toll, Klassenbester zu sein.

Chinesische Kinder in deutschen Schulen gehören meist zu den besten. Allerdings werden sie häufig kritisiert, weil sie zu schüchtern und zurückhaltend sind. Die mündliche Beteiligung wird immer wieder angemahnt. Dabei staunen die deutschen Lehrer oft, was chinesische Kinder neben der Schule noch alles lernen: Sonntags in der chinesischen Schule haben sie Sprachunterricht, dann lernen sie noch ein Musikinstrument und gehen vielleicht noch Reiten oder zum Ballettunterricht.

Manchmal gehen chinesische Eltern in Deutschland aber auch zu weit in ihren Erwartungen. Sie verlangen von ihren Kindern mehr, als sie selbst in ihrer schulischen Laufbahn geleistet haben. Das ist nicht gut. Sie geben ihnen kaum die Möglichkeit, Kontakt mit deutschen Kindern zu knüpfen. Solche Kinder haben später Schwierigkeiten, sich in der deutschen Gesellschaft zurechtzufinden. Sie wissen auch wenig über die deutsche Gesellschaft.«

Kinder aus deutsch-chinesischen Ehen

»Solange wir in Deutschland lebten, sagte meine Tochter: Papa ist ein halber Deutscher«, erzählt Herr L. in Shanghai. »Seit wir in China leben, sagt sie: Papa ist ein halber Chinese. Endlich ist ihr Interesse an der chinesischen Kultur geweckt. Solange wir in Deutschland lebten, wollte sie von meiner Heimat nicht viel wissen. Da wollte sie nur Deutsche sein.«

In Deutschland kostet es oft große Mühe, die Kinder für die chinesische Heimat des einen Elternteils zu interessieren. Die Kinder wollen sich nicht von den anderen deutschen Kindern in ihrer Klasse unterscheiden, und manchen ist es sogar eher lästig, einen ausländischen Elternteil zu haben.

Manche Kinder fahren ungern in die chinesische Heimat ihres Elternteils. Solche gelegentlichen Besuche sind langweilig, finden sie, weil Mutter oder Vater sich stundenlang nur mit Verwandten und Freunden am Esstisch unterhalten. Weil sie oft auch nur schlecht Chinesisch sprechen, verstehen sie vieles nicht, und dann werden sie von der Verwandtschaft ermahnt, doch bitte schleunigst fließend Chinesisch zu lernen. Damit würden sich ihnen später viel größere Chancen eröffnen. Stimmt alles. Trotzdem nervt es.

»Wenn wir mit unseren Kindern Mensch-ärgere-dich-nicht oder anderes spielten, gerieten mein Mann und ich regelmäßig in Streit«, erzählt die Chinesin, Frau H. »Ich ließ meine Kinder gern gewinnen und half ihnen dabei, ohne dass sie es merkten. Dann freuten sie sich. Das machte mich glücklich. Meinen deutschen Mann ärgerte das. Bei ihm verloren die Kinder immer. Er meinte, sie müssten lernen, wie man gewinnt. Deshalb erklärte er ihnen hinterher immer ihre Fehler. Ich fand das typisch deutsch.«

»Wenn wir unser Baby abends ins Bett brachten, schrie es oft«, erzählt Frau Y. aus Taiwan. »In China werden weinende Babys so lange herumgetragen, bis sie sich beruhigt haben und einschlafen. So war ich es gewöhnt, und so wollte ich es auch handhaben. Aber mein deutscher Mann war dagegen. In Deutschland sei es üblich, einen festen Tagesrhythmus einzuhalten. Dem Kind fehle nichts. Es sei gesund, satt und frisch gewickelt. Es wolle nur noch nicht schlafen, mache sozusagen Terror. Wenn es aber merke, dass es nur zu schreien brauche, um seinen Willen durchzusetzen, werde es uns bald auf der Nase herumtanzen. Im Übrigen gehöre der Abend den Eltern. Dabei blieb es. Ich durfte das Kind nicht hochnehmen, wenn es schrie. Wir ließen es dann schreien, bis es schlief. Es hat mich viel Herzblut gekostet, das auszuhalten.«

Deutsche Großeltern haben es gut
Vom unbeschwerten Lebensabend deutscher Großeltern können Chinesen nur träumen. Deutsche Großeltern springen gelegentlich ein, wenn Not am Mann ist, und versehen ihre finanziell klammen erwachsenen Kinder auch mal mit Geldspritzen. Aber die Betreuung eines Kindes übernehmen? Dafür fühlen sich die meisten zu alt. Da hört man Argumente wie: Ich hab mein Leben

266

lang gearbeitet, jetzt ist Schluss. Oder: Das sollen mal die Jungen machen, ich musste meine Kinder ja auch allein großziehen. Eine chinesische Graphikerin stellt in ihrem Büchlein recht treffend den Unterschied zwischen deutschen und chinesischen Alten dar: An der Hand eines chinesischen Großvaters läuft ein Enkelkind, an der Hand eines deutschen ein Hund.

Steht man nachmittags in China vor Kindergärten und Schulen, kann man sich nur wundern, wie viele alte Menschen dort auf die Kleinen warten, um sie abzuholen und sicher nach Hause zu bringen. Chinesische Frauen sind es seit der Revolution von 1949 gewöhnt, einen Beruf außer Haus auszuüben. Mit den Wirtschaftsreformen hat sich das Leben vieler Frauen in den Städten verändert. Von vielen wird die Bereitschaft zu ständiger Präsenz bis in die späten Abendstunden erwartet. Wenn es heißt *kaihui*, Sitzung, kann man nicht sagen, ich habe um siebzehn Uhr Feierabend und muss mein Kind abholen. Wenn beide Elternteile zeitaufwendigen Berufen nachgehen, springen in China häufig die Großeltern ein. Sie begleiten die Kinder außer Haus oder übernehmen häufig auch die gesamte Betreuung während der Arbeitstage. Erst am Wochenende kümmern sich die jungen Eltern selbst um ihre Kinder. Inzwischen ist es in Chinas Städten auch üblich, dass man Kindermädchen einstellt, die sich tagsüber um den Nachwuchs kümmern. Meist sind dies junge Bäuerinnen vom Land, denen die besorgten Eltern nicht unbedingt immer volles Vertrauen schenken. Deshalb ist selbst ein klappriger Opa Gold wert, wenn er ein Auge darauf hat, was tagsüber zu Hause passiert. Das setzt natürlich voraus, dass die Großeltern mit den Kindern zusammen in einer Wohnung oder in deren Nähe leben. Ist dies nicht der Fall, bleiben die Kinder die Woche über oft bei den Großeltern. Häufig werden Kinder so geplant, dass sie erst zur Welt kommen, wenn die Großmutter in Pension geht. Es sind in vielen Fällen die Großeltern selbst, die ihre Kinder dazu anhalten, endlich mal für Nachwuchs zu sorgen, weil ihr Rentnerdasein sonst zu eintönig wäre. Alte Menschen werden in

China von der jüngeren Generation gebraucht. In Deutschland sieht das Leben der Rentner etwas anders aus. Beide Seiten haben Vor- und Nachteile.

Vom Leben in Deutschland

In Zeiten der Wende

Frau H. aus Berlin: »Ich kam 1961 nach Ostdeutschland. Damals hatte man uns in China gesagt, Russland und die osteuropäischen Länder seien keine kommunistischen, sondern revisionistische Länder. Daraufhin machte in den Kreisen der Intellektuellen ein Witz die Runde, den ich bis heute nicht vergessen habe: Im Kapitalismus gibt es Waren, aber die Menschen haben kein Geld, sie zu kaufen. Im Revisionismus haben sie Geld, aber keine Waren. Nur bei uns in China ist alles prima, denn wir haben weder das eine noch das andere.

Nach der Wende habe ich mit großem Erstaunen verfolgt, wie radikal die ostdeutschen Universitäten unter der neuen Regierung umgebaut wurden. Viele unserer alten Professoren waren international geachtete und anerkannte Experten. Sie wurden entlassen, rausgeekelt und ersetzt durch zweit- oder sogar drittklassige Westdeutsche. Solche Leute kamen dann auch an die Humboldt-Universität und erzählten ihren ostdeutschen Kollegen, wie es von nun an zu funktionieren habe. Sie interessierten sich überhaupt nicht für die Tradition der Humboldt-Universität. Sie sagten nur, Humboldt hätte wie München, wie Heidelberg, wie Hamburg zu sein, Schluss aus. Nichts mit Elite oder höherem Anspruch. In China beschweren wir uns manchmal darüber, dass Parteisekretäre den Wissenschaftlern vorschreiben, was sie zu tun haben: »Laien regieren Experten« nennen wir dieses Phänomen. Hier war es ganz ähnlich. Nicht Wissen und Anerkennung entschieden, sondern Gesinnung. Die Westdeutschen reden doch so viel von Meinungsfreiheit, aber tatsächlich handeln sie ganz anders.

Viele meiner früheren Kollegen mussten die Universität verlassen und sind in die Wirtschaft gegangen. Sie sind durchweg erfolgreich, arbeiten in großen Unternehmen in China und in Deutschland. Einige haben sich sogar selbständig gemacht und sind sehr reich geworden. Aber glücklich sind sie nicht, denn es war nie das Geld, das sie interessierte. Sie waren mit Leib und Seele in Forschung und Lehre tätig und wären dort gern geblieben. Schade um sie.

Der Sozialismus war nicht erfolgreich, aber von der Idee her gut. Realisierbar ist er aber wohl eher nicht. Der heutige Kapitalismus ist auch nicht gut. Ich hoffe, dass wir keinen zweiten Untergang erleben. Einen Kapitalismus, wie er bisher im Westen praktiziert wurde, kann unsere Erde doch gar nicht aushalten. Ich finde, dass wir ostdeutschen Akademiker mehr im Kopf haben als die westdeutschen, wir denken mehr nach. Auch wenn keiner von uns möchte, dass die alten Verhältnisse zurückkommen, muss man zugeben, dass einiges gut war. Sagt man so etwas vor einem Westdeutschen, wirft der uns sofort ›Ostalgie‹ vor. Manche Ostdeutsche hoffen, der Sozialismus könnte in China realisiert werden, doch daran glaube ich nicht. Unter einem Ein-Parteien-System, das sich nicht kritisieren lässt, ist das nicht möglich.«

In China leben wir für die anderen, in Deutschland für uns

»Ich lebe gern in Deutschland«, bekennt Frau T. aus Berlin: »In China hat man unendlich viele Verpflichtungen gegenüber der Familie, den Freunden, Kollegen und der Nachbarschaft. Ständig muss man Geld für die anderen ausgeben, weil man zu Hochzeiten und anderen Anlässen eingeladen wird und Geschenke machen muss. Wenn man da nicht mitmacht, ist man unten durch.

Früher waren wir alle arm. In jeder Wohnung sah es ähnlich primitiv aus, und allen ging es ähnlich schlecht. Heute ist es anders. Die Wirtschaftsreformen haben das Leben in China völlig verändert. Es gibt Arme und Reiche, und jeder will natürlich, dass er zu den Reicheren gezählt wird. Deshalb vergleichst du dich ständig mit den anderen. Du lebst eigentlich nur noch, um zu zeigen, was du hast: deine Wohnung, dein Kind, deinen Lebensstandard. Alles steht zur Beurteilung durch die anderen, und wenn du nicht mithalten kannst, bist du ganz schnell uninteressant. Dann wirst du verachtet. Kürzlich war ich mal wieder drüben in Shanghai. Da wurde ich zu alten Bekannten in ihr neues Haus eingeladen, auf das sie sehr stolz waren, besonders auf das Badezimmer. Unter anderem stand dort eine riesige Badewanne mit vielen Düsen. Ich fragte, ob sie die oft benutzten. Nein, meinten sie, sie sei zu teuer im Gebrauch. Aber warum habt ihr sie euch dann angeschafft?, fragte ich, das wisse man doch vorher. Sie wollten zuerst nicht mit der Sprache heraus, aber dann gaben sie zu, dass sie damit eigentlich nur die anderen beeindrucken wollten.

In China reden alle vom Geld. Das bin ich nicht mehr gewöhnt. Was man wo für wie viel gekauft hat, wen man einlädt, und wo man isst. Das ist für viele Leute ganz wichtig. Jedes Mal wenn ich zurückkehre, stecke ich mir viel Geld in die Tasche, sonst fühle ich mich nicht wohl. Ich kann mich doch nicht immer nur von den anderen einladen lassen. Ich muss mich doch auch mal revanchieren und ihnen auch Geschenke mitbringen. Eigentlich gefällt mir das alles nicht mehr. Hier in Deutschland ist das Leben in geistiger wie auch in finanzieller Hinsicht entspannter. Man lebt bescheidener.

Kommt in China Besuch nach Hause, dann kaufen die Gastgeber selbstverständlich nur das Beste für die Gäste ein. Sind sie allein, kaufen sie nur das Billigste. Das ist doch alles künstlich. Man lebt nur für die anderen. Aber wenn du das nicht mitmachst, reden die Leute über dich. In Deutschland nicht. Hier verachten dich die Leute nicht, wenn du dich bescheidener gibst, weil es dir ganz einfach finanziell schlechter geht als den anderen. In China muss man den Schein wahren. Ruf und Ansehen sind unglaublich wichtig. Das ist sehr anstrengend.

In Deutschland lebe ich in erster Linie für mein Kind, für meinen Mann und für mich. Nie zuvor hatte ich so viel individuelle Freiheit wie hier. In China waren stets die Familien in unserer Nähe, meine eigene ebenso wie die meines Mannes. Das kann schön sein, aber wenn erwartet wird, dass man ständig verfügbar ist, wird es ärgerlich.

In Deutschland ist das Berufsleben stressfreier

»In China steht man ständig unter Druck«, erzählt Frau L. aus München. »Das Leben ist sehr unruhig, und die zwischenmenschlichen Beziehungen sind sehr kompliziert. Jeder versucht das Beste für sich herauszuholen. Berufs- und Privatleben sind oft miteinander verquickt. Ewig macht man Überstunden, die finanziell natürlich nicht abgegolten werden. Geht man nach Hause und überlässt einem anderen die unvollendete Arbeit, kann es passieren, dass man seinen Job bald los bist. Die Chefs meinen, dass man als Angestellter stets für sie da zu sein hat, egal wann. Sie scheren sich nicht um dein Privatleben. Viele Konferenzen werden ganz selbstverständlich auf neunzehn Uhr, also nach Dienstschluss, angesetzt. Keiner der Angestellten geht dagegen an, aus Angst, den Job zu verlieren. Damit knüpft man an die Tradition der abendlichen politischen Studiengruppen an. Zu Maos Zeiten unterschied man ebenfalls nicht zwischen privatem und öffentlichem Leben. Da saß man abends stundenlang beisammen und studierte politische Instruktionen, und jeder hatte zu kommen, ob er wollte oder nicht. Das wurde bis zu Beginn der Wirtschaftsreformen in den achtziger Jahren beibehalten. Zum Glück gibt es so etwas in Deutschland nicht. Das gefällt mir. Das Leben ist hier viel ruhiger und stressfreier als in China«

»In Deutschland lebt man sozial abgesichert und deshalb ohne Angst. Das ist für die meisten jungen Leute in China ganz anders«, findet Herr M. in Hamburg. »In China ist das Leben unstet. Man wechselt häufig den Arbeitsplatz, kann auch schnell mal gefeuert werden und muss sich, wenn das Geld dann knapp wird, auf die Hilfe der Familie verlassen. Viele Chinesen leben in einer Art Dauerkrise, weil die Zukunft unsicher ist und man Geld verdienen muss, um sich abzusichern. Dafür ist man aber auch risiko- und lernbereiter und investiert entsprechend viel in sein berufliches Fortkommen. Ein großer Teil der Freizeit wird zur Fortbildung genutzt. Den meisten ist ihr Universitäts- oder Fachschulabschluss nicht genug. Sie versuchen sich weiter zu profilieren, um sich unter den vielen Konkurrenten hervorzutun. Deshalb versucht man noch einen zweiten oder dritten Abschluss zu erreichen und belegt entsprechend viele Wochenend- oder Abendkurse. Das ist in China ganz normal. Viele meiner Bekannten und Freunde sind in solchen Fortbildungen engagiert. In Deutschland ist mir das weniger begegnet. Wer da mit der Ausbildung fertig ist und einen Job hat, widmet sich in seiner Freizeit seinem Privatleben.«

Frau R. berichtet Ähnliches aus Hongkong: »In Hongkong sind alle am Lernen. Man gibt sich nicht mit einem Abschluss zufrieden, sondern macht noch ein zweites oder drittes Diplom. Deshalb belegt man Abend- oder Wochenendkurse. Manche haben jeden Abend einen anderen Kurs. Einerseits ist das übertrieben, aber andererseits hebt es auch das allgemeine Niveau. Die Leute sind versierter, besser informiert. In Deutschland gibt man sich mit dem einmal Erreichten schnell zufrieden. Man sieht keinen Grund, sich weiterzubilden. Das Kursangebot in Hongkong ist riesengroß. Ursache für dieses Streben mag das Krisengefühl sein. Man kann sich nicht darauf verlassen, dass der Staat für einen einspringt, wenn man die Arbeit verliert. Man muss sich qualifizieren und sparen.«

Deutschland ist wie Urlaub

Nur für drei Wochen war der Komponist, Herr W., nach China zurückgekehrt. »Hätte ich nicht ein paar Jahre in Deutschland gelebt, wäre mir in China gar nicht aufgefallen, wie ermüdend das Leben dort sein kann. Es ist die mangelnde Distanz, im physischen wie im psychischen Sinne, die mir manchmal die Luft zum Atmen nimmt. Wer an den chinesischen Alltag gewöhnt ist und es nicht anders kennt, dem fällt es gar nicht auf. Es ist nicht nur die Enge im täglichen Umgang mit den vielen Menschen, es ist auch die Enge in den Beziehungen, selbst innerhalb der eigenen Familie, die einem den Freiraum nimmt. Man ist gut zu dir. Da sind zum einen die Eltern, die nur dein Bestes wollen, die alles für dich tun und jedes Opfer deinetwegen auf sich nehmen, und da sind zum anderen gute Freunde und Kollegen, die dir helfen und dich unterstützen, und allen ist man zu Dank verpflichtet. Die Enge der Beziehungen hat natürlich auch etwas Gutes. Man ist nicht allein, es kann einem nichts passieren, man wird aufgefangen, wenn es einem schlechtgeht. Aber für Menschen wie mich, die vielleicht einen größeren Freiraum brauchen als andere, ist diese tägliche Enge manchmal unerträglich. Man steht da und will eigentlich nur eines: Ruhe. Ein Lehrer riet mir, mich in der Tradition der buddhistischen Meditation zu üben. Lass die Dinge kommen und gehen, greife nicht nach ihnen und schließe sie nicht in dein Herz. Ruhe in dir selbst, und sei stark. Das ist leicht gesagt. In Deutschland habe ich diesen Freiraum, den ich in China so vermisse. Wenn ich aus China zurückkehre und in Frankfurt aus dem Flugzeug steige, atme ich jedes Mal erleichtert auf. Es ist ein Gefühl, als käme ich auf Urlaub, dabei habe ich doch gerade erst meinen Urlaub in China verbracht. Vier Wochen später ändert sich dieses Gefühl, und ich vermisse die Nähe der Beziehungen in China. Dann würde ich gern etwas von meinem Freiraum abgeben, und dann tut es mir leid, dass ich durch meine ruppige Art manch freundlichen Menschen in China vielleicht vor den Kopf gestoßen habe.«

In Deutschland gibt es keine Plumpsklos

Die kleine J., neun Jahre alt, fährt gern zu ihren Großeltern nach Shanghai. Aber besser gefällt es ihr in ihrer Kleinstadt nahe Hamburg. Dort wurde sie geboren, dort fühlt sie sich zu Hause. »In Deutschland ist alles schön grün, und es gibt so viele Bäume. In China sieht man nur Hochhäuser. Das gefällt mir nicht.

Meine Großeltern sind ganz lieb, aber ich muss aufpassen, was ich sage. Mein Chinesisch ist nicht besonders gut. Ich mache Fehler. Das ärgert sie, und deshalb rede ich lieber nicht so viel.

Einmal sind wir aufs Land gefahren, und ich musste mal. Da gab es aber nur Plumpsklos. Das war schrecklich. Als ich nämlich etwas fallen ließ, spritzte es mir bis ins Gesicht. Furchtbar. Bis heute grause ich mich. Deshalb bin ich lieber in Deutschland, weil es hier keine Plumpsklos gibt.«

Die Deutschen sind auch nur ganz normale Menschen

Frau Z. aus Shanghai: »Meine Eltern wollten, dass ich möglichst in den USA Wirtschaft studiere, doch ich entschied mich für ein deutsches Sprach- und Literaturstudium. Ich fand Deutschland unglaublich interessant. Das war das Land der Dichter und Denker, das Land der großen Komponisten und Architekten. Wer Deutsch lernt, ist etwas Besseres, denn er orientiert sich an der Elite, dachte ich. Deutsch zu lernen, bedeutet, sich mit einer großen Nation auseinanderzusetzen. Die Deutschen kamen mir wie höhere Wesen vor. Auch ich würde ein sehr hohes Niveau erreichen können, zumindest ein höheres als jene, die Englisch oder Japanisch studieren wollten.

Das Studium brachte Spaß. Nicht lange, da lernte ich ein paar Deutsche kennen, die wie ich an der Universität studierten. Sie waren recht leger gekleidet, einige fast schon schlampig. In ihren Lebensplänen und Träumen schienen sie sich kaum von normalen jungen Chinesen zu unterscheiden. Dieselbe Oberflächlichkeit wie bei uns, da war nichts mit tiefschürfenden Gesprächen. Als ich nach drei Jahren Studium schließlich von einer Shanghaier Firma in deren deutsche Niederlassung geschickt wurde, bemerkte ich bald, dass es mit den deutschen Generaltugenden wie Zuverlässigkeit und Genauigkeit auch nicht mehr weit her war. Das Land der Dichter und Denker? Vielleicht früher einmal. Aber das muss lange her sein. Zusammenfassend kann ich nur sagen: Die Deutschen sind auch nur ganz normale Menschen, nicht besser und nicht schlechter als die Chinesen.

Die Standardfragen der Deutschen

Die drei Standardfragen, die die Deutschen jedem Ausländer stellen, lauten: Woher kommst du? Was machst du hier? Wann gehst du zurück? In den USA geht jeder davon aus, dass man Amerikaner ist, egal wie man aussieht. Schwarze Haare, schräge Augen – alles kein Problem. Das ist sehr angenehm. Zugegeben, die USA sind ein Einwanderungsland, während Deutschland meint, das nicht zu sein, obwohl inzwischen Millionen von Ausländern in Deutschland leben. Aber daran sind die Deutschen noch nicht gewöhnt und deshalb muss man auf diese Fragen vorbereitet sein, obwohl sie einem auf Dauer ganz schön auf die Nerven gehen können.

Beim Skiurlaub in Österreich stand Herr Y. an einem Skilift an und telefonierte mit einem deutschen Freund. Hinter ihm verfolgte eine Deutsche recht interessiert das Gespräch. Als er sein Handy wieder einsteckte, fragte sie ihn: »Woher kommen Sie?«

Wahrheitsgemäß antwortete Herr Y.: »Aus Frankfurt.«

»Ja, aber wo kommen sie ursprünglich her?«, fragte sie nach.

Herr Y. wusste, worauf sie hinauswollte, stellte sich aber stur. »Aus Hamburg«, erwiderte er, denn dort hatte er studiert und promoviert.

Sie blieb hartnäckig. »Ich meine, aus welchem Land Sie ursprünglich stammen.«

»Aus China.«

»Aha«, stellte sie fest, »dann sind Sie also Student oder vielleicht Asylant?«

»Weder noch.«

Sie verstand nicht recht. »So? Aber was machen Sie dann hier?«

»Urlaub«, gab er mit einem Augenzwinkern zurück.

Da war sie beleidigt und wandte sich ab.

Wer sich als Chinese in Deutschland niederlässt, kann aus deutscher Sicht eigentlich nur unzufrieden mit der chinesischen Politik sein, und wer dies nicht völlig leugnet, wird gefragt, warum er dann nicht zurückgeht. Darauf gibt es viele Antworten. Die einfachste: Es gefällt mir in Deutschland. Eine andere: Weil ich hier eine Familie gegründet und Kinder bekommen habe, die hier aufgewachsen sind und sich als Deutsche fühlen und deren Integration in China schwerfiele. Oder weil man schon so lange in Deutschland lebt und meint, der Zug sei für einen in China längst abgefahren. »Warum wir in Deutschland bleiben?«, fragt Frau T. aus Berlin und stellt dann gleich die Gegenfrage: »Wandern viele Deutsche nicht auch in die USA, nach Kanada oder Australien aus? Warum sollen wir dann nicht nach Deutschland kommen? Es gefällt uns hier.« Sie weiß, dass auch anderen Ausländern, etwa Amerikanern und Engländern, die Fragen nach dem woher und wann zurück gestellt werden. Das sage viel über die Deutschen aus, findet sie. »Sie vermitteln dir mit diesen Fragen den Eindruck, dass du eigentlich nicht hierhergehörst. Es zeigt, dass die deutsche Gesellschaft doch nicht so offen ist, wie man immer meint.«

Die Deutschen und ihre Vergangenheit

Herr W., Maler: »Die Deutschen können sich einfach nicht von ihrer Vergangenheit lösen. Ständig ist vom Dritten Reich die Rede, von den Nazis und der Judenverfolgung. Ich finde es gut, dass sich die Deutschen damit auseinandersetzen und ihre Fehler bekennen. Daran sollten sich die Japaner mal ein Beispiel nehmen. Aber was zu viel ist, ist zu viel. Wer wie ich aus China kommt und mit dieser Geschichte nicht befrachtet ist, dem geht das ganz schön auf die Nerven. Kaum hat man den Fernseher angestellt, geht es wieder los: Drittes Reich, Nazis, Judenverfolgung. Ich finde das übertrieben. In China haben wir in der Vergangenheit auch einiges erlebt. Allein die Kulturrevolution sitzt manchen Leuten noch immer in den Gliedern, und dennoch redet kaum jemand darüber. Aber vielleicht kommt das ja noch.«

Ich lernte in Deutschland das Neinsagen

In China lehnt man eine Bitte aus Höflichkeit nur ungern ab, denn damit düpiert man den anderen. Auch wenn man nicht helfen kann oder will, verspricht man dennoch, sein Bestes zu versuchen. In Deutschland bekommt man stattdessen ganz offen eine Ablehnung serviert, wenn der Betreffende nicht helfen kann oder mag. »Anfangs empfand ich das als unmenschlich«, sagt Frau T. aus Berlin. »Es hat mich richtig verletzt. Stand mir beispielsweise ein Behördengang bevor, bei dem ich meinte, als Ausländerin allein aufgrund meiner mangelnden Deutschkenntnisse Schwierigkeiten zu bekommen, dann überwand ich mich manchmal und bat irgendwelche deutschen Bekannten um Hilfe, und mehrmals passierte es, dass man mir die Bitte abschlug. Dann dachte ich sofort, dass der Betreffende etwas gegen Ausländer hätte. Inzwischen glaube ich, dass die Leute meinen, man verlange von den Behörden ja nichts Unmögliches und käme deshalb auch ohne fremde Hilfe zurecht. Schließlich sei es mein Recht, mein Kind in diesem Kindergarten oder in jener Schule anzumelden. Oder mir stehe eine bestimmte Auskunft oder ein Zuschuss zu. Das sei eine Frage des Rechts und nicht der Deutschkenntnisse. Mag sein, dass die Leute auch keine Zeit hatten, mich zu begleiten oder meine Bitte aus anderen triftigen Gründen ablehnten. Schon kurz nach meiner Ankunft in Deutschland riet mir ein Deutscher, das Neinsagen zu lernen. Das hat mich einiges an Überwindung gekostet, aber ich habe es gelernt. Inzwischen empfinde ich diese klare und unmissverständliche Art als sehr angenehm. Früher sagte ich zu allem und jedem Ja und stand dadurch häufig unter Druck, auch von Seiten der Verwandten. Heute sage ich häufig Nein und gelte unter Freunden und Verwandten trotzdem als zuverlässig und hilfsbereit. Wenn ich heute irgendetwas zusage, dann halte ich es auch ein, und wenn ich nicht helfen kann oder keine Lust dazu habe, dann sage ich das ebenso klar und deutlich.«

Freizeit in Deutschland

In Deutschland ist nach Feierabend nicht mehr viel los. Das Leben sei dann ziemlich langweilig und längst nicht so abwechslungsreich wie in China, finden manche junge Chinesen. In Deutschland ist man abends viel allein. Abgesehen von ein paar Vierteln in den großen Städten sind die Straßen im Allgemeinen leer, weit und breit ist kein Mensch zu sehen, und sieht man wirklich mal einen, bekommt man es fast mit der Angst zu tun. In den kleinen Städten bieten höchstens irgendwelche Vereine ein wenig Zerstreuung. Aber um dort mitzumachen, muss man Mitglied sein. Die Deutschen gründen unheimlich gern Vereine. Für jede Tätigkeit haben sie einen, einen zum Faschingfeiern, zum Schießen, zum Hundehalten, ja selbst zum Sparen. »In dem 7000-Seelen-Dorf, in dem ich gelebt habe, gab es zwanzig Vereine«, erzählt Frau R. »In China hält man viel mehr Kontakt zu Kollegen, Schulfreunden und Nachbarn, zu Verwandten und Freunden. Man unternimmt auch viel mehr gemeinsam als in Deutschland. Man geht viel häufiger gemeinsam essen oder man trifft sich zum Einkaufsbummel. Dabei will man vielleicht gar nichts kaufen, sondern trödelt nur einfach so herum und hat Spaß miteinander.

278

Auch zum Sport trifft man sich. Die Deutschen nehmen jede Art von Sport unglaublich ernst, und das macht die Sache kompliziert, weil sie sich dann immer erst entsprechend umziehen müssen, denn zum Joggen braucht man andere Kleidung und Schuhe als zum Fahrradfahren oder zum Wandern. Sie rüsten sich regelrecht aus, als könnte man ohne die entsprechenden Stiefel nicht einfach mal loswandern.«

»Mein Mann, ein Deutscher, geht abends immer Joggen«, erzählt Frau W. »Manchmal komme ich mit. Einmal war er gerade dabei, loszulaufen, als ich von der Arbeit kam. Ich stellte schnell meine Tasche ab und wollte so, wie ich angezogen war, mitlaufen. Immerhin trug ich Hosen und bequeme Laufschuhe. Das ging aber nicht. Er bestand darauf, dass ich mir Sporthosen und Sportschuhe anzog.«

Ein paar positive Worte zur Freizeit in Deutschland hat die in Hamburg lebende chinesische Schriftstellerin H. gefunden: »Die Deutschen verbringen ihre Freizeit gern mit anspruchsvollen Beschäftigungen. Es ist ihnen zum Beispiel eine wahre Lust, zu lesen. Ob im Zug, in der U-Bahn oder im Flugzeug, immer sieht man die Leute mit einem Buch, einer Zeitschrift oder einer Zeitung in der Hand. Sie lesen und lesen und lesen. Deshalb verhalten sie sich auch so still, weil sie nicht miteinander reden, sondern lesen wollen. Ich finde, dass dies Aufschluss über ihr hohes kulturelles Niveau gibt. Verglichen zu China ist Deutschland nur ein kleines Land, kaum größer als eine einzige chinesische Provinz. Und doch finden über das Jahr verteilt gleich in mehreren Städten große Literaturfestivals statt, deren zahlreiche Veranstaltungen oft restlos ausverkauft sind. Die Deutschen sind auch begeisterte Kinogänger. Die vielen Kinos in Hamburg kann man kaum zählen. Und dann die Berlinale! Sie ist für mich wie ein Spiegelbild der deutschen Mentalität. Dort geht es längst nicht so glamourös zu wie bei anderen internationalen Filmfestspielen, und doch hat alles Stil und Charme. Die Schauspielerinnen treten nicht so überkandidelt auf wie in China, wo man bei solchen Anlässen nur die schönsten Frauen in prächtigsten Gewändern sieht. Die Deutschen donnern sich nicht so auf, sind aber trotzdem hübsch anzusehen.

Wir Chinesen sagen ja immer, dass wir das Alter ehren. Schauen wir uns jedoch die Menschen an, die uns im täglichen Fernsehprogramm präsentiert werden, kann man sagen, dass Schönheit und Jugend vor Qualität kommen. Ob in Shows oder Diskussionsrunden, immer sieht man die Schönsten der Schönen, und natürlich wirken sie immer sehr jugendlich. Die Deutschen achten viel weniger auf derlei Äußerlichkeiten. Wie viele Moderatoren und Journalisten gibt es im deutschen Fernsehen, die schon fortgeschrittenen Alters sind und die das Publikum trotzdem gern sieht, weil diese Leute erfahren und kenntnisreich sind. Die Deutschen setzen eben viel mehr auf Qualität und Ausstrahlung. Das gefällt mir. Um beim Fernsehen zu bleiben: Erstaunlicherweise halten sich laut Umfrageergebnissen viele Deutsche für humorlos. Dieser Meinung bin ich überhaupt nicht. Allein ein Blick auf das Fernsehprogramm zeigt, wie beliebt Komödien und Spaßveranstaltungen sind. Die Deutschen lieben nicht nur ihre Fußballstars, sondern auch ihre Komödianten.

Die Deutschen sind auch nicht so prüde und so verschroben wie wir Asiaten. Zur Sexualität haben sie ein wesentlich entspannteres Verhältnis als wir Chinesen. Wer kann sich in China schon eine Parade der Lesben und Homos vorstellen. Völlig unmöglich. In Deutschland ist das ganz normal und wird von den meisten akzeptiert. Wenn man an warmen Sommertagen an Nord- und Ostsee fährt, sieht man ein weiteres beliebtes Freizeitvergnügen der Deutschen: FKK. Die Deutschen lieben die Freikörperkultur und ihre gemischten Saunen. Sie finden es ganz normal, sich nackt zu zeigen. Sehen wir nicht alle gleich aus?«

Vom Gefühl, ein Deutscher zu sein

Wie kann man sich als Deutscher fühlen, wenn einem niemand glaubt, dass man einer ist? Ganz gleich, wie gut man Deutsch spricht, schwarze Haare und schräge Augen reichen aus, und schon kommt die freundliche Frage: »Wo kommen Sie her?«

»Ich bin kein Chinese, ich sehe nur so aus«, sagt ein chinesischer Geschäftsmann mit einem Augenzwinkern. Er lebt seit fast dreißig Jahren in Deutschland und hat sich mittlerweile an die Frage gewöhnt.

»Ich lebe seit vielen Jahren in Deutschland. Mein Freundeskreis besteht zu neunzig Prozent aus Deutschen«, berichtet Frau Z. »Kürzlich trat ich in Frankfurt eine neue Arbeit an. Da sagten mir einige der neuen Kollegen, es gäbe in Frankfurt eine chinesische Gemeinde. Dort würde ich sicher schnell Anschluss finden. Das war sehr nett gemeint, aber gewundert hat es mich trotzdem: Wieso müssen Chinesen immer unter sich bleiben?«

»Obwohl ich seit vielen Jahren die deutsche Staatsangehörigkeit habe, fühle ich mich zunächst immer als Chinesin«, sagt eine Ärztin, die seit vierzig Jahren in Deutschland lebt. »Hingegen fühlen sich meine Kinder als Deutsche. Sie sind in Deutschland geboren, aufgewachsen und völlig in die deutsche Gesellschaft integriert. Trotzdem werden auch sie immer wieder mit der Frage konfrontiert, wo sie eigentlich herkommen. Sie sind inzwischen dazu übergegangen, sich als chinesischstämmige Deutsche vorzustellen. Meiner Schwester und ihren Kindern in den USA sind solche Erfahrungen völlig fremd. Sie fühlen sich als Amerikaner. Niemand interessiert sich für ihre ursprüngliche Herkunft.«

»Vom Pass her bin ich Deutscher, vom Herzen her Chinese, und deshalb hat es mich immer gestört, dass Michael Chang als Amerikaner bezeichnet wurde«, sagt Herr L., Internist in Hamburg. »Wir Chinesen sind doch alle so stolz auf ihn gewesen. Da war endlich mal einer von uns, der die anderen vom Platz fegt, und dann sagte er noch nicht einmal, dass er Chinese ist. Bei Nobelpreisträgern geht es mir genauso. Endlich mal ein Chinese, der diesen Preis kriegt, und dann wird er als Amerikaner oder Franzose gefeiert, nur weil er die dortige Staatsangehörigkeit hat.«

Frau K. sagt: »Selbst mit einem deutschen Pass in der Tasche kann man sich nicht als Deutsche fühlen. Das geht einfach nicht, weil wir anders aussehen. Ein Blick in den Spiegel sagt alles. Und entsprechend werden wir von unserer Umwelt behandelt. Für Leute aus dem europäischen Ausland mag das anders sein. Da sieht man nicht sofort, dass man kein Deutscher ist. Nur der Akzent verrät es. Doch für Menschen anderer Hautfarbe ist es unmöglich, wobei Asiaten besser dran sind als dunkelhäutige oder schwarze Menschen. Das ist ganz einfach so, und das ist für Menschen wie mich, die wir aus dem Ausland hierhergekommen und geblieben sind, auch leicht zu akzeptieren. Für unsere Kinder ist das wesentlich schwieriger. Sie wurden hier geboren und sind hier mit deutschen Kindern aufgewachsen. Sie fühlen sich als Deutsche. Das äußert sich schon dahingehend, dass sie gern deutsch essen. Wahrscheinlich wurden ihre Geschmacksnerven im Kindergarten und in der Schule an deutsche Kost gewöhnt. Ich kann meiner Tochter keinen größeren Gefallen tun, als deutsch für sie zu kochen. Die Kinder chinesischer Einwanderer fühlen deutsch, aber leider sehen sie nicht so aus, und jeder Deutsche fragt sie, wo sie denn herkämen und wieso sie so gut Deutsch sprechen. Das kann durchaus nett gemeint sein, immerhin zeugt die Frage von einem positiven Interesse. Trotzdem können solche Fragen ungeheuer nerven, und mancher dieser jungen Menschen geht dann irgendwann lieber in die USA, weil es heißt, dass dort niemand fragt. Dort ist jeder einmal von irgendwoher eingewandert.«

Herr C. lebt seit dreißig Jahren in Deutschland. »Ich habe hier studiert, eine deutsche Frau geheiratet und mit ihr eine Tochter bekommen. Ich fühle mich normalerweise deutsch, und ich gebe mich auch so: kühl, besonnen und korrekt. So kennen mich meine Kollegen und Freunde. Nur in Stresssituationen werde ich wieder ganz Chinese. Dann reagiere ich emotional, so, wie ich durch meine Herkunft und meine Erziehung geprägt wurde.«

In den USA merkte ich, dass ich Deutsche bin

Frau X. aus Braunschweig hat es oft gestört, dass die Deutschen so ernst und zurückhaltend sind, und dass es lange dauert, bis man deutsche Freunde für sich gewinnt. »Auch dass ich immer wieder gefragt werde, wo ich denn herkäme und ob ich nicht nach China zurückgehen möchte, nervt mich. Ich habe in Deutschland studiert und promoviert, und schon seit Jahren arbeite ich für große deutsche Unternehmen. Inzwischen besitze ich auch die deutsche Staatsangehörigkeit. Als Deutsche habe ich mich aber nie gefühlt. Ein Blick in den Spiegel genügt, um zu wissen, dass ich bis an mein Lebensende Chinesin bleiben werde. Kürzlich unternahm ich eine dreiwöchige Urlaubsreise durch die USA. Dort glaubten alle, ich sei Amerikanerin, weil ich ganz passabel Englisch spreche. Der Umgangston war unglaublich locker. Kaum kannte man sich, schien man schon gut befreundet. Die ersten drei Tage war ich völlig durcheinander. Ich war misstrauisch. Was will der von mir, fragte ich mich, wenn jemand mich vertraut ansprach. Da fühlte ich mich zum ersten Mal richtig deutsch. Ich ging sofort auf Distanz und war skeptisch. Deutsche Kollegen hatten mich gewarnt. Die Amerikaner seien sehr oberflächlich hieß es. Heute seid ihr gut Freund, und morgen haben sie dich schon wieder vergessen. Nach drei Wochen in den USA war ich anderer Meinung. Durch ihre lockere Art gaben sie mir die Chance, sehr schnell viele Leute kennenzulernen. Was ich in diesen drei Wochen an Kontakten knüpfte, dafür brauche ich in Deutschland mehrere Jahre. In China ist es ähnlich wie in den USA. Auch dort knüpft man schnell Kontakte und geht locker miteinander um. Kaum hat man sich kennengelernt, geht man miteinander essen. Beim Essen lernt man sich besser kennen, und dann kann man entscheiden, ob man den Kontakt vertiefen oder doch lieber einschlafen lassen will. In Deutschland ist es schwer, Kontakt zu knüpfen, auch für mich, die ich mich schon ganz auf die deutsche Art eingestellt habe.«

Diskriminierung in Deutschland?

Was Diskriminierung betrifft, machen Chinesen in Deutschland ganz unterschiedliche Erfahrungen. Es gibt jene, die sich im Berufsleben mit Deutschen nicht gleichgestellt fühlen und denen man weniger Chancen einräumt. Andere machen die Erfahrung, dass sie aufgrund ihres andersartigen Aussehens in Gefahr geraten, wie beispielsweise Herr Z. in Berlin: »Ich bin in der Berliner U-Bahn schon fünfmal von Rechtsextremen angegriffen worden, weil sie mich für einen Vietnamesen hielten. Einmal schlug man mich krankenhausreif.«

Die resolute Frau H. hat die siebzig bereits überschritten. Seit 1961 lebt sie im Ostteil Berlins. »Ich habe eigentlich nur gute Erfahrungen gemacht. Die Deutschen sind redlich. Ich fühle mich wohl unter ihnen.« Nur einmal hat sie eine merkwürdige Situation erlebt. »Ich ging eine deutsche Freundin besuchen, die in einem weniger schönen Stadtteil in einer Mietskaserne wohnt. Gerade wollte ich das Gebäude betreten, da kamen drei ›Glatzen‹ heraus. Als sie mich sahen, grölten sie: ›Ausländer raus!‹ Ich blieb ruhig und sagte: ›Nö, Jungs, erst mal geh ich da rein und erst nach ein paar Stunden, wenn es mir passt, komme ich wieder raus.‹ Die drei blieben verdutzt stehen, dann lachten sie und trollten sich.

Einmal sprang der Wissenschaftler, Herr O., noch in letzter Minute in eine U-Bahn. »Als ich mich in die letzte Reihe setzte, bemerkte ich erst, dass der ganze Wagen voller Neonazis war. Die schienen zu irgendeiner Demonstration fahren zu wollen. Sie starrten mich an, als trauten sie ihren Augen nicht. Mir wurde ganz mulmig zumute. An der nächsten Haltestelle machte ich mich schnell aus dem Staub.«

In manchen chinesischen Studentenvereinen in Ostdeutschland ist es inzwischen üblich, Ratschläge zu geben, wie man sich am besten gegen Angriffe schützen kann. Oberste Regel: Geh nie allein auf die Straße.

»Deutsche finden uns Chinesen oft komisch«, sagte Frau W. aus Shanghai, die lange in Hamburg gelebt hat. »Unsere Augen, unsere Nasen, unsere Sprache, auch unsere oft zierlichen Figuren. Sie finden manches an uns zum Lachen. Wir finden die Deutschen nicht komisch. Doch, einmal ja. Da fand ich auch die Deutschen komisch. Ich saß in Hamburg in der U-Bahn. Alle Plätze waren besetzt. Ich saß ganz hinten, das Gesicht den anderen Fahrgästen zugewandt. Da schrie ein junger Mann, der ziemlich unangenehm aussah, »Schlitzauge!« und zeigte in meine Richtung. Alle schauten entsetzt auf und starrten mich an. Zwei Schlitzaugen gegen unzählige Glubschaugen. Als mir das bewusst wurde, fand ich das so komisch, dass ich laut loslachen musste. Ich konnte mich gar nicht mehr einkriegen. Dem jungen Mann schien das wohl nicht ganz geheuer. Er stand auf und stellte sich, den Rücken mir zugewandt, an die Tür. An der nächsten Station stieg er aus.«

Frau L. aus Berlin: »Die Chinesen, die sich Anfang des zwanzigsten Jahrhunderts in Deutschland niederließen, verrichteten meist nur niedere Arbeiten, waren Wäscher, Heizer oder Hausierer. Entsprechend niedrig war ihr gesellschaftliches Ansehen. Die, die nach dem Zweiten Weltkrieg kamen, öffneten Restaurants oder Läden. Nur wenigen gelang die Integration. Seit den achtziger Jahren lassen sich zunehmend Akademiker nieder. Auch ihnen fehlt oft der Zugang zur deutschen Gesellschaft. Sie sind unsicher. Sie sagen, die Deutschen kümmern sich nicht um uns, wir werden nicht akzeptiert. Das stimmt so nicht. In der Tat sind die Deutschen recht verschlossen und skeptisch. Aber wenn man sie schließlich doch als Freunde gewinnt, dann ist es für immer. Mir gefällt auch das deutsche Sie und Du. Auf diese Weise kann man bei Bedarf Distanz waren.«

Chinesen bleiben gern unter sich

Im deutschen Alltag muss man in der Lage sein, sich verbal fließend auszudrücken. Doch das fällt vielen Chinesen schwer, insbesondere dann, wenn sie der deutschen Sprache nicht ganz mächtig sind. Deshalb halten sie sich in deutscher Gesellschaft lieber zurück. Erst im chinesischen Kreis werden sie lebhaft und redselig. Dann wird auch diskutiert, über Politik, über Wirtschaft und alles, was sie bewegt.

Den Chinesen in Deutschland wird manchmal vorgeworfen, dass sie sich abkapseln und immer unter sich bleiben. Allerdings verhalten sich die Deutschen in China ganz ähnlich. Auch sie bleiben unter sich. Sie gehen sogar weiter als die Chinesen, denn sie ziehen es auch noch vor, alle im gleichen Viertel zu wohnen. Manche Deutsche finden es schlimm, wenn Chinesen in Deutschland nur fehlerhaft Deutsch sprechen. Die meisten Deutschen in China, die seit Jahren dort leben, sprechen – wenn überhaupt – nur ein paar Brocken Chinesisch und finden das ganz normal. Die Chinesen übrigens auch. Es stört sie nicht. Versucht sich ein Deutscher aber doch mal mit ein paar Worten Chinesisch, erntet er sofort großes Lob. Es freut jeden Chinesen, wenn sich ein Ausländer ein wenig Mühe mit seiner Sprache macht.

Unter deutschen Nachbarn

Die meisten Deutschen möchten nicht neugierig wirken, obwohl sie es eigentlich sind. Ganz anders die Chinesen. Die versuchen erst gar nicht, ihre Neugier zu verheimlichen, sondern fragen gleich beim ersten Kennenlernen, was Sache ist.

Frau L., eine Künstlerin, ist ein Musterbeispiel an Kontaktfreude und Aufgeschlossenheit. In Frankfurt hatte sie keine Probleme und schloss viele Bekanntschaften mit Deutschen und Chinesen. Doch dann zog sie ihres Kindes wegen mit ihrer Familie in einen ländlichen Vorort. Sie glaubte, auch hier schnell Anschluss finden zu können. Die Nachbarn zeigten sich freundlich, aber auch nach Wochen sprach man nicht viel mehr, als sich über Zäune und Hecken hinweg einen Gruß zuzuwerfen. Frau L. wunderte sich über das mangelnde Interesse an ihrer Familie. Wollte denn niemand wissen, wer sie waren, woher sie kamen und ob sie nicht ein wenig Hilfe beim Einleben brauchten? Sie ließ sich nicht entmutigen und versuchte bei jeder sich bietenden Gelegenheit Kontakt zu knüpfen. Viel kam dabei nicht heraus. Im Gegenteil. Selbst die freundlichen Grußworte reduzierten sich auf ein flüchtiges Kopfnicken. Die Nachbarn wollten sich ganz offensichtlich nicht in ihrer Ruhe stören lassen. Schließlich gab Frau L. auf. Solange es ihr gutging, konnte sie mit dieser Verschlossenheit gut leben, doch als Sorgen sie drückten, empfand sie die mangelnde Anteilnahme als verletzende Kälte.

Dann nahm ihre Künstlertätigkeit so viel Zeit in Anspruch, dass sie eine Putzfrau engagierte, eine junge Frau aus dem Dorf, die sich bald als sehr gesprächig erwies. Es dauerte nicht lange, da erfuhr Frau L., wie viel über ihre Familie im Dorf gesprochen wurde. Alles war den Leuten bekannt. Wo und auf welchem Gebiet ihr Mann tätig war, in welche Schule die Tochter in Frankfurt ging, was Frau L. als Künstlerin machte, welche Besucher mit welchen Autos zu ihnen kamen und wie lange sie blieben. Es gab nichts, was von den Nachbarn nicht genauestens beobachtet und im Dorf weitergetragen worden war. Auch der Mann mit den langen Haaren war aufgefallen, der häufig bei ihnen über Nacht blieb. Wahrscheinlich ein Freund ihres Mannes und ebenfalls ein Künstler, vermutete das Dorf. Wann und wie lange ihre Eltern und Geschwister aus China und aus Amerika bei ihnen zu Besuch gewesen waren, wusste selbstverständlich auch jeder. Frau L. hatte nichts zu verbergen. Es war ihr gleichgültig, wie viel die Nachbarn über sie wussten. Trotzdem störte sie das vorgetäuschte Desinteresse. Frau L.s Mann müsse eine Menge Geld verdienen, mutmaßte man im Dorf. Wahrscheinlich hatte er in den letzten Jahren einen gewaltigen Karrieresprung gemacht. Die Nachbarn sprachen über die Anschaffung eines teureren Autos und den großzügigen Anbau am hinteren Teil des Hauses. »Vielen Deutschen fällt es schwer, Freude am Glück der anderen zu zeigen«, folgert Frau L. »Sie werden neidisch und fragen sich, warum es den anderen besser geht als ihnen selbst. Sie fragen dich aber nicht direkt. Sie tun so, als interessiere es sie nicht und reden doch hinter deinem Rücken. Kauft man sich ein schöneres Auto oder besitzt ein größeres Haus, dann heißt es nur abfällig: So, so, der muss ja eine Menge Geld verdient haben, dass der sich das leisten kann. Wie er das wohl geschafft hat?«

Eine ganz andere Erfahrung machte Frau G. in einem Vorort nahe Berlin: »Es ist nur eine kurze Straße, in der unser Haus steht. Jeder kennt hier jeden, und ich bin die einzige Ausländerin. Heute gestehen mir meine Nachbarn, dass sie anfangs ziemlich skeptisch waren, als ich mir das Haus in ihrer Straße kaufte. Inzwischen betrachten sie mich als Segen für ihr kleines Viertel. Sie sagen, ich hätte Leben in ihre stille, abgelegene Straße gebracht. Früher hatten sie unter sich kaum Kontakt, nun sind alle per Du, und das ist mein Verdienst. Es begann beim ersten Silvester. Ich ging ein paar Tage vorher von Haus zu Haus und schlug vor, dass wir uns alle um Mitternacht zum Feuerwerk draußen auf der Straße treffen. Ich kaufte ein ganzes Sortiment an Raketen und Knallkörpern, außerdem deckte ich mich mit reichlich Sekt und Kuchen ein. War das eine Party! Seitdem ist der Bann gebrochen, und selbst jene, die sich früher kaum gegrüßt hatten, treffen sich jetzt bei jeder Gelegenheit. Heute knallen wir zu Silvester alle gemeinsam herum, und wenn es Sommer wird, feiern wir reihum unsere Grillpartys.«

Familie O. ist auf deutsche Nachbarn weniger gut zu sprechen. »Miese Nachbarn kann man überall haben, nicht nur in Deutschland, sondern auch in China. Allerdings ist es selten, dass die Schmerzgrenze überschritten wird. In Berlin ist uns das passiert. Wir sind wegen des ewigen Streits mit der Nachbarin ausgezogen.

Mein Mann bekam eine Stelle als Professor an einem berühmten deutschen Forschungsinstitut. Wir kauften uns daraufhin eine kleine Eigentumswohnung. Unsere Tochter war damals zehn Jahre alt, unser Sohn noch ein Säugling. Auf demselben Flur gegenüber wohnte eine Deutsche mittleren Alters mit ihrem Lebensgefährten. Beide waren arbeitslos und deshalb den ganzen Tag zu Hause. Wenn meine Tochter von der Schule kam, rannte sie immer die Treppen zu uns in den dritten Stock hinauf. Daraufhin riss die Nachbarin regelmäßig die Tür auf und beschwerte sich über den Lärm. Sie bekomme davon Herzklopfen. Einmal wollte ich mit dem Baby weg, hatte aber noch etwas in der Wohnung vergessen. Ich ließ das Körbchen vor der Wohnungstür stehen. Das Baby schrie, aber nach wenigen Sekunden war ich wieder bei ihm. Im selben Moment trat meine Nachbarin aus ihrer Tür und schrie: Wir mögen hier keine Kinder! Stellte ich eine Mülltüte vor die Tür, um sie wenig später mit nach unten zu nehmen, kam sofort Protest, obwohl vor ihrer eigenen Tür immer ein ganzer Haufen schmutziger Schuhe herumlag. Als meine Tochter aus Angst vor der Nachbarin anfing, barfuss die Treppen hochzuschleichen, wusste ich, dass der Zeitpunkt zu handeln gekommen war. Wir zogen aus und vermieteten die Wohnung an eine alleinstehende Frau mit drei minderjährigen, schlecht erzogenen Söhnen und einem riesigen jungen Schäferhund. Das war unsere Rache. Kein halbes Jahr verging, da gab sich die Nachbarin geschlagen und zog ebenfalls aus.«

Deutsche Geräusch- und Geruchsempfindlichkeit

Wir Chinesen können auch ohne Alkohol laut und lustig sein. An einem Sonntagnachmittag saßen vier Chinesen unter einem Apfelbaum in einem Hamburger Garten und spielten Bridge. Eigentlich waren sie nicht besonders laut, nur ab und zu debattierten sie recht lauthals über den Ausgang eines Spiels. Am nächsten Tag lag eine Beschwerde wegen Ruhestörung aus der Nachbarschaft vor.

Wenn Chinesen an einem großen runden Tisch essen, spricht jeder mit jedem und nicht nur mit seinen Tischnachbarn. Wird Alkohol gereicht, steigt der Lärmpegel merklich an, denn Chinesen trinken nicht allein, sondern immer zusammen, das heißt, man braucht jemanden, der zum Trinken auffordert und mit einem anstößt. Wird der beliebte hochprozentige Getreideschnaps ausgeschenkt, erreicht der Lärmpegel seinen Höhepunkt, denn den trinkt man selbstverständlich auf ex. Findet das Ganze in einem Restaurant statt und die Chinesen sind unter sich, ist alles gut. Anders verhält es sich in einem deutschen Restaurant. Die Deutschen unterhalten sich meist gedämpft, zum Teil aus Rücksicht, zum Teil wollen sie auch nicht, dass die Gäste an den anderen Tischen alles mithören. Chinesen sind da weniger empfindlich, und sie können es nicht verstehen, warum sich Deutsche über einen lauten Nachbartisch beschweren.

»Ich bin Nordchinese und liebe es wie alle anderen in meiner Heimat, gefüllte Teigtaschen mit frischem Knoblauch und Essig zu essen«, bekennt Herr O. »Kein Festtag vergeht, ohne dass die berühmten *Jiaozi* gereicht werden. Anlässlich eines Geburtstages hatte ich mich mit einigen nordchinesischen Freunden getroffen, und selbstverständlich gab es Teigtaschen. Am nächsten Tag ging ich guter Dinge zur Arbeit ins Institut, nicht ahnend, dass mich eine kräftige Knoblauchwolke umgab. Mein Kollege sprang von seinem Schreibtisch auf und riss entsetzt die Fenster auf. ›Das ist ja unerträglich‹, rief er. ›Untersteh dich, noch einmal Knoblauch zu essen.‹ Da war ich beleidigt, denn eben dieser Kollege verströmt einen ganz penetranten Körpergeruch, und dies tagein, tagaus. Ich war bisher nur immer zu höflich gewesen, meinerseits die Fenster aufzureißen, denn ich wollte ihn nicht verletzen. War es manchmal kaum noch auszuhalten gewesen, hatte ich einfach mal für ein paar Minuten den Raum verlassen und draußen tief Luft geholt. Aber als sich dieser Mensch so über meinen Knoblauchgeruch aufregte, platzte mir der Kragen. ›Knoblauchgeruch lässt sich vermeiden, indem ich einfach keinen mehr esse, wenn ich am nächsten Tag ins Institut kommen muss. Aber was ist mit deinem Körpergeruch? Kannst du dagegen nicht auch mal etwas unternehmen?‹ Da war er beleidigt. Wir sprachen ein paar Tage lang nicht mehr miteinander. Seitdem ist unser Verhältnis gestört.«

Deutsche Freunde

Herr L., Schauspieler: »Mit deutschen Freunden kann man sehr gute Gespräche führen. Da wird nicht herumlamentiert, es werden keine Phrasen gedroschen, sie sagen, was sie denken, und sie tun, was sie sagen. Sie buhlen nicht um deine Freundschaft, sie reden dir nicht nach dem Mund. Sie beobachten dich und registrieren, was du tust, und dann akzeptieren sie dich als Freund und das für immer.«

Herr S., Diplomat: »Mich beeindruckten in Deutschland die alten Männerfreundschaften. Oft kennen sich die Menschen über Jahre und sogar Jahrzehnte, haben sich oft jahrelang nicht gesehen, und kommen sie dann schließlich wieder zusammen, besteht noch immer die gleiche Vertrautheit wie Jahre zuvor. Keine Phrasen, keine Floskeln, keine überflüssigen Worte, als würde man das alte vertraute Gespräch fortsetzen.«

Erfahrungen, wie sie die vorgenannten beiden Herren in Deutschland erlebten, sind unter Chinesen nicht weit verbreitet. Ein Komponist, der viel in Deutschland herumkommt, sagt: »Es gibt ein seltsames Wort, das die Deutschen sehr lieben: Bekannter. Das ist mein Bekannter, sagen sie, und stellen dir jemanden vor, den sie meist besser kennen als manchen anderen, der aber für sie eben doch nur ein Bekannter ist. Er ist mehr als jemand, den man nur kennt, aber weniger als ein Freund. Es ist schwer, unter Deutschen Freunde zu finden. Vielleicht mögen sie dich, aber das heißt nicht, dass sie dir vertrauen. Um das Vertrauen der Deutschen zu gewinnen, bedarf es Zeit und Geduld. Für die meisten ist und bleibt man eben nur ein Bekannter.«

Frau H. lässt auf ihre deutschen Freunde im Osten Deutschlands nichts kommen. »Als mein Mann schon sehr krank war und nicht mehr aus dem Haus gehen konnte, kam unser Hausarzt, der ein guter Freund von uns war, ihn regelmäßig besuchen. Kaum betrat er die Wohnung, stellte er seine Tasche ab und zog sich einen weißen Kittel an. Darüber habe ich mich jedes Mal amüsiert. Aber er blieb dabei. Oft kam er außer der Reihe vorbei. Dann ließ er seinen Kittel in der Tasche und sagte, heute käme er nicht als Arzt, sondern als Freund.«

Das hätte ich den Deutschen nicht zugetraut

Herr Z., Gastprofessor: »Ich dachte immer, Deutschland sei ein reiches Land. Aber scheinbar haben manche Leute nicht genug Geld, um sich ein Parfum zu kaufen. Während des Wintersemesters bekam ich häufiger Besuch von Freunden, die mit der Bahn nach Hamburg reisten. Ich holte sie dann immer vom Hauptbahnhof ab, aber weil ich meist zu früh kam, bummelte ich noch gern durch die nahegelegenen Kaufhäuser, vor allem durch eine Parfümerie, wo es immer schön warm war und gut duftete. Da fielen mir die Leute auf, die hingebungsvoll mehrere Parfums ausprobierten und dann doch keins kauften. Mehrmals war ich schon morgens, kurz nach Öffnung des Ladens, dort. Da sah ich, wie manche Frauen, aber auch einige Männer in den Laden stürmten, sich mit Parfum bespritzten und gleich wieder hinausliefen. Viele schienen das regelmäßig zu machen, denn sie strebten zielbewusst auf bestimmte Flaschen zu. Ich stand dann nur immer da und lachte. Das hätte ich den Deutschen nicht zugetraut.«

Das hätten mir die deutschen Kollegen nicht zugetraut

Frau W., Berlin: »Ich bin selbständig und arbeite im elektrotechnischen Bereich. Ich verstehe etwas davon, denn ich habe Elektrotechnik studiert. Das haben meine deutschen Geschäftspartner schnell gemerkt. Wir kommen sehr gut miteinander aus. Ich bekomme beste Preise und werde als Frau sehr angenehm behandelt. Früher, als ich noch in einem deutschen Betrieb arbeitete, war das anders. Da wurde ich wegen meiner sprachlichen Mängel oft benachteiligt. Als ob mangelnde Sprachkenntnisse Ausdruck für fehlendes Fachwissen wären. Das war einer der Gründe, warum ich schließlich ging und mich selbständig machte. Ich dachte, wenn ich die Chefin bin, wagt niemand mein Deutsch zu kritisieren. Manchmal wünschte ich mir, meine ehemaligen Kollegen könnten meinen heutigen Erfolg sehen. Das hätten sie mir sicher nicht zugetraut.«

Rücksichtsvolle deutsche Kollegen

Frau W. aus Beijing: »Ich habe viele deutsche Kollegen als ausgesprochen rücksichtsvoll kennengelernt. Kam ich in einen Raum, in dem Deutsche zusammen sprachen und stellte ich mich zu ihnen, gingen sie meist sofort dazu über, Englisch zu sprechen, so dass ich mich an dem Gespräch beteiligen konnte. Jetzt arbeite ich mit Shanghaiern zusammen, die ihren Dialekt sprechen, egal ob ich dabei bin oder nicht. Ich muss sie erst immer daran erinnern, dass ich ihren Dialekt nicht verstehe und sie bitte Hochchinesisch sprechen sollen. Das tun sie dann auch, aber nur für wenige Minuten. Danach fallen sie wieder in ihren Dialekt zurück. In dieser Beziehung fand ich die Deutschen viel rücksichtsvoller.«

Ignorante Kollegen

Frau M. hatte sich auf die Olympischen Spiele gefreut, und selbstverständlich hatte sie die Eröffnungsfeier im deutschen Fernsehen verfolgt. Am nächsten Tag fragte sie ihre drei deutschen Kollegen, ob ihnen die Veranstaltung gefallen hätte. »Nee, wieso?«, fragten sie diese zurück. Keiner von ihnen hatte die Eröffnungsfeier gesehen. Frau M. war fassungslos. Säßen die Deutschen nicht alle vor dem Bildschirm, wenn die Olympischen Spiele in Berlin ausgetragen würden? Im weiteren Verlauf der Spiele mokierten sich die Kollegen darüber, dass China so viele Medaillen gewann. Für sie war eindeutig, dass die chinesischen Athleten alle gedopt waren.

Mit Kollegen in die Disco

Frau C. ist als Betriebswirtin in einem großen deutschen Unternehmen tätig: »Meine jungen deutschen Kollegen verabreden sich manchmal am Freitagabend zu einem gemeinsamen Besuch einer Bar oder einer angesagten Diskothek. Mir allein würde es nie einfallen, auf einen Drink in eine Bar zu gehen, und meinem Mann auch nicht. Aber wenn die Kollegen gehen, komme ich mit. Zwar fühle ich mich mit Mitte vierzig schon zu alt für so etwas, doch schmeichelt es mir, wenn meine Kollegen darauf bestehen, dass ich mitkomme. Sie sagen, ich wäre immer so gut drauf. Oft kommen Führungskräfte mit. Anfangs war ich skeptisch. In China wahren die Führungskräfte auch beim Feiern ihre Distanz, denn schließlich spricht man sie mit ihrem Titel an. Da geben sich deutsche Führungskräfte viel entspannter. So ernst und zurückhaltend sie in der Firma auch sein mögen, beim gemeinsamen Feiern sind sie wie du und ich. Das gefällt mir sehr.«

Als Musiker in Deutschland

Die Deutschen begrüßen es, wenn man als junger Chinese nach Deutschland kommt und klassische europäische Musik studieren will. Das finden sie in Ordnung. Weniger gefällt es ihnen, wenn wir anschließend in Deutschland als Musiker arbeiten wollen. Da liest man ihnen die Vorbehalte schon am Gesicht ab: Haben Chinesen überhaupt dasselbe Musikempfinden wie wir Europäer? Kann man ohne denselben kulturellen Hintergrund europäische Musik verstehen? Der berühmte Pianist Lang Lang widerlegt wohl inzwischen solche Vorbehalte.

Herr T., Dirigent aus Shanghai: »Zur Ehrenrettung der Deutschen will ich eine Gegenfrage stellen: Wenn wir einen Deutschen sehen, der Peking-Oper singt, was denken wir Chinesen dann? Zunächst doch einmal: Das kann diese Langnase doch gar nicht. Ganz gleich, wie lange er Peking-Oper studiert hat, das bekommt er doch nie und nimmer hin. Denn schließlich ist er ja kein Chinese. Ähnliche Gedanken mögen manchen Deutschen durch den Kopf gehen, wenn sie einen Chinesen vor einem deutschen Orchester auf dem Dirigentenpult stehen sehen. Doch meine Erfahrung hat mich gelehrt, dass sich solche Vorbehalte schnell aus dem Weg räumen lassen. Das beginnt bereits bei den ersten Proben mit dem Orchester. Sobald die Musiker merken, welches Niveau man hat und dass man sehr gut argumentieren kann, wird man akzeptiert. Und dann braucht es nicht mehr viel, dass der Funke zunächst auf das Orchester und später auf das Publikum überspringt.«

Das deutsche Personal in Geschäften und Behörden

Frau W. in Hongkong: »Mit deutschen Behörden verknüpfe ich nur unangenehme Erinnerungen. Besonders während meiner Studentenzeit war es schlimm, wenn ich regelmäßig bei der Ausländerbehörde mein Visum verlängern musste. Die Leute dort waren wenig angenehm. Sie waren unhöflich und zogen ein richtiges Teufelsgesicht. Besser wurde es, als ich fertig studiert und einen Titel hatte. Bei einem Doktortitel vor dem Namen werden die Leute eine Spur freundlicher. Ich lebe heute in Hongkong, und ich muss sagen, dass die Mitarbeiter der hiesigen Behörden ausgesprochen freundlich sind. Das hat einen einfachen Grund. Es gibt ein Bewertungssystem, einen Schaltkasten mit vier Mondgesichtern drauf, die von freundlich bis böse gucken. Wurde man fertig bedient, kann man den entsprechenden Knopf drücken und so seiner Zufriedenheit oder auch seinem Ärger Ausdruck geben. Ich denke, das sollte man auch mal in deutschen Behörden einführen.«

Herr T., Journalist in Berlin: »Ich kaufe gern in Deutschland ein. Da brauche ich nicht groß zu handeln. Ich sehe den Preis und bezahle. Ist er mir zu hoch, gehe ich. Kein Verkäufer hält mich zurück und beginnt zu verhandeln. In China verlangen sie 500 Yuan von dir, du handelst den Preis auf 50 runter und hast dennoch das Gefühl, du hättest Müll gekauft. Das ewige Handeln geht mir auf die Nerven. Oft wette ich mit mir: Wenn ich jetzt einen zu tiefen Preis verlange und gehe, ob mich der Verkäufer dann zurückruft? Tut er es nicht, denke ich: Verdammt! Das Ding war seinen höheren Preis wert. Ruft er mich jedoch zurück, denke ich: Mist! Ich wollte es doch eigentlich gar nicht kaufen. Aber die Deutschen haben das inzwischen auch gelernt. Sie machen es nur etwas raffinierter. Sie streichen auf ihren Preisschildern den überhöhten Preis durch und schreiben einen wesentlich niedrigeren drunter, obwohl die Ware noch viel weniger wert ist.«

Die älteren deutschen Verkäufer kommen bei den Chinesen in der Regel besser an. Sie zeigen sich freundlich und geduldig, wenn man sie nicht gleich versteht. Die jüngeren scheinen dagegen oft recht unwirsch zu sein. »Sie sind nicht mein einziger Kunde«, wurde kürzlich ein chinesischer Herr in einem Hamburger Kaufhaus zurechtgewiesen, als er bei den Elektrogeräten um mehr Auskünfte bat. »Ja«, erwiderte daraufhin der Chinese, »aber heißt es nicht immer, der Kunde sei König?«

Deutsche Sprache, schwere Sprache

Herr C. aus Shanghai: »»Spielen Sie doch mal Kavalier‹, forderte mich mein Professor auf und drückte mir einen Mantel in die Hand. Ich war erst kurz zuvor zum Mathematikstudium nach

Deutschland gekommen. Der Professor betreute mich. Wir hatten uns vom ersten Moment an sehr gut verstanden, obwohl mein Deutsch noch sehr zu wünschen übrig ließ. Ich war schon Gast in seinem Hause gewesen, an jenem Abend sogar in einem größeren Kreis, alles Kollegen und gute Bekannte meines Professors mit ihren Ehefrauen. Die Gäste waren dabei, aufzubrechen und verabschiedeten sich. Ich selbst wollte noch etwas bleiben und beim Aufräumen helfen. Dass der Professor in dieser Situation einen solchen Vorschlag machte, empfand ich als recht ungewöhnlich, aber vielleicht machte man das ja so. Wie im Reflex nahm ich ihm den Mantel ab und erwiderte wahrheitsgemäß: ›Das habe ich nicht gelernt.‹ Der Professor lächelte und wies auf die Dame neben mir: ›Dann wird es aber Zeit, dass Sie es versuchen.‹ ›Tut mir leid‹, bedauerte ich und wandte mich an die Dame: ›Damit habe ich nichts am Hut.‹ Diese Redewendung hatte ich gerade erst gelernt, und ich war stolz, sie anwenden zu können. Scheinbar kam sie bei den Leuten nicht besonders gut an. Sie sahen mich pikiert an. ›Na, dann werden Sie aber noch einiges lernen müssen‹, sagte der Ehemann jener Dame beleidigt, nahm mir den Mantel aus der Hand und half seiner Frau hinein. Ich war ratlos. Zum Clown wollte ich mich wirklich nicht machen, oder erwarteten die Leute allen Ernstes, dass ich zurück ins Wohnzimmer ging, wo der Flügel stand und beliebig auf ihm herumklimperte? Als die Gäste gegangen waren, meinte der Professor: ›Das war eben aber nicht sehr nett von Ihnen.‹ Ich schüttelte bedauernd den Kopf. ›Herr Professor, ich bin total unmusikalisch! Ich spiele wirklich kein Klavier.‹«

Herr L., Diplom-Ingenieur aus Shanghai: »Die Deutschen wissen, wie schwer ihre Sprache ist. Deshalb gehen sie auch davon aus, dass sie für einen Ausländer kaum zu erlernen ist. Damit du als armer Ausländer sie trotzdem verstehst, kommen sie dir entgegen und sprechen mit dir gebrochenes Deutsch. Selbst wenn du fließend Deutsch sprichst, spricht mancher Deutscher mit dir so langsam, deutlich und verquer, dass du ihn kaum noch verstehst. Du kommst gegen ihre Voreingenommenheit einfach nicht an. Sie sehen dich und denken: Du bist Ausländer, also verstehst du mich schlecht. Mir ist das in dem deutschen Betrieb, in dem ich lange gearbeitet habe, oft passiert. Manche Kollegen sprachen immer betont langsam gebrochenes Deutsch mit mir. Das fand ich eigentlich ganz nett, obwohl es nicht nötig gewesen wäre. So schlecht war mein Deutsch nämlich nicht. Aber es zeigte mir, wie bemüht sie waren, dass ich sie verstand. Saß ich dann mit diesen Leuten in einer Konferenz, sprachen sie zwar immer noch langsam und deutlich mit mir, aber untereinander ganz schnell, und manche nuschelten sogar. Da war ich beleidigt. Gingen sie nicht immer davon aus, dass ich sie nicht verstehe? Wieso ließen sie mich dann jetzt einfach links liegen? War es ihnen denn egal, ob ich sie verstand, wenn sie miteinander sprachen? Wenn ich mich dann lange nicht an der Diskussion beteiligt hatte, fiel es ihnen irgendwann auf, und sie fragten mich nach meiner Meinung. Als ich schließlich die Abteilung leitete, war ich ehrlich und sagte: Nichts hab ich verstanden, weil ihr einfach zu schnell sprecht oder zu sehr nuschelt. Nun also nochmal von vorne, aber bitte langsam. Die Amerikaner sind anders. Die reden von Anfang an schnell mit dir, weil sie sich überhaupt nicht vorstellen können, dass man sie nicht versteht. Da fragen sie dich oft mitten in der Diskussion nach deiner Meinung und sind dann völlig perplex, wenn man zugeben muss, dass man bis dahin überhaupt nichts verstanden hat.«

Manche Chinesen sind als Studenten nach Deutschland gekommen und viele Jahre geblieben. Ihr Deutsch ist nahezu perfekt. Trotzdem machen sie oft ganz merkwürdige Erfahrungen. »Du sprichst im Geschäftsverkehr, auf Flughäfen oder in Hotels einen Deutschen auf Deutsch an, und er antwortet dir auf Englisch«, erzählt Herr B. aus Beijing. »Der Betreffende bleibt auch weiterhin bei Englisch, obwohl du Deutsch antwortest. Manche können einfach nicht begreifen, dass du Deutsch kannst. Beim ›Taxfree‹ im Frankfurter Flughafen bat ich auf Deutsch um Steuerrückerstattung. Die Mitarbeiterin legte mir einen Antrag vor und sagte in fehlerhaftem Englisch, dass ich den ausfüllen müsse. »Was soll ich hier denn ausfüllen?«, fragte ich auf Deutsch. Ich wollte es einfach mal drauf anlegen. Da wurde sie ungeduldig und nahm mir den Antrag wieder weg, um ihn dann für mich auszufüllen. Dabei stellte sie mir einige Fragen, auf Englisch, versteht sich, die ich auf Deutsch beantwortete.«

Herr Y. aus Frankfurt sagt: »Mit neunzehn kam ich zum Studium nach Deutschland. Fast dreißig Jahre sind seitdem vergangen, und ich lebe immer noch hier. Ich habe mich inzwischen daran gewöhnt, dass die Deutschen ständig zu mir sagen: ›Oh, Sie sprechen aber phantastisch gut Deutsch!‹ Ich erwidere dann oft: ›Ihr Deutsch ist auch nicht schlecht.‹«

Der Ärger mit den Hakenkreuzen

Die Chinesen staunten nicht schlecht. Auf einem Hamburger Chinamarkt empörte sich ein Deutscher, dass mehrere Buddhaskulpturen, die dort zum Kauf angeboten wurden, mit Hakenkreuzen auf der Brust versehen waren. Er bestand darauf, dass sie unverzüglich verhüllt würden. Die Chinesen verstanden nicht genau, worum es dem Mann eigentlich ging und versuchten zu erklären, dass es nicht gut sei, das heilige Zeichen eines Buddha zu verhüllen. Daraufhin wurde der Deutsche recht ungemütlich. Da er die Hakenkreuze schon am vorangegangenen Tag beanstandet hatte und sie noch immer zu sehen waren, zog er einen fertigen Artikel aus seiner Tasche, den er als Fax an verschiedene Zeitungen schicken wollte und in dem er darüber berichtete, dass die Chinesen faschistische Propaganda betreiben. Sind Hakenkreuze denn die Erfindung der deutschen Faschisten?, fragten sich daraufhin die verwirrten Chinesen.

Im Buddhismus symbolisieren rechtsgedrehte Hakenkreuze das Siegel von Buddhas Herz. Linksgedrehte symbolisieren die alte Form des klassischen chinesischen Zeichens »fang«, das für die vier Weltgegenden und für Unendlichkeit steht.

Um Ruhe zu haben und potenzielle Käufer nicht abzuschrecken, deckte man die besagten Zeichen ab, bis sich der Unruhestifter verzogen hatte. Danach legte man sie umgehend wieder frei, denn wer will es sich schon mit gleich mehreren Buddhas verderben?

Die Deutschen und ihr Auto

Für die deutschen Männer kommt das Auto an erster Stelle, noch vor der Ehefrau. Außerdem haben sie alle einen Stadtplan im Kopf. Fragt man sie nach dem Weg, können sie diesen sofort detailliert beschreiben.

Herr S., Diplomat: »Als ich Mitte der achtziger Jahre in Deutschland meinen Führerschein machte, habe ich nur zwanzig Fahrstunden gebraucht. Ich hatte einen hervorragenden Lehrer, der mir gleich in der ersten Stunde drei wichtige Regeln einbläute. Bis heute habe ich sie nicht vergessen. Regel Nr. 1: ›Sei gut zu deinem Auto. Behandle es wie deine Geliebte.‹ Das gefiel mir und leuchtete mir sofort ein. Regel Nr. 2: ›Sobald es dämmert, musst du Licht anmachen.‹ Das verstand ich nicht, denn selbst bei einsetzender Dämmerung konnte ich noch prima sehen. In China fuhren wir damals auch bei Dunkelheit ohne Licht. Wir blendeten nur gelegentlich auf, um zu sehen, ob uns irgendwer entgegenkam. Wäre ich in Beijing mit aufgeblendetem Licht gefahren, hätte mich mancher Polizist wütend angehalten und mir Energieverschwendung vorgeworfen. Doch mein deutscher Fahrlehrer sagte, es ginge nicht darum, dass ich etwas sehe, sondern dass mich die anderen sehen. Also sollte ich für die anderen Licht anmachen? Das akzeptierte ich, aber nur, weil es eben so üblich war in Deutschland. Regel Nr. 3 lautete, an Fußgängerübergängen anzuhalten, wenn jemand die Straße überquerte. Das war mir neu. Wer bleibt in China schon vor einem Fußgänger stehen? An Zebrastreifen sowieso nicht, und selbst bei grüner Fußgängerampel fahren die Rechtsabbieger einfach drauflos. Ich bremste das Auto also vorsichtig ab und fuhr langsam weiter, weil der Fußgänger meine Straßenseite fast überquert hatte. Doch der Fahrlehrer brachte das Auto zum Stehen. Warte, bis der Fußgänger drüben ist, sagte er, damit er das Gefühl hat, in Sicherheit zu sein. Das fand ich richtig rührend. So viel Fürsorge für andere? Das war ja fast sozialistisch.«

Frau T. in Berlin erzählt von ihrem schlimmsten Erlebnis in Deutschland: »Ich wollte den Führerschein machen. Es hieß, in Marzahn gebe es eine Fahrschule, die ihre Schüler besonders schnell bestehen lässt. Also ging ich hin. Es war ein Alptraum. Ein Jahr habe ich gebraucht und doppelt so viel ausgegeben wie alle meine Bekannten.«

Die Deutschen und ihr Weihnachtsfest

Herr Qian, Mitarbeiter der chinesischen Gesandtschaft in Berlin, notiert am 25. Dezember 1903: »Geburtstag von Jesus. Alle Familien haben zu Hause einen Weihnachtsbaum, und zwar eine Tanne, an die sie interessante kleine Figuren hängen. Sie laden Freunde und Verwandte ein, und jeder bringt ein Geschenk mit. So eine Sitte ist für uns sehr interessant. In Europa schenkt man sich nur zum Jahresende etwas, und es wird nicht verraten, was es ist.«

Weihnachtsbäume sind für Chinesen eine ziemlich exotische Angelegenheit, vor allem wenn es sich um frisch geschlagene aus deutschen Wäldern handelt. Welch eine Verschwendung. Jeden Dezember blutet manchem chinesischen Naturfreund das Herz, wenn er die vielen traurigen abgehackten Bäume auf deutschen Straßen und Märkten stehen sieht. Wir Chinesen greifen da –

aus reinem Umweltbewusstsein versteht sich – viel lieber zu Plastikbäumen. Die kommen nicht nur günstiger, weil man sie jedes Jahr wieder aus der Rumpelkammer holen kann. Sie haben auch den Vorteil, nicht zu nadeln und nicht in Brand zu geraten. Schon im Winter 1878 berichtete ein chinesischer Reisender seinen staunenden Landsleuten über den merkwürdigen deutschen Weihnachtstrubel. Die Deutschen seien zwar nicht besonders religiös, heißt es in seinen Aufzeichnungen, dennoch gingen sie Weihnachten in die Kirche, um sich die Predigt anzuhören. Und am Heiligen Abend würden sie zu Hause einen mit Kerzen und allerlei Tand feierlich geschmückten Tannenbaum anbeten, und danach mit Freunden und Verwandten gar fröhlich beisammen sitzen und gut speisen und trinken. Da fühlte er sich sicherlich an das chinesische Neujahrsfest erinnert, das am Ende eines jeden Mondjahres gefeiert wird, also zwischen Ende Januar und Ende Februar. Als Familienfest hat es dieselbe Bedeutung wie das Weihnachtsfest in Deutschland, nur liegt bei den Chinesen die Betonung noch mehr auf einer vereinten Familie. Auch wenn man sich das ganze Jahr hindurch nicht sieht. Zum Neujahrsfest möchte jeder nach Hause kommen.

Herr W. aus Shanghai erinnert sich an sein erstes und einziges deutsches Weihnachten: »Als das Weihnachtsfest nahte, fuhren alle deutschen Kommilitonen zu ihren Eltern nach Hause. Zu meiner großen Freude lud mich mein Freund und Zimmernachbar ein, ihn zu begleiten. Er wohnte in einem kleinen Dorf in Norddeutschland. Seine Mutter war schon alt, hatte aber einen Freund, mit dem sie nicht verheiratet war. Am Nachmittag gingen wir alle in die Kirche, obwohl mein Freund sagte, dass sie normalerweise mit Religion nichts zu tun hätten. Die kleine Kirche war gerammelt voll. Alle aus dem Dorf seien gekommen, sagte mein Freund. Wir saßen in der letzten Reihe. Als die Leute merkten, dass dort ein Fremder saß, drehten sie sich einer nach dem anderen nach mir um und guckten. Nach dem Gottesdienst ging es hinaus, aber niemand kehrte sofort heim, denn vor der Kirche gab es Glühwein zu trinken. Die Atmosphäre war sehr feierlich und doch gelöst. Jemand bot mir sofort ein Glas Glühwein an und fragte, wo ich herkomme. Auch die anderen kamen und wollten wissen, wer ich sei. Sie waren alle sehr freundlich, und ich empfand ihr Interesse als sehr angenehm. Die Atmosphäre in dem Dorf war viel schöner als in der Stadt.«

Zu Gast bei Deutschen

Was die Gastfreundschaft betrifft, hat Frau L. in Deutschland auf einer Skala von eins bis hundert jede Stufe erlebt. Allerdings überwiegen die positiven Erlebnisse ganz deutlich. »Die Chinesen übertreiben meist mit ihrer Gastfreundschaft, die Deutschen sind da viel einfacher. Wenn Deutsche dich zum Essen nach Hause einladen, setzen sie dir meist ein einfaches Essen vor. Aber oft erklären sie dir dann, wo das Rezept herkommt, ob es aus Südamerika, Spanien, Italien oder aus Deutschland stammt. Das finde ich sehr interessant. Laden hingegen die Chinesen zu Hause zum Essen ein, verlieren sie erst einmal viel Zeit für den Einkauf und stehen dann einen ganzen Tag lang in der Küche, um alles vorzubereiten. Ist das Essen dann fertig, ist es meist viel zu viel. Für die Chinesen ist es ganz wichtig zu sehen, wie viel Mühe und Geld du für deine Gäste aufwendest, denn sie folgern daraus, wie viel du dem Gastgeber wert bist. Das finde ich übertrieben. Freundschaft äußert sich doch nicht nur durch das, was auf den Tisch kommt.«

Gastfreundschaft wird bei den Chinesen groß geschrieben, bei den Deutschen heutzutage weniger. Frau M., Malerin, hat das mehrmals erfahren: »Wenn ich Freunde aus anderen Städten zu mir einlade, dann sorge ich für sie, als wären sie mittellos, obwohl sie es gar nicht sind. Ich meine damit, dass ich außer der Verpflegung auch die Unterkunft für sie arrangiere. Natürlich

nicht im Hotel. Das würde mein Budget sprengen. Sie schlafen
entweder bei mir, oder ich sorge dafür, dass sie bei Freunden un-
terkommen. Ich habe inzwischen jedoch gemerkt, dass dies für
Deutsche nicht selbstverständlich ist. Sie laden dich in ihre Stadt
ein, besorgen dir auch ein Zimmer im Hotel. Aber zahlen musst
du selbst. Darum bin ich immer ganz vorsichtig mit meinen Zu-
sagen, denn ich bin meist recht knapp bei Kasse. Wenn sie mir
nicht klipp und klar anbieten, dass ich bei ihnen übernachten
kann, verzichte ich lieber auf den Besuch.«

Vom deutschen Essen und Trinken

Ein Deutscher ist glücklich, wenn sein Schnitzel zu beiden
Seiten über den Teller hängt. Die riesigen Fleischportionen in
manchen deutschen Restaurants erschlagen jeden Chinesen. In
China würde er sich zwei Drittel des Schnitzels einpacken lassen
und mit nach Hause nehmen. Aber auf Reisen ist das schlecht
machbar, und so ist mancher Chinese nach einer Woche Deutsch-
landtour mit täglicher deutscher Verpflegung eigentlich reif fürs
Krankenhaus. Auf deutschen Esstischen stehen zu wenig Gemüse
und auch zu wenig Flüssigkeit, in Form von leichten Suppen und
Tee. Aber dafür gibt es fast immer zu viel Alkohol.

In der Nähe von Hamburg wurde eine chinesische Delegation
mit zünftiger Schweinehaxe beglückt. Die Frau des anwesenden
chinesischen Generalkonsuls fiel fast in Ohnmacht, als sie das
Riesengeschütz vor sich auf dem Teller sah. »Das kann doch unmöglich nur für mich allein bestimmt sein«, rief sie entsetzt, sä-
belte ein Stückchen davon ab und wollte den großen Rest ihrem
Angetrauten hinüberschieben. Doch der bedankte sich prompt.
Sein Stück war sogar noch größer.

Die Gesandten, die Ende des neunzehnten Jahrhunderts nach
Europa kamen, erfuhren es zuerst und berichteten ihren Lands-
leuten davon: In Europa trinkt man kalten Wein und kaltes
Wasser, was natürlich als völlig unverträglich galt. In China trank

man nur heißes Wasser und warmen Wein. Kaltes Wasser zu trinken galt als unhygienisch und unzivilisiert. Dahinter steckte die Erfahrung, dass in unabgekochtem Wasser Krankheitskeime steckten. Übrigens wusste man auch in Deutschland, dass kaltes Wasser nichts Gutes bringt, weshalb man Bier trank. Deutsche Arbeiter lebten von Bier und Brot, bis jemand auf die Idee kam, das Wasser abzukochen. Ein Grund für den Siegeszug des Tees in Europa war, dass er bei den Industriearbeitern des aufstrebenden England das Bier als tägliches Getränk ablöste. Die britischen Arbeiter schliefen nämlich mit zu viel Bier im Bauch regelmäßig an den ratternden Maschinen ein. Später stand jedem Arbeiter eine festgelegte Ration an Tee zu.

Auch heute wird abgeraten, in den heißen chinesischen Sommern etwas Kaltes zu trinken, wenn auch inzwischen mit anderer Begründung. Man weiß aus der traditionellen Medizin, dass der Körper durch ein kaltes Getränk erst recht ins Schwitzen gerät, weil er die gekühlte Flüssigkeit auf Körpertemperatur erhitzen muss. Deshalb wird geraten, grünen Tee zu trinken, der eine kühlende Energie hat. Den trinkt man heiß, mit dem Resultat, dass man sich hinterher kühl und erfrischt fühlt.

Mancher Chinese trinkt auch heute noch einfach nur heißes Wasser, ein alter Brauch, von dem man weiß, dass er dem Körper guttut. Diese verbreitete Gewohnheit hat den Chinesen allerdings unter manchen Deutschen den Ruf einer verweichlichten Nation eingebracht. Was könne das schon für ein Volk sein, das auf Ofenbetten schläft und den ganzen Tag nur heißes Wasser trinkt, fragten sich manche Deutsche schon vor zweihundert Jahren, als sie von den Sitten und Gebräuchen der Chinesen erfuhren. Heute vermutet mancher Deutsche, die Gewohnheit, heißes Wasser zu trinken, sei mit Armut zu erklären. Den Leuten fehle ganz einfach das Geld zum Kauf von Teeblättern. Gegen diese Erklärung protestieren die chinesischen Gesundheitsapostel. Heißes Wasser entgifte den Körper und sei das beste Mittel, um gesund zu bleiben.

Das deutsche Essen erfreut sich bei den Chinesen nicht unbedingt großer Beliebtheit. Es sei ohne Geschmack und einfallslos. »Fleisch, Kartoffeln und weichgekochtes Gemüse. Das ist es, was sie dir auf ihren hübschen Tellern servieren«, sagt Herr L., Kaufmann in Hamburg. »Wer auf der Welt spricht denn von deutschem Essen? Es hat keinen Stellenwert. Fällt unter ferner liefen. Aber das darf man keinem Deutschen sagen. Sonst ist er beleidigt. Obwohl er selbst auch nicht viel von seiner Küche hält. Davon zeugen die vielen ausländischen Restaurants in den deutschen Städten. Pizza, Sushi, Döner, Hamburger und Frühlingsrolle, das mögen die Deutschen, und Steaks.«

»Deutsches Essen? Ich lebe seit zehn Jahren in Deutschland, aber bis jetzt habe ich noch nichts Gutes bekommen«, meint Herr C., Unternehmer in Hamburg. »Außer Eisbein. Das schmeckt gut. Aber die Portionen sind viel zu groß. Wir Chinesen essen nicht so viel Fleisch.«

Herr W., Maler aus Shanghai: »Bei deutschem Essen fällt mir eigentlich nur Schnitzel ein. Das liebe ich. Was ich ansonsten noch an deutschem Essen mag? Tomaten mit Mozzarella. Das ist wie von Gott geschaffen. Drei Zutaten, so einfach und doch das Beste und vollkommenste an westlicher Küche, was ich kenne. Das ist italienisch? Macht nichts, trotzdem ist es herrlich.«

»Ich habe drei Jahre in Deutschland gelebt, und ich vermisse weder Wurst, Bier noch Sauerkraut«, sagt die Architektin Frau L. aus Shanghai. »Nur Brötchen und die vielen Sorten Brot vermisse ich. So eine Vielfalt an Backwaren wie in Deutschland habe ich nie wieder gesehen.«

Das Beste an der deutschen Esskultur sind die Tischdekorationen. Das Äußere ist den Deutschen ungeheuer wichtig, deshalb holen sie bei Besuch auch immer ihr bestes Porzellan und Besteck heraus und schmücken die Tische so phantasievoll, dass allein der Anblick eine reine Freude ist. Für uns Chinesen ist die Dekoration nebensächlich. Wir sind in dieser Hinsicht ziemlich einfallslos. Deshalb meinen manche Deutsche auch, wir hätten keine Esskultur, wir begnügten uns mit einer Schale und ein paar Stäbchen. Das stimmt nur zum Teil. In der Tat ist uns das, was auf dem Teller liegt, wichtiger als der Teller selbst. Doch auch wir kennen reichdekorierte Tische. Nur haben wir durch die langen Jahre politischer Umerziehung vieles davon vergessen. Doch langsam wird auch bei uns die Dekoration wieder populär.

»Auch die Frage der Gläser ist in Deutschland eine Wissenschaft für sich«, sagt Frau W. aus Berlin. »In China bekommt jeder meist nur ein Glas, woraus er Tee, Wein oder Bier trinken kann. In Deutschland steht neben dem Teller oft ein ganzes Sortiment an Gläsern. Da weiß man gar nicht, was man aus welchem trinken soll. Das musste ich erst einmal alles lernen, als ich zum Studium nach Deutschland kam. Zum Glück hatte ich sogenannte Pateneltern. Damals wurde jedem jungen Stipendiaten ein solches deutsches Elternpaar vermittelt, das einem das Einleben in Deutschland erleichterte. Eine sehr gute Einrichtung. Von meinen Pateneltern habe ich unheimlich viel gelernt. Noch heute ist es für mich jedes Mal ein großer Genuss, mich bei ihnen an den gedeckten Tisch zu setzen.«

Gespräche bei Tisch

Die Deutschen wollen bei Tisch tiefschürfende Gespräche führen, die Chinesen wollen sich amüsieren. Die Chinesen lieben es *renao* (heiß und laut). Alle reden gleichzeitig, es wird gescherzt und gelacht, die Kinder toben, ein Glas geht kaputt, ein paar Leute erheben sich und verschwinden in der Küche, um noch schnell etwas zu kochen. Die Deutschen sagen, die Küche ist mein Bereich. Da dürft ihr nicht rein, solange ich koche, sonst gerät alles durcheinander. In China helfen die Gäste beim Kochen und Abwaschen, manchmal kochen die Gäste ihr Essen auch lieber selbst, und der Gastgeber schaut zu.

Was isst du?

Was isst du? Wie wir diesen Satz hassen! Die Deutschen gehen gemeinsam essen, und kaum sitzen sie am Tisch, guckt jeder auf seinen eigenen Teller. Das ist meins, und jenes ist deins. Wenn wir Chinesen uns zum gemeinsamen Essen an einen Tisch setzen, sind wir wie eine Familie, auch unter Geschäftsleuten und selbst bei vorherigen Unstimmigkeiten. Wir sitzen zusammen an einem Tisch und essen selbstverständlich von denselben Gerichten. Nicht wie bei den Deutschen. Da bestellt jeder für sich und hinterher wird gefragt: »Wie ist Ihr Steak?« »Gut, und Ihr Fisch?« Man weiß also nicht, wie das Gericht des anderen schmeckt. Vor allem der Gastgeber muss sich fragen, ob es dem Gast wirklich schmeckt oder ob er nur höflich ist. Beim chinesischen Essen bieten sich allein über die gemeinsam verzehrten Gerichte viele Möglichkeiten der Unterhaltung.

Vom Leben in Shanghai und in Hamburg

Herr W., Maler aus Shanghai, hat einen netten Vergleich für Hamburg und Shanghai gefunden. Hamburg sei für ihn wie ein Gentleman: wohlerzogen, mit Stil und besten Manieren, gediegen gekleidet und mit geschmackvoller Krawatte, also eine gepflegte Erscheinung, aber eben auch ein bisschen bieder und langweilig. Shanghai ist dagegen wie ein Halbstarker, frech und übermütig, manchmal etwas großspurig, und gelegentlich benimmt er sich auch mal daneben. Aber insgesamt ist er liebenswert und deshalb interessant. Mit ihm kann man was erleben, ebenso wie mit Shanghai.

In Deutschland alt werden

Herr L., Shanghai: »Wirst du in Deutschland pensioniert, gehst du nach Hause und bist von einem Tag zum anderen weg vom Fenster. Kommst du dann noch einmal im Büro vorbei, finden deine ehemaligen Kollegen das vielleicht noch ganz nett. Beim zweiten Mal gucken sie schon komisch. Der schon wieder! In den meisten chinesischen Betrieben gibt es eine spezielle Abteilung für pensionierte Mitarbeiter. Ganz abgesehen davon, dass du deine Rente von dort beziehst, kümmern sie sich auch um dich. Zu jedem größeren Fest gibt es etwas geschenkt oder du wirst eingeladen. Wenn du Vorschläge zur Firmenführung, zum Produktionsverfahren oder andere Ideen hast, geben sie diese gern weiter. In China hat man ein anderes Verhältnis zu alten Menschen. Sie werden mit Respekt behandelt. Kommst du in Deutschland als ehemaliger Vorgesetzter in deinen alten Betrieb zurück, wird dein Nachfolger unruhig. Er hat es nicht gern, wenn du dich in deiner alten Abteilung umsiehst. Hier in China stehen alle auf, reden mit dir und sind freundlich. Kaum komme ich um die Ecke gebogen, schreit schon der Erste: Der alte Boss ist da! Vor einiger Zeit kam eine deutsche Delegation zu Besuch in unseren Betrieb. Da luden sie mich extra mit hinzu, und mein Nachfolger forderte die anwesenden Journalisten auf, sich mit Fragen an mich zu wenden, weil ich die meiste Erfahrung hätte. Das fand ich sehr nett.«

Die deutschen Alten tun den Chinesen leid. Sie sind einsam, haben kaum Freunde, keinen Kontakt zu alten Kollegen und zur alten Arbeitsstelle. Man geht in Rente und fällt in ein Loch, und dieses Loch heißt Einsamkeit. »Eine alte Chinesin aus unserem Freundeskreis war mit einem Deutschen verheiratet«, erzählt Frau H. aus Hamburg. »Inzwischen ist sie tot und der Mann lebt allein. Er ist sehr einsam. Seine einzigen Kontakte bestehen zu dem ehemaligen Freundeskreis seiner Frau, das heißt: zu uns Chinesen. Obwohl wir zu ihm nie ein besonders enges Verhältnis hatten, laden wir ihn trotzdem gelegentlich ein. Er tut uns leid. Wir wissen, dass er alt und einsam ist. Er kommt auch jedes Mal, wenn wir ihn anrufen. Inzwischen lädt er sich oft selbst ein, wie zum Beispiel zu Weihnachten. Da ruft er vorher an und fragt, ob er Heiligabend zu uns zum Essen kommen darf. Es scheint für ihn eine Selbstverständlichkeit geworden zu sein, dass wir uns um ihn kümmern. Das ist dann irgendwie auch wieder typisch deutsch. Er weiß, dass wir Chinesen Alten gegenüber Rücksicht nehmen und ihnen Respekt erweisen. Wenn er vorbeikommen will, weil er sich einsam fühlt, würden wir es niemals ablehnen.«

In China haben die Alten viel mehr Möglichkeiten des Austausches. Sie verlassen ihre Wohnungen, treffen sich in den Grünanlagen, treiben gemeinsam Entspannungsübungen und plaudern miteinander. Es besteht viel mehr Kontakt. Wie einsam deutsche Alte sind und wie sehr es ihnen an Ansprache mangelt, merkt Frau T. in Berlin bei ihrer täglichen Arbeit in einer Apotheke. »Die deutschen Alten sind nett, und sie sind dankbar für jedes bisschen Aufmerksamkeit und Zuwendung. Wenn man ihnen nur ein wenig Zeit schenkt, sind sie glücklich und erzählen sofort von ihren Sorgen und Nöten. Ich habe auf diese Weise eine Frau kennengelernt, deren Sohn sie nur ein-, höchstens zweimal im Jahr anruft. Selbst zu ihren Geburtstagen und zu Weihnachten meldet er sich nicht. Ist das nicht schrecklich?«

»Deutsche Eltern tun mir leid. Sie werden von ihren Kindern verlassen, kaum, dass diese flügge sind, und sind die Eltern alt, landen sie im Altersheim. Das sei normal, heißt es. Ich finde das unmenschlich«, sagt Frau W. aus Schleswig-Holstein. »Welcher Deutsche lebt heute noch mit einem alten Elternteil zusammen? Ich bin fest entschlossen, meine Mutter im Alter bei mir aufzunehmen. Und damit mir mein deutscher Mann da nicht reinreden kann, habe ich uns auf meine Kosten ein Haus gekauft. Also bestimme ich, wer bei uns wohnen darf und wer nicht. Aber zum Glück versteht sich mein Mann sehr gut mit meiner Mutter, so dass es wohl keine Probleme geben wird.«

Eine Vergreisung der Gesellschaft steht auch China bevor, ausgelöst durch die Ein-Kind-Politik. In Zukunft werden die Alten ihren Lebensabend kaum noch bei ihren Kindern verbringen können, weil hinter jedem Ehepaar zwei Elternpaare stehen. Wer darf dann zu den Kindern ziehen? Also werden auch in China in Windeseile Altersheime und Seniorenresidenzen gebaut.

Viele Chinesen, die in Deutschland leben, sehen sich künftig einem großen Problem gegenüber. Ihre Kinder fühlen sich deutsch und wollen nicht nach China zurück. Sie sind auch so weit an deutsche Bräuche gewöhnt, dass sie kaum einen alten Elternteil bei sich aufnehmen wollen. Was also passiert künftig mit den chinesischen Alten in Deutschland?

»Wir würden im Alter gern nach China gehen, aber nicht für immer, weil unsere Kinder in Deutschland leben«, sagt Frau G. in Berlin. »Ideal wäre es, zu pendeln. Aber wie soll das gehen, wenn man über achtzig ist und die langen Flüge nicht mehr gut aushalten kann. Wir bekommen in China auch keine Rente, weil wir deutsche Pässe haben. Ansonsten stünde uns dort eine Rente zu, aber leider gibt es für uns keine doppelte Staatsangehörigkeit. Auch sind wir in China nicht krankenversichert. Also ist es unrealistisch, im Alter für längere Zeit in China zu leben. Allerdings kann ich mir auch nicht vorstellen, in ein deutsches Altersheim zu gehen. Da möchte ich auf keinen Fall hin, schon wegen des Essens nicht. Deshalb fangen wir jetzt mit Anfang fünfzig und gemeinsam mit Freunden an, unseren Ruhestand zu planen. Wir versuchen, mit möglichst vier, fünf Familien in ein bestimmtes Viertel zu ziehen, so dass wir uns später gegenseitig helfen können. Auf diese Weise wäre es auch möglich, sich eine Hilfskraft zu engagieren, deren Kosten man gemeinsam trägt und die, da wir alle in leicht erreichbarer Nähe wohnen, von Haus zu Haus gehen und uns versorgen kann.«

Zurück zu den Wurzeln?

Frau S. aus Beijing ist fast zwanzig Jahre jünger als ihr deutscher Mann. Seit seiner Pensionierung leben sie in Deutschland. Für Frau S. war es immer klar, dass sie nach China zurückkehren würde, sollte ihr Mann als Erster von ihnen beiden gehen.

Schließlich leben dort all ihre Verwandten und viele chinesische Freunde. Inzwischen ist sie sich jedoch nicht mehr so sicher, ob sie das auch wirklich tun wird. »Meiner Meinung nach bietet Deutschland eine wesentlich bessere Lebensqualität, die Luft ist gut, das Wasser rein und das Klima angenehm. Auch das Miteinander im täglichen Umgang finde ich sehr angenehm. Seit den Wirtschaftsreformen denkt man in China nur noch an den Kommerz. Wie stehen die Aktien, gehen sie hoch oder runter? Wie teuer sind Apartments? Soll man jetzt eins kaufen oder lieber doch erst später, wenn die Preise infolge einer Rezession ins Purzeln geraten? Geld regiert die Herzen. Man zeigt, was man hat und provoziert Neid. Der allgemeine Umgang ist ruppig. Das Wohnen in Hochhäusern hat den herzlichen nachbarschaftlichen Umgang, wie er früher in den alten Wohnhöfen üblich war, zerstört. Heute lebt man dort genauso anonym wie in anderen Millionenstädten. Ich fahre regelmäßig nach China zurück. Ich habe keine Probleme, mich dort zurechtzufinden, aber mir gefällt die Stimmung und die Umgebung nicht mehr. Was ich brauche, ist Freundschaft, Musik und geistiger Austausch. Das alles finde ich heute in Deutschland mehr als in China. Ich nehme an, dass sich die Situation in den kommenden zwanzig Jahren in China nicht ändern wird. Deshalb werde ich wohl in Berlin bleiben. Ich liebe meine chinesische Heimat, aber sie entspricht nicht mehr meinen Ansprüchen.«

»Meine Wurzeln liegen in der Mongolei, in einem fern abgelegenen Tal, wo meine Eltern von der Schafzucht lebten«, erzählt Herr O., Wissenschaftler in Berlin. »Dorthin gehe ich bestimmt nicht zurück. Ich werde in Deutschland bleiben, weil meine Kinder hier leben.

Meine älteste Schwester verließ als Erste die Familie und ging in die Kreisstadt, die eine Tagesreise von unserem Dorf entfernt lag. Wir fünf jüngeren Brüder folgten ihr, einer nach dem anderen, und besuchten dort die Schule und später eine der besten

Universitäten in unserem Land. Wir alle wurden Akademiker. Nachdem ich in Deutschland eine Professorenstelle angetreten hatte, kaufte ich meinen Eltern in jener Kreisstadt, in der meine Schwester heute noch lebt, eine altersgerechte Wohnung. Daraufhin entschlossen sie sich, unser altes Bauernhaus zu verkaufen. Wir dachten, dass dafür nicht mehr viel zu bekommen sei. Wer kauft schon ein baufälliges Haus im hintersten Winkel der Mongolei? Das Erstaunliche war, dass sie das Dreifache des ortsüblichen Preises dafür bekamen. Es hieß nämlich, dass das Fengshui, die geomantische Lage des Hauses besonders günstig sei. Warum? Ganz einfach. Weil unsere Familie mit fünf Söhnen gesegnet ist und alle etwas geworden sind. Das könne nur am guten Fengshui liegen. Ich denke, da muss etwas dran sein, denn der Bauer, der dort einzog, wurde innerhalb kürzester Zeit als Hühnerzüchter extrem erfolgreich und hat sich inzwischen als wohlhabender Mann zur Ruhe gesetzt.«

Deutsche in China

Frau W. aus Beijing: »Die Deutschen kommen nach China und meckern, als sei es eine Strafe, bei uns zu leben. Sie sind einfach zu stolz und zu sehr von sich überzeugt. Sicher, sie haben auch Grund dazu. Ihre Autos sind von bester Qualität, und das seit vielen Jahren, ihre Industrieanlagen und was sie sonst noch alles produzieren auch. Deshalb schätzen wir die Deutschen ja auch so hoch ein, weil wir wissen, dass sie hervorragende Arbeit leisten können. Trotzdem kämen sie mit etwas mehr Bescheidenheit besser in China zurecht. Es fällt vielen Deutschen schwer, sich auf unsere Kultur einzulassen und sie vor allem als gleichwertig zu akzeptieren. Wie oft hört man sie in China herumlamentieren. Dann regen sie sich über chinesische Alltäglichkeiten auf oder ziehen sie ins Lächerliche, weil sie sie nicht begreifen.«

Es gibt auch Deutsche, die sich in China chinesischer benehmen als wir Chinesen. Sie kritisieren uns, machen uns aber nach und nutzen unsere Schwächen aus. Herr W. aus Shanghai erzählt: »In unserem Hochhaus gibt es auf jeder Etage zwei Eigentumswohnungen. Steigt man aus dem Fahrstuhl, führt ein kleiner Flur zu beiden Wohnungen. Wir wohnen auf der einen Seite, uns gegenüber die einzigen Ausländer in diesem Haus: zwei Deutsche. Nachdem sie eingezogen waren, quetschten sie ihre beiden Fahrräder immer in den Flur. Wenn wir Einkäufe gemacht hatten, kamen wir kaum vorbei. Es gebe einen eingezäunten Fahrradunterstand, sagte ich ihnen, wo wir auch unsere eigenen Fahrräder unterbrächten. Das sei ihnen zu unsicher, erwiderten sie. In China werde zu viel geklaut. Zwar war uns noch keins unserer Räder abhanden gekommen, aber wir sagten nichts dazu. Die Räder blieben im Flur. Ob sie sie dann nicht in ihre Wohnung und auf den Balkon stellen könnten, fragte ich sie bei anderer Gelegenheit. Dann würde ihre Wohnung schmutzig, meinten sie. Schließlich schlug ich vor, sie ins Treppenhaus zu stellen. Dort gab es genügend Abstellplatz, und dort störten sie auch nicht. Das sei zu umständlich, sagten sie. Als die Räder wieder einmal störten, schob ich sie selbst ins Treppenhaus und bat die beiden dann später, dies künftig auch so zu tun. Daraufhin schrieben sie mir einen Protestbrief und klebten ihn uns an die Tür. ›Dieses Hochhaus hat fünfundzwanzig Stockwerke. Wir möchten Ihnen raten, einmal – wie wir es getan haben – zu Fuß durch alle Stockwerke zu gehen. Dann werden Sie nämlich feststellen, dass auf fast allen Etagen irgendwelche Sachen vor den Fahrstühlen in den Fluren liegen. Warum gehen Sie nicht erst dort herum und verbieten es den Leuten, ihre Flure als Abstellraum zu benutzen? Wir jedenfalls werden unsere Räder erst dann nicht mehr im Flur abstellen, wenn auch die anderen ihre Flure geräumt haben.‹ Daraufhin beschwerten wir uns bei der Hausverwaltung. Seitdem stehen die Fahrräder nicht mehr im Flur. Den Protestbrief habe ich mir eingerahmt. Merkwürdig, das

Verhalten dieser beiden Deutschen. Während meines Studienaufenthaltes in Deutschland habe ich solch stures Verhalten nie erlebt.«

Die Shanghaier gehen nach Feierabend nach Hause, essen und waschen sich, und manche ziehen sich dann ihren Schlafanzug an und gehen noch eine Runde spazieren. Darüber lachen die Ausländer. Wer aber hätte gedacht, dass manche es nachmachen würden? Kürzlich gingen wir, die Autoren, an einem Sonntagnachmittag in den Shanghaier Citymarket, der sein Angebot auf Ausländer, speziell auf Deutsche ausgerichtet hat. Da kamen zwei junge deutsche Männer in kurzen Schlafanzügen und Plastiklatschen hereingeschlurft und kauften ein. Offensichtlich fühlten sie sich ausgesprochen wohl. Den Chinesen fiel es gar nicht auf, denn ein solches Outfit ist nichts Ungewöhnliches in Shanghai. Aber Petra fragte sich: Muss das sein? In Deutschland würden sie doch auch nicht so herumlaufen. Also, warum dann in China?

Immer wieder wird in den deutschen Medien auf Produktpiraterie geschimpft. Doch kaum sind die Deutschen in China, rennen sie sich die Hacken ab, nur um an Kopien von Markenwaren zu kommen.

Gelebte Demokratie
Herr Z. aus Sichuan: »Ich führte eine Reisegruppe im Bus durch Chengdu. Ein Gast fragte mich, was denn typisch sei an unserer Stadt. Ich erwiderte, das seien die Teehäuser, und schlug spontan vor, eins zu besuchen. Sofort gab es Streit. Die einen wollten unbedingt in ein Teehaus, die anderen lieber zum Einkaufen in eine Fabrik. Ich sagte: ›Ihr kommt aus einem demokratischen Land. Also lasst uns abstimmen.‹ Die Mehrheit stimmte daraufhin für den Besuch des Teehauses. Das fand ich gut, denn die Tee-

haus-Kultur ist meiner Meinung nach das Beeindruckendste an Chengdu. Kaum waren wir alle aus dem Bus ausgestiegen, fuhr mich der deutsche Reiseleiter an, was mir einfiele, über seinen Kopf hinweg die Leute abstimmen zu lassen. Das sei gelebte Demokratie, erwiderte ich. Er war mindestens einen halben Meter größer als ich. Neben ihm kam ich mir vor wie ein Zwerg. Als er dann mit einer Zigarette in der Hand auf mich herunterzeigte und mir vorwarf, ich hätte von Demokratie keine Ahnung und sollte deshalb nicht so dumm herumfaseln, griff ich mir einen Stuhl, stellte mich drauf und wetterte auf gleicher Augenhöhe zurück. Da war er sprachlos.«

Was sollten Deutsche beherzigen, die nach China kommen?

Seid aufgeschlossen und zeigt gelegentlich ein Lächeln. Ein Kompliment hin und wieder wirkt Wunder.

Wer als Deutscher glaubt, er sei der Beste, sollte dies lieber für sich behalten, denn bewahrheitet es sich, ist ihm der Respekt der Chinesen sicher. Wenn nicht, ist es nur noch peinlich.

Das Ehrgefühl, *zìzun*, ist jedem Chinesen wichtig. Verletzt du es, hast du verloren.

»Die Deutschen sollten wissen, dass China eine uralte Kulturnation ist«, meint Herr S., Lehrer für Taiji und Qigong aus Hamburg. »Wir haben unsere eigenen Sitten und Gebräuche. Nur weil diese den Deutschen fremd sind, müssen sie nicht schlechter sein.«

Chinesisch ist nicht schwer!

Selbst bei mehrjährigen Aufenthalten bemühen sich Deutsche nur selten, die Sprache zu lernen. Umgekehrt reagieren Deutsche oft ungnädig, wenn Ausländer nicht oder nur ungenügend Deutsch sprechen.

Ein junger Naturwissenschaftler kam zum Aufbaustudium nach Deutschland. Er promovierte und habilitierte sich und bekam dann eine Professur an einem deutschen Institut. Er wurde ein allseits respektierter Experte seines Faches, nur sprachbegabt war er nicht. Bei einem Gespräch im größeren Kreis meinte ein deutscher Geschäftsmann zu ihm: »Erstaunlich, dass Sie nach fünfzehn Jahren in Deutschland noch immer so viele Grammatikfehler machen.« Der Geschäftsmann selbst hatte dieselbe Zeit in Hongkong verbracht und sprach selbstverständlich kein Wort Chinesisch.

Der kleine J. schämte sich manchmal für die Fehler, die seine Eltern im Deutschen machten. Es war ihm peinlich, dass sie auch nach zwanzig Jahren Aufenthalt in Deutschland nicht fehlerfrei Deutsch sprechen konnten. Seine Mutter erzählt: »Erst kürzlich kehrten wir nach Hongkong zurück. Die Einschulung in die deutsche Schule war kein Problem. Was mich aber nach einigen Wochen wunderte, war die Feststellung, dass die meisten deutschen Kinder und deren Eltern selbst nach langen Jahren in Hongkong kaum ein Wort Chinesisch sprachen. Chinesisch ist nicht schick!«